18세기 嶺南 한문학의 전개

계명대학교 한국학연구 총서 26

18세기 嶺南 한문학의 전개

김윤조 외

계명대학교 출판부

책을 펴내며

'18세기 한문학'이라고 하면 으레 서울 · 경기 지역을 중심으로 한 실학파 문학을 떠올린다. 이 분야 연구에 종사하는 연구자들도 마찬가지다. 그렇게 된 데는 여러 가지 이유가 있을 테지만, 서울 · 경기 이외 지역의 문학적 성과에 대한 연구가 진행되지 못한 것이 원인의 하나라는 점은 분명하다. 영남 지역의 문학적 성과물 역시 보다 적극적으로 연구하고 의의를 천명해야 마땅하다.

임란 이전으로 올라가면 퇴계와 남명이라는 큰 봉우리가 있고, 또 그 이전에는 점필재가 있거니와, 영남의 한문학은 온 나라에 찬란하였다. 농암 이현보, 노계 박인로로 대표되는 국문시가의 전통 또한 우리 문학사에서 매우 중요한 부분을 차지하고 있다. 근대로 내려오더라도 회봉 하겸진, 심재 조긍섭처럼 한문학 최후의 큰 봉우리들이 있었다.

그런데, 한문학이 최고의 성과를 이룬 것으로 평가되는 18세기에 영남의 한문학은 어떤 모습이었을까? 식산 이만부나 눌은 이광정 등을 떠올릴 수 있지만, 도학의 형세에 눌려서 문학에 대한 독자적 인식 자체가 미미했던 것으로 생각되어 온 것이 사실이다. 이 책에 들어 있는 신유한 같은 경우, 이미 한문학사에서 우뚝한 자리를 차지하고 있지만, 영남 출신의 문인이라는 점에는 그다지 주목한 적이 없었다.

계명대학교 동산도서관은 우수한 고문헌을 대량으로 소장하고 있는 도서관으로 손꼽힌다. 계명대학교 한국학연구원은 교육부의 지원을 받아 동산도서관 소장 고문헌 가운데 문학 부분의 고문헌 해제 사업을 진행한 바 있었다. 그 성과가 지난 2008년 8월과 2009년 2월에 각 1책씩으로 간행되었고, 이를 바탕으로 2009년 11월 27일, 기획 학술 대회를 개최하였다. 그 성과가 이 책이다.

한두 편 예외가 있기는 하지만, 이 책에 실린 논문들은 대부분 계명대학교 동산도서관의 자료를 바탕으로 작성되었다. 신유한의 문인에 대한 연구는 동산도서관 소장의 유일본인 이회근(李晦根)의 필사본 시문집을 자료로 시작되었고, 정석유(鄭錫儒)에 대한 연구 역시 동산도서관에 국내 유일의 자료가 있었기에 가능하였다.

이제 책을 간행하면서, 앞을 내다보고 자료를 축적해온 계명대학교와, 학술대회의 기획과 진행에서 책의 간행까지 모든 편의를 제공해 준 한국학연구원에 감사의 말씀을 드린다. 그리고 특별히 김영숙 · 정우락 선생님께 감사를 드린다. 김영숙 선생님께서는 평소 최흥벽(崔興璧)과 그 가문에 대해서 깊은 이해를 갖고 계신 터이지만, 촉박한 발표 부탁을 흔쾌하게 수락해주셨다. 정우락 선생님께서는 바쁜 일정으로 학술대회에서 발표는 사양하셨지만, 본 연구총서를 위해서 따로 옥고를 보내주셨다. 학술대회에서 발표해주시고 수정 원고를 보내주신 필자 선생님들과, 토론을 맡아주셨던 김남기 · 이종호 · 부유섭 · 이상필 · 오용원 · 정우락 선생님께 감사의 말씀을 드린다.

이 책에 언급된 문인들이 우리 문학사에서 적절하게 자리를 잡는 계기가 되기를 바란다. 또한, 동산도서관 소장 자료를 바탕으로 하여, 앞으로 지속적인 연구가 이루어질 것을 기대한다.

2011. 2.

김윤조

목차

18세기 嶺南 지역 한문산문 연구 序說
- 미수 허목 師承과 근기 남인과 영남 남인의 소통을 중심으로

김영진 (계명대학교)

18세기 嶺南 지역 한문산문 연구 序說
- 미수 허목 師承과 근기 남인과 영남 남인의 소통을 중심으로

김 영 진 (계명대학교)

1. 들어가는 말

본고는 韓國 漢文散文史의 확충에 一助를 위하여 조선후기 嶺南지역 한문학 유산 가운데 산문 부분에 대한 여러 논의들을 검토해 보고, 몇 가지 試論을 제시해 보고자 하는 의도로 집필한 것이다. 개인적으로 혜환 이용휴와 그 子姪인 이가환 · 이철환 등의 산문을 검토해본 것과 계명대 동산도서관 선본고서 해제 사업(2008~09년)의 과정에서 발굴된 자료 및 알게 된 영남 문인에 관한 정보들이 본고를 시도하게 된 계기가 되었다.

본고가 대상으로 하는 시기, 지역, 장르와 관련하여 이에 관심을 갖는 연구자들은 여러 의문점들을 갖는다. 예컨대, "문학의 유행 양상과 地域 · 黨派가 불가분의 관계를 갖고, 그것이 그 현상을 설명하는 데 유효한 설득력을 갖는가", "'嶺南 文壇'은 어떻게 규정할 수 있는가" 등이 그것이다. 前者의 문제 제기에 필자는 지역과 당파가 그 문학의 특질을 선명히 보인다고 생각하기에 이와 같은 시도는 의미가 있다고 생각한다. 적어도 동시기의 몇 가지 分派의 하나로 뚜렷한 특성과 충분한 의의를 갖는다고 여긴다. 더구나 京鄕間의 정치적, 문화적 차이가 가속화되어 가는 18세기에서는 더욱 유용한 연구 틀이라고 생각한다. 後者인 '영남 문단' 규정의 경우는 애매함이 많다. 영남이라는 큰 지역 안에서 권역별 특성 차이가 또 상당히 존재한다는 점, 즉 영주 · 봉화 · 안동 · 예천, 영양 · 영덕, 문경 · 상주, 영천 · 대구 · 성주 · 고령 · 초계 · 합천, 거창 · 함양, 산청 · 진주, 창녕 · 함안 · 고성 · 밀양, 경주 · 울산 · 동래 등의 권역을 상정해 볼 수 있다. 또 하나의 문제는 영남과의 경계선에 위치한, 예컨대 제천 · 단양 · 충주 · 보은 같은 경우(이 지역은 남인 · 소론 · 소북의 명가들이 많이 세거한 지역이다) 영남 문인과의 교섭 · 영향이 밀접하다는 점, 또 미수 허목의 경우처럼 근기 남인이면서 영남에 근 10년 가까이 머물면서 당대는 물론 후대에 깊은 영향을 끼친 경우(영남에 官員으로 재직한 경우로는 閔昌道, 李仁復, 權以鎭 등이 있다[1]), 반대되는 경우로 영남이 세거지이면서 서울 · 경기에서 주로 활동한 인물의 경우(李弘悳 등) 등 여러 가지 모호함이 존재한다는 점이다. 본고에서는 일단 이들을 다 포용하는 '넓은 의미에서의 영남권'을 설정하는 입장에 있다.

17세기 月 · 象 · 谿 · 澤으로부터 18~19세기 農巖 · 燕巖 · 淵泉 ·

---

1) 용주 조경(1586~1669)은 영남에서 벼슬을 하지는 않았지만 젊은 시절 광해군의 폭정을 피해 진외가가 있던 거창에서 상당 기간 은거하며 정온을 스승으로 삼았고 영남 남인들과 깊은 교유를 하였다. 허권수, 「용주 조경과 영남 남인과의 교류에 관한 연구」, 『죽부이지형교수정년퇴임기념논문집』, 1996.

臺山 등에 이르기까지 서울 · 근기의 西人系 산문 연구는 많이 이루어진데 비해 18세기 영남 문단의 산문론, 작가 · 작품론은 본격적인 검토가 되지 못하였다. 기존 연구 중 주목할 성과로 송혁기의 「17세기 후반-18세기 초 허목 계열 남인 문단의 산문론」(2005)을 들 수 있다. 이 논문에서는 김창협 등 서인계 산문론(韓歐正脈을 지향)과 대별되는 '古氣'를 지향하고 '古勁'과 '簡奧'의 미학을 낳은 근기 남인계 산문론을 검토하였는 바 그 구체적 文脈으로 허목-권유 · 민창도 등을 제시하였다. 산문론으로는 허목 · 이만수 · 오상렴 · 신유한 · 오광운의 자료를 중심으로 논의를 펼쳤다. 하지만 송혁기의 논의 대상은 주로 近畿 南人에 해당하는 것이고 嶺南 南人이 아울러지지는 않았다. 학계의 영남(남인) 한문산문에 대한 연구 성과는 눌은 이광정 산문, 강좌 권만과 대산 이상정 사이의 논쟁, 청천 신유한에 대한 연구, 식산 이만부의 기행문 연구 정도가 가장 두드러지지 않나 생각된다. 영남뿐 아니라 근기까지 포함하여 남인 가운데 문장으로 이름이 있었던 인물들로 한강 정구, 아계 이산해, 서애 유성룡, 용주 조경, 미수 허목, 동주 이민구, 하계 권유, 화은 민창도, 식산 이만부, 하당 권두인, 병곡 권구, 하정 이덕주, 혜환 이용휴, 번암 채제공, 대산 이상정, 입재 정종로, 손재 남한조, 정재 유치명, 서산 김흥락, 성재 허전, 방산 허훈, 면우 곽종석, 수당 이남규, 심재 조긍섭 등 많은 인물들이 있으나 허목, 이용휴 정도를 제외하곤 산문 분야에서의 연구는 많이 이루어지지 않았다.

기실 영남 문단의 산문론은 상당히 박약한 것으로 알려져 있다. 문학보다는 경학과 성리학에 치중한 풍토가 이를 제약했다는 것은 부정할 수 없는 사실이긴 하지만 산문론에 대한 자료가 그렇게 없는 것은 아니다. 본고는 18세기 영남 문단에서 논의된 산문론과 작가 · 작품론을 총괄하고 그 의미를 도출하고자 함이 궁극의 목표이나 18세기 영남 산문 全般을 대상으로 특징과 의의를 도출하고 제시한다는 것이 필자의 역량으로는 과도한 일이다. 따라서 우선 이 시기 이 지역의 주요 문장가, 산문론, 작품론 등을 개관하는 것으로부터 시작할까한다. 이 점과 관련해 첫째, 필자는 이 시기 산문사의 흐름과 관련해 散文選集을 예의주시하고 있다. 다만 영남 문인의 산문을 대상으로 한 選集은 극소수에 불과하여 이 점 또한 서울 · 근기의 문예 취향과는 여실히 다른 무엇을 느끼게 한다. 둘째, 18세기는 김창협, 남극관을 필두로 하여 다양한 산문론과 산문작품론이 전개되었다. 문집 및 필기잡록에서 관련 자료들을 찾아 제시해 보고자 한다(근기남인 자료로는 남하행, 유경종, 이극성[2] 등의 자료를 취한다). 구체적 작품을 함께 들고 그에 대한 분석이 병행되어야겠으나 여러 제약으로 작품 분석은 後稿로 미루고자 한다. 以上의 두 방법을 통해 18세기 영남의 문장가 및 산문작품론의 얼개가 제시될 것이다. 셋째는 이들 작가의 서울 · 근기 작가와의 교섭, 또 같은 영남 내에서도 지역권 사이에서의 교섭 양상을 제시해 보고자 한다. 마지막 과제는 동시기 서울 · 근기, 여타 당색 내에서의 산문 논의들과 비교

2) 잠옹 남하행은 명필로 유명한 인물이다. 동소 남하정의 동생으로 진위에 살았다. 안산 · 공주 · 충주 등 남인 내에서 교유의 범위가 넓었다. 해암 유경종은 표암 강세황의 처남으로 안산에 세거한 남인 명문가 출신이다. 이극성은 芝峰 李睟光의 6대손으로 초명은 存誠, 자는 幼一, 호는 犖齋이다. 장인은 星湖 李瀷이다.

함으로써 18세기 영남 산문 및 산문론의 특징을 제시하는 것인데 이 역시 후고를 기약한다.

필자가 構想하고 있는 영남(남인) 산문 전개의 큰 얼개는 두 가지이다. 하나는 퇴계 · 남명을 축으로 그 門徒들에 의해 이어져온 문학의 양상으로 여기에는 소위 '도학 문학'[3]의 강한 특색을 띄는 작품들과 '應酬 文字' 또는 '실용문'으로 불러야 할 序跋文, 丘墓文, 제문, 서간문 등이 그것이다. 경계 또는 配屬이 모호하긴 하지만 문예성이 좀더 강한 山水遊記 및 생활 주변에서 감발 받아 지은 소소한 글들도 있다. 또 하나는 미수 허목의 문예와 관련하여 그 直傳 제자 및 私淑人들의 영향 관계가 한 축이다. 미수는 한강 정구를 사사하기도 하였고, 중년의 근 10년 동안 성주, 의령, 창원 등지에 僑居한 바 있어 嶺南과 깊은 연관을 맺고 있다. 그 直傳 제자의 한 사람인 민창도의 경우 鄕邸를 忠州에 두고 만년에 聞慶에도 머문 적이 있으며(그의 호 '化隱'은 尙州 化寧에 은거를 꿈꿔 지은 것이기도 하다) 경상도관찰사로 재임하기도 하는 등 역시 嶺南과 깊은 연관이 있다. 주지하다시피 미수와 그 추종자들의 문예는 대단히 독특한 면모들이 있다. 산문에서도 두드러진 이 성향의 연원과 흐름을 쫓아볼 생각이다.

본고를 준비하는 과정에서 신자료들을 많이 발굴하였다. 한편으론 嶺南(近畿도 포함)의 남인 · 소론계 문인 상당수가 1728년 戊申亂에 연루되어 慘禍를 입었기에 많은 자료가 일실되었고 심지어 개인의 이

3) 도학 문학은 '道學思想 및 이 사상에 입각되어 일어나는 情感을 문학적으로 全般的 또는 主導的 형세로 표현하는 일 및 그 결과로서의 작품'이다(이동환, 「영남 도학문학의 전개 양상」).

름 뿐 아니라 집안의 흔적조차 사라진 경우도 많이 있음도 확인하였다. 문학사에 마땅히 올라야 할 여러 작가와 개별 작품의 복원이 연구자의 몫으로 남겨져 있다.

2. 영남 산문 선집 관련 자료

영남 산문과 관련된 주된 자료로는 다음과 같은 것이 있다.

① 成涉(1718~1788)『筆苑散語』(필사본)

본서는 1981년 처음 소개된 자료로서 풍성한 영남 문단의 주요 정보들을 제공하고 있는 유익한 자료다. 이경유의『창해시안』, 강준흠의『삼명시화』와 아울러 현존 자료가 드문 남인계 시화 · 잡록이다.[4] 부친은 낙애 성기인으로 청천 신유한과도 교분이 있다. 본가는 봉화에 있었고, 처가가 칠곡의 광주이씨가였기에 대구 · 성주 지역에도 많이 머물렀고 만년에는 산청 · 진주 쪽으로 이주하였다. 한양을 오가면서 안산에 있는 성호 이익을 뵙기도 한 바 근기 남인과의 교분도 있

4) 정범조는 세간의 비평을 빌어 영남의 문장이 椎魯하다는 평을 받고 있다고 하였다. 영남문단이 퇴계 이후 道學의 계발과 천양에 중점을 둔 이유가 무엇보다 클 것이다. 成涉의『필원산어』에 언급된 17세기 이후 영남의 문장가로는 李萬敷, 權斗經, 權萬, 權相一, 趙德隣, 朴孫慶, 姜楷, 鄭宗魯, 鄭錫儒, 李顯中, 李達中, 李學中, 李光庭 등이 있다. 특히 시인으로 일컬어지는 경우는 드물어 李敬儒는 권두경, 권만, 신유한 등의 시인만을 언급하였다.(『滄海詩眼』(中) "近世嶺南無唱, 蒼雪權學士(權斗經)後, 權良州一甫氏(權萬)傑立江左, 申平海周伯(申維翰)獨步江右.") 한편 유경종은 그의 評詩詩에서 李民宬, 洪汝河, 權斗經 등을 언급하고 있다(金東俊,「柳慶種의 論詩詩 연구」,『韓國漢詩研究』 11, 한국한시학회, 2003).

다. 필사본 문집도 일부가 현재 전하고 있다.

② 편자미상 『東文輯略』(필사본 3권2책, 성균관대 소장본)

영남에서 편찬된 시문선집으로는 『東文輯略』이 유일한 듯하다. 이 책은 본디 밀양에서 활동한 성헌 이병희(1859~1936)의 구장본이다. 시 가운데 녹차 황오의 작품이 실린 것으로 보아 편집 및 필사 시기는 1900년 전후로 보인다. 다만 산문 문체 중 여럿이 빠진 것으로 보아 미완성본 내지 零本으로 보인다. 제1책 권1은 詩, 권2는 文, 제2책 권3 文으로 구성되어 있다. 李彦英(1568~1639), 權斗經(1654~1726), 高裕(1722~1779), 李象靖(1710~1781), 金聖鐸(1684~1747), 權萬(1688~1749), 宋履錫(1698~1782), 許穆(1547~1634), 金樂行(1708~1766), 李光庭(1674~1756), 申維翰(1681~1752), 李思游[5], 崔成大(1691~1762), 蔡濟恭(1720~1799) 등 남인들(거의 영남 남인)의 시문이 대거 수록되어 있다. 書, 祭文, 哀辭, 序 등 문체별로 실려 있다.[6] 영남의 이름 있는 문장가들이

---

5) 저자가 누락되었으나 필자가 찾은 것이다. 이사유(자 伯深)는 청천 신유한의 벗 李聖一(본관 경주, 자 一之)의 아들로, 그 아들 李晦根(자 顯甫, 호 守白堂)과 함께 신유한에게 글을 배웠다. 『청천집』에 「答李伯深思游書」 등 다수의 관련 시문이 있다.

6) 수록작은 다음과 같다.(권1 시는 생략)
권2: 李彦英 「與申直長英蒙」, 權斗經 「上葛奄先生(己巳)」, 「答葛庵先生」, 「與權太學士愈」, 「與三休堂姜參判世龜」, 「與丁愚潭先生」, 高裕 「與任固城」, 李象靖 「答權江左(壬戌)」, 金聖鐸 「答權一甫書(癸亥)」, 「答權方叔書(甲子)」, 權萬 「答李景文」, 「上訥隱李公」, 宋履錫 「與李幼成𪬤」.
권3: 許穆 「祭完平李相國文」, 「祭張旅軒文(代從兄作)」, 「祭宗兄汝晦文」, 「祭韓君五奎文瑞文」, 金樂行 「祭葛庵李先生文」, 李光庭 「祭權一甫文」, 許穆 「金判書南重哀詞幷序」, 「陵原大君哀詞幷序」(代弟作), 「公子珍原君哀詞幷序」, 「沈司諫大孚哀詞幷序」, 「鄭高靈昌詩哀詞幷序」, 「林生哀挽」, 「鄭生東奭哀詞幷序」, 「李秀才軒紀哀

대거 포함되었는 바, 이와 별개로 미수 허목과 번암 채제공의 산문작품이 많이 실린 것은 特記할 만하다. 미수에 대한 영남 문인들의 向慕와 근기남인 뿐 아니라 영남남인까지 아우른 번암의 정치력에 대한 영향을 볼 수 있다.

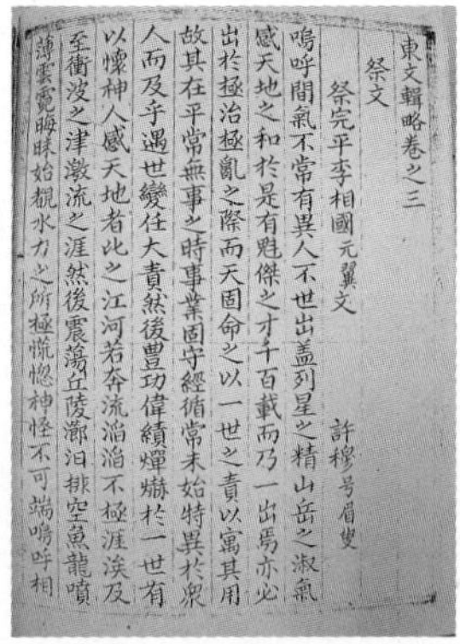
東文輯略卷之三
祭文
祭完平李相國元翼文　許穆号眉叟
嗚呼間氣不常有異人不世出盖列星之精山岳之淑氣
感天地之和於是有魁傑之才千百載而乃一出焉亦必
出於極治極亂之際而天固命之以一世之責以寓其用
故其在平常無事之時事業固守經循常未始特異於衆
人而及乎遇世變任大責然後豐功偉績燀爀於一世有
以懷神人感天地者比之江河若奔流滔滔不極涯涘及
至衝波之津激流之涯然後震蕩丘陵瀄汩排空魚龍噴
薄雲霓晦昧始覩水力之所極慌惚神怪不可端嗚呼相

그림1. 『동문집략』(성균관대 소장)

③ 편자미상 『諸家雜錄』(개인소장, 필사본 1책)

이 책은 "己巳正月下澣成于葛齋"라는 필사기가 있을 뿐 역시 내력이 분명치 않다. 書簡, 哀辭, 祭文, 序, 記, 傳, 碑銘 등이 실려 있다. 서간과 제문 위주로 되어 있는 점은 영남 남인 선집의 특징을 잘 보여주고 있고, 반면 문집이 전하지 않는 이들의 글이라던가 서울 · 근기쪽

辭」, 「李生遠紀哀辭」, 「李生道長哀詞幷序」, 「許上舍哀詞幷序」, 「趙校理威鳳哀詞」, 「李典籤守約哀詞幷序」, 「金大司成著國哀詞幷序」, 「韓君五弼挽章」, 「寒岡鄭先生挽詞」, 「挽林副率宗儒」, 「挽朴承旨德一」, 「挽鄭文翁」, 「哭閔寅甫應協葬」, 「哭李君」, 「許參判啓哀詞」, 「李平昌象鼎哀詞」, 「哭李兎山」, 申維翰 「金華子李君哀辭」, 崔成大 「權蒼雪哀辭」, 申維翰 「送李東望之燕序」, 李思游 「青耕窩序」, 蔡濟恭 「伊川屯田節目序」, 「文獻備考兵考序」, 「希菴集序」, 「菊圃集序」, 「箕營償債錄序」, 「送吳景參大益出宰德川序」, 「淸暉子詩稿序」, 「送尹彝仲弼秉歸龍津別業序」, 「送姜誠吾忱書狀赴燕序」, 「送朴仲涵師海宰順興序」, 「訒齋集序」, 「兩賢錄序」, 「送李公會鼎運宰殷栗序」, 「西潭集序」, 「南坡集序」, 「洪侍郎君擇秀輔出塞錄序」, 「詩史序」, 「遯菴集序」, 「鶴鳴序」, 「沈景眉壽錫楓嶽錄序」, 「晩窩集序」, 「送震澤申文初光河遊白頭山序」, 「西得錄序」, 「曲肱堂遺稿序」, 「玄圃山人集序」, 「園幸定例序」, 「琴軒實紀序」, 「送趙文然輝晉歸德川序」, 「樂園集序」, 「送李公會書狀赴燕序」, 「雪潭集序」, 「麗澤齋遺稿序」, 「花山君權公應銖遺事序」, 「竹山南部洞稧憲座目序」, 「題蒼雪權修撰斗經行錄後」.

문사의 글(글 받는 대상이 영남 인물)도 일부 실려 있어 의미가 있다.

수록 작가는 다음과 같다. 密庵 李栽(1657~1730), 玉川 趙德隣(1658~1737), 靈山, 南野 朴孫慶, 九思堂 金樂行(1708~1766), 大山 李象靖(1710~1781), 小山 李光靖, 李校理, 錦淵(晦屛) 申體仁, 雨溪, 霽山 金聖鐸(1684~1747), 訥隱 李光庭(1674~1756), 江左 權萬(1688~1749), 希庵 蔡彭胤, 沙橋, 寒罔 鄭逑, 退溪 李滉, 眉叟 許穆(1547~1634), 尹義貞(1525~), 鑑湖 呂大老(1552~1619) 晩修病叟, 餘窩 睦萬中(1727~1810), 青川 申維翰(1681~1752), 李磺[7] 등의 작품이 실려 있다.[8]

---

7) 지봉 이수광의 후손으로 芋圃 李憲冑의 아들.

8) 수록작은 다음과 같다. 密庵 答丁愚潭時翰, 與吳判書始復, 答權護軍一之, 答芝村權院長昆季, 答柳德若, 答南來瑞, 答權施叔, 與金敬, 答嶺南諸親, 答佳山族姪, 答族孫仲華, 謝李倖鳳徵, 答沈參判書(壬辰 九月), 琴生員(丙辰 三月), 與彦兼台重, 答權天章斗經, 與權叔章, 與趙玉川德麟, 與沈判書檀, 答李監司立紀, 答閔參議昌道, 謝權倖以鎭, 謝權潤哉德秀, 答李而靜守淵(己酉), 與晦養堂, 與李悅卿浹(庚子), 答崔伯謙道鳴(乙巳), 與金重甫世釴(乙酉), 與金汝修善餘(辛卯), 答鄭可行碩達, 答鄭參奉兄弟(기해), 答李持平熹, 答金振伯, 答權長水書 玉川丈, 答南圭瑞, 答琴生員 玉川丈, 與琴院長 蒼雪, 答朴生員 靈山丈, 答洪龍稚 南野丈, 與趙獻納, 答趙生顯道運道述道, 與洪, 答柳希甫, 謝李漢哲漢涉漢翼 九思堂, 以下各處書簡, 大山書簡, 小山書簡, 李校理書簡, 錦淵書 申體仁, 崔以安(尙鎭)哀辭 雨溪, 權孝祥哀辭 密庵, 安義仲哀辭 仝, 李敬中哀辭 仝, 祭文 金霽山謫所祭母文(상지 16년, 임술), 祭權梁山江左文 九思堂, 祭江左文 訥隱, 祭密庵文 江左翁, 祭歸鹿趙相公墓文, 祭密庵文 九思堂, 祭江左翁文 南野, 祭李悅卿文 玉川, 祭九思堂金先生文 錦淵, 祭無言齋文, 又 芝村, 又 雨谷, 陶淵書院祭無言齋文 芝村代作, 祭進洪士文 江左, 祭鄭生文, 祭三休堂姜參判世龜文 蔡彭胤, 祭權壽垕文 沙橋, 祭成大谷文 寒罔, 又 牛溪, 遣承旨致祭文 退溪, 祭退溪先生文 盧蘇齋, 又 奇高峰, 又 具鳳齡, 又 成均館生員申灈李純仁... 立岩記 眉叟, 偕諸丈老泛舟遊記, 態淵泛舟記 上仝, 索囊子, 贈洪秀才克己序, 許徵君案右滄洲道士 車雲輅, 與滄洲道士書 石矼, 未節婦金氏生傳, 送吳判書君瑞(挺緯)奉使燕京序, 風月岩主人記 尹義貞, 尊經閣記 徐四佳, 洗心堂記, 梅岸草堂記, 琹湖同舟詩序 鑑湖(呂大老), 送黃敬之赴燕序, 崇禎處士遺事後叙, 贈宗人李元賓序, 柳葉盃序, 宣廟御畵蘭竹二障子後, 題鄭幼觀山水圖後 晩修病叟, 贈鄭滄海並序 餘窩, 東海碑頌 허문정공, 圓通碑銘 허문정공, 六臣疑塚碑銘 上仝, 送李東望燕京序 申菁川, 遊白頭山叙(계묘) 完山李磺

④『小海』(필사본 1책, 규장각 소장) 등

이 책은 글씨로 유명한 南夏行(1697~1781)[9]이 필사한 것으로 許筠, 許蘭雪軒, 申維翰, 李達衷, 李瀷, 李相采, 南九萬, 姜必勉 등의 詩文, 淸初 張潮가 編한『虞初新志』내의 글들 및 우리나라와 중국의 문인 · 학자의 語錄과 행적 등을 모아 엮은 책이다. 뚜렷한 편집 원칙이 없이 자신이 읽은 책에서 의미 있는 부분을 그때 그때 초록한 것으로 보이는 바 남하행은 이런 작업을 꽤 많이 한 것으로 확인된다.[10] 산문에 국한해 보자면 許筠(당색은 北人)의 산문을 비중 있게 선발한 점이 특징이다.[11] 허균 글에 이어서 燕超齋 吳尙濂(1680~1707)의 산문이 16편[12] 실려 있다. 또 이어서 申維翰의「長淵縣齋詩軸幷序」(1736년 작, 목판본『청천집』에는 이 중 일부만 실림)가 나오고, 李達衷의「愛惡箴」, 孫必大의「行狀多虛美說」, 李瀷의『星湖僿說』, 이민구『讀史隨

9) 본관은 의령(宜寧)이고 자는 성시(聖時), 호는 잠옹(潛翁) · 돈암(遯庵)이다. 충청도 공주(公州)에서 태어났다. 아버지는 성균관 진사 수교(壽喬)이며, 남인계(南人系) 학자 하정(夏正)의 막내동생으로, 이서(李漵)와 이익(李瀷)의 문인(門人)이다.

10)『筆譚』(필사본 1책, 개인소장)도 이런 성격의 책이다. 1780년 84세의 潛翁이 초계 鄭君 士得에게 써 준다는, 翁은 이 때 舞鳳山 아래 桐泉에서 彭澤 老安蝸室로 새로 거처를 옮겼고, 정군은 이 때 忠原에 살고 있다는 필사기가 끝에 있다. 남하행이 베낀 것으로「文獻書院記」(이항복),『栢岩墨談』(安應昌),『靑橋墨談』(安應昌) 등이 있고, 그 門徒인 聾窩散人 朴思正(본관 무안)이 쓴「栢岩修墓錄序」(1781)와 本書와 관련한 後識(1779년)가 앞 뒤로 첨부되어 있다.

11)「陶山朴氏山莊記」,「臨滄軒記」,「醉鶴亭記」,「山月軒記」,「凌波書室記」,「沙溪精舍記」,「巡軍府君廳記」,「文說」,「蓀谷山人傳」,「嚴處士傳」,「上西厓相」 등 수십 편의 尺牘,「學論」,「政論」,「官論」,「兵論」,「遺材論」,「豪民論」,「南孝溫論」,「四友齋記」,「三先生贊幷引」 등이 차례로 실려 있다.

12)「不憂軒記」,「送元秀才道亨序」,「贈堂弟汝重序」,「跋己卯諸賢尺牘」,「揚雄論」,「畵說」,「晉之人」,「書滄溟集後」,「覽平泉草木記」,「學琴說」,「擬徐孺子與郭林宗書」,「擬郭林宗報徐孺子書」,「逐睡魔文」,「虎史敍」,「讀荊軻傳」,「屛畵讚」

筆』, 안정복 『堪輿雜說』, 이맹휴 『전구여록』, 이희조 『語錄』, 李相采의 「答洛中諸友書」, 『海巖雜錄』(柳慶種 著), 張潮의 『虞初新志』 내의 글, 이의현 『도곡집』, 姜樸의 「梧里先生續集跋」(1705년작), 이덕주 「祭朴世能文」, 남하행 외 「直提學南敬齋墓碣銘辨疑」, 南九萬의 「祭南將軍(諱怡)墓文」가 수록되어 있다. 허균 · 오상렴(송곡 이서우에게 受學하였다. 詩로 더 유명하지만 文에서도 대단히 난해하고 독특한 산문을 구사했다) 처럼 개성있는 문체를 구사한 작가 글을 다수 뽑은 것이 의미가 있고, 남인계 문인 · 학자의 잡록을 다수 초록한 것도 의미가 있는 자료다.

⑤ 기타

본격적인 산문선집이라고 할 수는 없지만 '九祭密札' 이란 말까지 있을 정도로 이름이 났던 密庵 李栽(1657~1730)의 書簡과 九思堂 金樂行(1708~1766)의 祭文이 選된 것이 매우 많고, 어느 경우는 合本된 것도 있다. 『四家文選』(全4권2책 중 零本 2권1책, 필사본, 경기대 소장)이란 책이 있는데 권1이 大山先生(李象靖)文集, 권2가 九思堂(金樂行)文集이다. 권3과 권4에 누구의 글이 수록되었을지 궁금한데 零本이다. 한편 청천 신유한의 詩文選과 『해유록』 역시 嶺南을 넘어 전국적으로 많은 필사본들이 현존한다. 많이 轉寫되면서 읽혔음을 알 수 있다.

한편 『(篆書)豳風』(필사본 1책, 수경실 소장), 『篆書』(필사본 1책, 개인소장) 등의 자료가 있다. 전자는 眉叟許穆의 篆書를 江左 權萬이 臨模한 것이고(李東沆의 識가 끝에 있다), 후자는 미수의 전서를 병와 이형상이 임모한 것(식산 이만부의 識[13]가 끝에 있다)으로 이는 산문 연구와 밀접히 관계된 것은 아니지만 미수에 대한 追從이 영남 남인 문사들에게 여러 방면에서 강하게 지속된다는 점에서 의미가 있다.

또 청천 신유한이 選하고 그 제자 농수 최천익이 批點을 찍은 『明文抄』(문우서림 소장 필사본 1책, 사진 참조), 이인좌의 아버지로 文名이 높았던 이홍덕의 산문이 실린 『雜覽』(수경실 소장 필사본 1책, 문헌과해석 29호에 영인됨)이 최근 발굴되었다. 前者는 신유한의 문장이 명대 전후 칠자 고문사파를 추종했다는 당대의 비판이 많이 제기되어 있는 점을 생각할 때 의미가 큰 자료이다. 명 문장가들의 글에 조선 최립의 글이 몇 편 더 추가되어 있다. 신유한의 문장 指向을 엿볼 수 있는 實例다. 以上 몇 가지 의미 있는 자료들을 점검해 보았지만 조선후기 시문선집의 총량으로 보자면 영남 문인의 시문선은 그야말로 극소수의 種數임을 확인케 된다.

그림 2.「명문초」

13) 문자(文字)는 창힐(蒼頡)이 새의 발자국을 본떠 만든 데서 시작하였는데 진나라의 예서(隷書) 자체(字體)가 생기자 고문(古文: 오래된 옛 문자)은 망하였다. 천하 수천 년을 통하여 미수선생(眉叟先生: 허목)께서 동방(東方)에 그것을 회복하였으니 대개 창힐씨(蒼頡氏)에 근원하고 신농(神農) 황제(黃帝) 전욱(顓頊) 대우(大禹) 무광(務光) 주매(周媒) 백씨(伯氏) 및 귀룡종정(龜龍鍾鼎)의 고문(古文: 옛 문자)을 참조하여 스스로 일가(一家)를 이루었다. 그 쓰는 법[寫法]은 오직 뜻을 바로하고 팔뚝을 세워 근엄한 채 제멋대로 하지 않으니 자체(字體)가 자연 방정(方正)하여 속태(俗態)가 없다. 요사이 자[繩尺]를 가지고 획을 그어 고움을 취하는 자(김진흥의 『篆大學』 같은 경우-필자주)의 경우는 어찌 족히 말하리오! 복학(復學) 이만부(李萬敷)가 상고하여 쓰다(文字始於蒼頡鳥跡, 至秦隷字作古文亡, 通天下數千載, 眉叟先生復之於東方. 盖原於蒼頡氏, 參之於神農黃帝顓頊大禹務光周媒伯氏以及龜龍鍾鼎古文, 自成一家. 其寫法惟在定志植腕謹嚴不放肆, 則字體自然方正無俗態, 如近世引繩尺模畵以取娟者, 何足道哉! 復學李萬敷攷識).

3-1. 미수 허목 산문과 그 餘波

미수 허목 이전의 '古文辭派'로 윤근수, 최립, 유몽인(유몽인은 구양수 소식 등의 '宋文'을 유약하다고 배격하였다), 朴瀰 같은 문장가들이 있었고 동시기의 용주 조경 같은 인물도 '고문사파'에 근접한 문체를 일부 구사했다. 당송고문을 전범으로 삼았던 서인계 문장가들과는 상당히 다른 노선을 달렸다. 이덕무(1741~1793)가 말하는 '古文'은 科擧用 功令文이 아닌 序·記·論·說 등 문체에 약간의 '典則'을 가한 것이라 하면서 참 어려운 것이라고 하였지만,[14] '당송고문'이 보편화되면서 『고문진보·후집』만 가지고도 웬만큼 고문을 짓는 자들이 百出하게 되었다. 명 및 조선의 고문사파는 '艱澁'을 지향한 건 아니지만 '平易'를 배격하고 자신만의 개성을 추구하다보니 이런 특성으로 귀착하게 되었다.

미수 허목의 글은 산문 문체별로 차이가 좀 있긴 하지만 虛辭를 적게 쓰고 글자를 매우 簡小히 쓰고 있음은 뚜렷한 특징이다. 다음은

---

14) 고문이란 명목이 성행한 것은 수나라 당나라 이래일 것이다. 세상에 이름난 준걸에게 있는 志氣와 정신, 언어와 事功이 붓끝으로 나와 서로 응하여 끊이지 않는 것이 문인데, 잘하고 못하는 분간은 있으나 어찌 고금의 분별이 있으랴. 과거를 위한 학문이 나온 뒤부터는 오로지 헛된 것을 숭상하고 功令에 구애되어 主司의 눈에 들지 않을까 두려워하였으니 그것을 비로소 時文이라 이름하였고, 기타 序·記·論·說 등 문자에 조금 典則을 가한 것을 고문이라 이름하여 지극히 어려운 것으로 생각하였다. 이로써 두 길로 나뉘어 문장의 참된 것이 대부분 없어졌다(古文之名目盛行, 其隋唐以來乎. 夫名世雋傑, 各有志氣精神言語事功, 發露筆端, 酬應不已者, 無非文也. 雖有工拙之辨, 安有古今之分! 科擧之學旣出後, 專尙浮虛, 拘於功令, 以不入主司之眼爲可懼, 而始號爲時文. 其它序記論說等文字, 稍加典則者, 號爲古文, 視之爲至難底物. 於是分爲二道, 文章之眞, 十亡八九矣. 이덕무, 『청장관전서』, 「耳目口心書」)

야담으로 전하는 것이고 여러 번 소개되기도 했던 것[15]이지만 미수 글의 성격을 명료히 보여준다.

동부승지 임낙구란 사람이 당시의 兩大 문장가 우암 송시열과 미수 허목에게 자신의 亭子 記文을 받은 이야기다. 송시열은 다음과 같은 근 200여자의 글을 써 주었다.

> 小閑亭在泰仁郡山内龍頭峰之麓. 其主人春官羅州林益中之後, 同副承旨洛九也. 洛九實請記於余曰 ...... 請歸而刻之楣間也. 壬戌 孟冬. 尤庵宋時烈.

송시열은 글을 다 짓고서 임낙구가 자신에게 오기 전 허목에게 글을 받은 것을 알았다. 허목의 글은 이랬다.

> 小閑亭記. 房一間, 退一間, 宜夏宜冬. 壬戌孟冬, 眉叟.

송시열은 이 글을 듣고 자신의 글을 주섬주섬 집어넣었다고 한다.

허목 산문은 남인들에겐 추앙의 대상이었지만 서인(특히 노론)에게는 집중적인 비난의 대상이 되었다. 조선후기 산문선집은 거개가 西人系에서 만들어졌기에[16] 남인 작가의 글이 수록된 것이 거의 없다.

---

15) 조준경 『野話選集』(1958년)에 「소한정기」란 글로 실려 있고, 심경호, 정민 교수 등이 이 글을 인용한 바 있다. 본문에 나오는 임익중, 임낙구란 인물은 허구의 인물로 보인다.

16) 숙종 연간에 만들어진 『동문선』(세칭 '별본 동문선', 규장각에서 4책으로 영인)으로부터 김택영의 『여한구가문초』까지. 안중관, 남공철 등에 의해 조선조 몇 작가의 산문이 뽑힌 바도 있으나 대개의 산문선집은 19세기 초중반 서유구와 홍석주가를 중심으로 작업이 많이 진행되었다. 소론계인 송백옥의 『동문집성』이 규모가 비교적 크다. 남인 작가로는 유일하게 미수의 글이 포함되어 있다.

조선후기 산문선집으로는 가장 규모가 큰 송백옥(1837~1887)의 『동문집성』에 앞서 『東文鈔』(필사본 2책, 연세대 소장)란 책에 미수의 글이 수록된 것을 확인하였다.[17] 이 책에는 金箕書(1766~ 1822)의 장서인이 찍혀 있다. 그는 배와 김상숙의 아들로 詩文으로 명성이 상당했던 인물이다.[18] 이 자료 역시 김기서가 選했을 가능성이 높다. 미수의 글은 「송허자릉서」, 「증부도정응사서」, 「종연세심재기」, 「지승」, 「논집정차」, 「유내한묘명」, 「육신의총비」이다. 『동문집성』에는 송백옥의 「眉叟許政丞記言文鈔引」이 앞에 붙어 있다. 서인계에서의 미수 문장 인식을 잘 보여주고 있다.

> 記言何? 眉叟自集其文, 而不名以集也. 不以集名何? 好奇而文亦奇也. 其文何奇? 余竊疑此老讀書八十年, 所學極駁, 力追古文者, 禹碑殷盤及周誥耳. 缺齧字句, 佶屈聱牙, 無一篇不叅差者. 如夏敦商彝虫蝕鳥攫. 驟讀之, 簡硬可愛. 而索然無繩尺風味矣. 遂採雜著贊銘記序跋十九首, 疏箚祭挽七首, 書牘墓文十六首, 止二卷. 壺山宋伯玉題

서인계에서 허목의 글을 뽑은 이유는 그 문장의 '奇'가 조금 신기하기도 하고, 남인의 영수로서 정치적으로나 학술 · 문예면에서 차지하는 남인계 내의 그의 위상을 고려해 편입시킨 것으로 보인다. 하지만 미수의 글은 그가 '古勁'을 추구했다고 해도 명나라 왕세정, 이반룡

---

17) 목은 이색(5편), 허백당 성현(2편), 간이 최립(12편), 계곡 장유(18편), 월사 이정귀(1편), 미수 허목(7편), 식암 김석주(6편), 농암 김창협(12편), 삼연 김창흡(5편), 동계 조귀명(6편) 등 10인의 산문작품 74편이 수록되어 있다.

18) 김영진, 「사대부 문인화가 金箕書의 <和樵謾稿>」, 『고전과 해석』 8집, 고전문학한문학연구학회, 2010.

산문에서와 같은 난해함와 껄끄러움은 의외로 별로 없는 편이다. 오히려 미수의 제자들에게 난삽함이 훨씬 강해졌다. 미수 글의 남인계 내에서의 영향이 워낙 크기에 그 門徒에 대한 전면적인 조사가 필요하다고 보인다. 다음 표는 그 일환으로 만들어 본 것이다.[19)]

성명	자	호	부	비 고
李命周			李德益	본 全州. 거주 원주. 李命夏 · 李命殷의 동생.
李 演	君範		李命夏	본 全州. 거주 원주. 3형제 모두 생원.
李幼洙	洙源	梧洲	李執中	본 全州.
李震曼			李命哲	본 全州. 李幼淳(한강 및 서애 문인) 孫.
李鳳徵	鳴瑞	隱峯	이 완	본 延安. 洪宇遠 문인. 『隱峯遺稿』(寫)
李 浹	悅卿		李觀徵	본 延安. 洪宇遠 문인. 李沃 동생.
李萬敷		息山	李 沃	본 延安. 『息山集』
李瑞雨	潤甫	松坡	李慶恒	본 羽溪. 『松坡集』(寫)
李夏鎭	夏卿	梅山 · 六寓堂	李志安	본 驪州. 『六寓堂遺稿』(寫)
趙 瑊			趙嗣基	본 漢陽.
趙 璠	聖美		趙嗣基	본 漢陽.
朴斗寅	元伯		朴尙質	본 竹山. 이헌경의 부 李齊華의 외종조.
李象賢			李守約	본 全州. 梧里 李元翼의 曾孫. 허목의 외조카. 愼節齋 李仁復의 從祖
崔東老	重卿		崔文活	본 江陵. 거주 원주. 權大載 매부.

오리 이원익, 동계 정온, 용주 조경과 함께 '17세기 南人 四先生'으

19) 부유섭 「17~18세기 중반 근기남인 문단 연구」(한국학중앙연구원 박사학위논문, 2009)에 미수 허목의 『漣上游從錄』 수록 인물과 이들에 관계된 미수의 관련 글, 미수의 門徒 등을 조사하여 큰 도움이 된다.

로 불린 미수 허목은 50세까지 세상에 별로 알려지지 않았었다. 63세부터 본격적인 벼슬길에 나갔고 1, 2차 예송 논쟁을 거쳐 숙종 즉위 직후 남인의 영수가 되었다. 『漣上游從錄』(국립중앙도서관 소장 필사본 1책)에는 미수 허목과 교유한 인물들에 대한 정보가 총망라되어 있어 매우 유용한 자료다. 위의 도표를 포함하여 미수 산문의 수용 내지 변용과 관련 있는 몇몇 인물을 거론해본다.

3-2. 권유 · 민창도의 산문

우선 볼 사람은 송파(또는 송곡) 이서우(1633~1709)이다. 그는 비판적 지식인인 소암 임숙영에게 수학하였으나 나중에는 權貴인 이이첨과 가까워졌다. 부친은 이경항이고, 모친 전주이씨는 이경유(효령대군 7대손)의 딸이다. 전주이씨의 사촌은 인조반정 정국공신 1등에 녹권된 李曙(채유후 장인. 채유후는 동명 김세렴과 절친. 김세렴 사위는 이서우의 仲兄 이가우-유형원 친구). 이서우의 외가는 바로 李鈺(1760~1815)의 先代이다. 게다가 이서우의 사위 홍이석은 李鈺의 외조부다. 이서우의 庶子 이익관 이순관 형제는 1728년 무신난에 가담했다. 이서우의 외손 국포 강박도 이 때문에 연좌되어 오랫동안 벼슬길이 막혔었다(尙州에 퇴거).

이서우는 1671년 陽川으로 미수를 찾아가 정식 제자가 되었다(이서우 부친과의 교분. 이경항 묘갈명도 찬함. 이서우 친구 李象賢-오리 이원익 증손-의 고모부이기도 함). 이서우는 또 이하진과 친했고, 權愈와는 문학적 라이벌 관계였다. 이서우는 1694년 갑술옥사 후 과천 청계에 퇴거, 죽을 때까지 15년간 제자만 양성했는데 이하진 아들 성호 이익도 冠禮 직후 찾아와 제자의 예를 올렸다. 채팽윤, 오상렴[20], 김이만, 이정휴, 이수대 등.[21] 이서우, 채팽윤, 오상렴, 김이만은 모두 詩와 文 兩者에 다 뛰어났고, 특히 이서우와 오상렴의 문장은 까다로운 편이다.

허목의 영향을 받은 남인 중 최고의 文名은 文에 霞溪 權愈(1633~1704), 詩에 송곡 이서우(이만부가 찬한 부친 李沃 행장에 보면, 이옥은 어려서부터 고문 좋아하여 만년에 더욱 독실. 하지만 문장에 권유, 시에 이서우 못 따라갔다고 自述)였다. 권유는 기사환국(1689)으로 남인이 집권하자 1691년 예문관 대제학에 오른다. 권유는 미수 허목에게 배웠고, 미수는 권유의 외조부 鄭百亨의 墓銘, 권유의 장인 이행원의 묘지, 권유의 처조부 죽천 이덕형의 묘지 등을 지었다. 권유는 인척인 李德運(1661~1719)[22] 및 朴履文(1673~1743, 호 古心齋, 생원, 문과)[23], 안정복의 조부 安瑞羽(1664~1735, 동명 정두경에게도 사사) 등을 가르쳤다. 朴履文의 堂弟 박지문은 「고심재유고서」에서 당대의 문장으로

---

20) 경신환국(1680) 직후 부친 오시적이 제천으로 退居.

21) 임미정, 「송곡 이서우의 시문학 연구」, 연세대 대학원 국문과 석사학위논문, 2007.

22) 이덕운은 의령현감을 지낸 李雲根의 장남으로 『성호사설』에 詩名이 있다고 나오는 龜洲 李復運(1664년생, 1689년 생원, 예산 거주)의 형이다. 자형은 권유의 아들 權護(1655~1732, 생원, 문과)고, 매제는 朴履文(본관 무안)이다. 장인은 申厚載. 이덕운은 권유 외에 우담 정시한에게도 배웠다고 한다.(以上 이남규 「칠대조정랑공행장」, 『수당집』 권11)

23) 韓山 李雲根의 사위로 1남(朴思正) 3녀(전주 이덕주, 여주 이재망, 한양 조서) 둠. 안정복 「통훈대부행사헌부장령지제교고심재박선생묘지명」(『순암선생문집』 권22)

동고-미수-고심자를 꼽았고, 박이문의 사위 이덕주는 「고심재박공제문」에서 최립 · 허목-하옹 · 고심자를 꼽았으나 고심재 박이문의 문은 아쉽게도 전하지 않는다. 권유는 禮山에 거주하면서 이덕운 · 박이문 등을 가르쳤는 바 이덕운은 광해군 연간에 시문으로 이름 높았던 아계 이산해의 5대손이다. 흥미로운 것은 이규상의 『병세재언록』, 「文苑錄」에 대서특필된 『海東殖貨傳』(미발견)의 저자 李載運(1721~1782, 자 聖車, 호 食泥堂, 1747년 생원, 거주 保寧, 庶)[24] 역시 이산해의 5대손으로 이덕운의 동항렬이란 점이다. 권유는 黨禍 때문에 대제학을 지냈음에도 문집이 남지 못했다. 다만 遺文이 많이 찾아지는 바 필자가 확인한 것은 다음과 같다. 향후 산문 분석이 필요하다.

> 杜谷先生文集序, 茶山集序(1685), 梧里李先生文集序(1691), 敬堂先生文集序(1693), 木齋先生文集序(1693), 月軒集序(1702), 朽淺集序, 梧里李先生行狀, 梧里李先生影堂記(1694), 溪巖先生行狀, 沙西先生諡狀, 木齋先生碑銘, 有明朝鮮國贈資憲大夫兵曹判書…忘憂堂郭公神道碑銘, 有明朝鮮國贈大匡輔國崇祿大夫議政府領議政…南坡洪先生神道碑銘, 贈崇政大夫議政府左贊成…愚伏鄭先生墓表, 開城穆淸殿碑, 仁敬王后誌文, 申芷潭(得洪)墓碣銘, 鄭時羽墓碣銘, 洪誠齋(河量)墓碣銘, 林將軍傳

한편 성섭은 권유 산문에 대해 그리 좋게 평가하지 않았다.

---

24) 김영진 박사학위논문에 행적 및 현존 시문을 제시했다.

인조 이후에는 계곡 장유과 택당 이식이 대가라는 평을 들었고, 미수 허목이 힘써 고문을 지었으나 문장은 시대가 내려오면서 떨어지니 누가 사마천과 반고의 문장을 얻을 수 있겠는가? 용주 조경과 동주 이민구, 백호 윤휴가 하나의 흐름을 얻었고 하계 권유에 이르러서는 귀신의 원망과 가시밭길을 찾을 뿐이다.[25)]

미수 허목은 민창도의 조부 민응협 애도문을 지은 바 있다. 閔昌道의 증조 閔誠은 李習의 따님과 혼인하여 두 아들 閔應恢, 閔應協을 낳았다. 鳴皐 閔應協(1597~1663)은 閔誠의 아들로 遁谷 金壽賢(1565~1653)의 사위이다. 민응협은 雪樓 閔熙(1614~1687, 호 雪樓 · 石湖), 雙梧 閔點(1614~1680), 叉湖 閔黯(1636~1694)을 낳았는데, 민희와 민점은 쌍둥이였다. 이후 민점은 민응회에게 입양되었다. 민응협은 外叔인 師心堂 李挺豪를 스승으로 섬겼다. 민응협은 "淸顯職을 역임하고 지위가 亞卿에 이르렀으나 끝내 서너 칸 되는 집도 장만해 두지 않았다."는 명망을 얻었다.[26)] 부친 민영이 영남에서 벼슬할 때는 旅軒 張顯光의 문하에서 있었다. 許穆이 일찍이 지금 시대 제일가는 사람을 물었는데, 장현광은 민응협을 거론했다고 한다. 또 일찍이 愚伏 鄭經世 선생을 뵈었을 때 민응협을 거론할 만큼 명망이 있었다. 뒤에 허목이 정경세와 장현광의 말을 외워서 손자 민창도와 孫壻 金夢陽에게 말해 주었다.[27)] 민점은 荷潭 金時讓(1581~1643), 민

---

25) 成涉, 『筆苑散語』. "仁祖以後, 谿 · 澤爲大家評, 眉叟極力爲古文, 而文章與時下, 則誰欲爲馬 · 班之史而得乎? 龍洲 · 東州 · 白湖得一派, 而至於霞溪則尋鬼怨荊棘之塗耳."

26) 『현종실록』 현종 4년 11월 8일.

27) 閔黯, 「閔應協神道碑」(『河南金石文集』, 하남문화원, 2002.)

희는 鄭世矩(1585~1635), 민암은 盤皐 金始振(1618~1667)의 사위로 명문 가문과 연혼되어 있음을 알 수 있다. 숙종조에 민희가 우의정을 지내고, 민점이 김석주의 추천으로 文衡이 되었다(1676년). 통상적으로 문형은 전임 문형의 추천으로 직책을 맡게 되어 있는데, 이례적으로 大臣의 추천을 받아 문형직을 맡았다. 하지만 민점은 갑술옥사에 죽고, 민희는 경신환국으로 유배되어 1687년(숙종 13) 順天 배소에서 죽음을 맞았다. 민암은 1694년 갑술환국 때 폐비의 반교문을 지었다는 이유로 大靜에 유배되었다가 사사되었다. 민창도는 閔熙의 셋째 아들로 장인이 李觀徵이었다. 李沃과는 매부가 되어 평생 교유가 잦았다. 이옥의 姨從兄 柳廣善, 李瑞雨, 柳命天, 柳命賢, 洪重鉉 등의 문집에서 확인되는 바 이들과도 친했다. 1691년에는 경상도관찰사가 되어 영남의 사인들과 교유하였고, 상당한 명망을 얻었던 것으로 보인다.[28] 신사옥사(1701년)에 연좌되어 密陽, 郭山(1702), 長水(1723), 聞慶(1723) 등으로 30여 년간 유배를 당하면서 聞慶 配所에서 죽음을 맞았다.[29] 후일에 손자 閔百孝, 閔觀孝 등이 이인좌의 난에 연루 되면서 廢族이 되었으며, 후사도 이어지지 않은 것으로 보인다. 이 시기 가장 촉망받는 문장가로 이름을 날렸지만, 자신이나 후

28) 權相一,『淸臺日記』, <壬午(1702, 肅宗 28) 6월 4일> 조, "聞御史李□□狀啓內言, 閔昌道曾爲嶺南方伯, 大得人心, 且本道爲人才府庫, 若置此人於此地, 則恐有不測之變, 請量移北道, 其言可爲凶慘."

29) 權相一,『淸臺日記』 <乙巳(1725, 英祖 1) 5월 15일>조 "陰. 聞聞慶閔參議今十一日卒逝, 驚慘驚慘. 此令文雅器量, 素負公輔之望, 甲戌(1694)後只以其叔連坐, 謫竄初密陽, 中移郭山, 又移長水, 年前又移聞慶, 竟未蒙放, 而終於鵩舍, 享年七十二. 文章也稱大家, 而秪好新奇, 極欠極欠. 余每欲一見, 而因循未果, 奄聞此報, 痛恨痛恨."

손들이 몰락으로 문명이 가려진 듯하다.[30] 그의 문집은 가문의 몰락과 함께 수습되지 않았다가 溪堂 柳疇睦이 문집을 정리하였으며, 舫山 許薰이 유주목을 이어 추가로 관련 자료를 모으고 서문[31]을 부쳤다. 그의 문장은 이미 당시 상당히 기이하고 이채롭게 인식되었다. 뿐만 아니라 오랜 유배 생활로 孤憤의 내용을 담고 있으며, 한유의 문장을 본받아 奇崛艱深하여 왕세정이나 이반룡 등과 비견되었다.[32]

閔昌道(1654~1725)의 『化隱集』은 편지 부분이 최근 발굴되었다(개인소장, 방산 허훈 수택본). 여기 실린 편지들 외에 필자가 찾은 遺文

---

30) 以上 부유섭 박사학위논문.

31) 商山柳先生嘗與不佞譚文藝, 出化隱閔公之詩若文, 以示曰: "以化隱公而集不行於世可乎? 余是之慨, 幸求謄本於流落者, 疏箚祭文尙未具, 子其搜漏整訛, 淨書成帙, 庶傳諸後乎!" 不佞謝非其任, 公屬勤, 遂持而歸卯橋書莊, 始閱之, 古紙亂草, 往往字脫誤, 然良杞寸朽, 美玉點缺, 爲材與寶固也, 抑不佞有所感焉, 天道之定不定何相尋, 而定者暫不定者久, 又何也. 閔公生鐘鼎世家, 値肅廟峸際, 弱冠才名大譟, 遂擢高第, 陞金馬, 盛玉署, 掌藩臬, 握藝衡, 文彩輝暎, 聲績俱著, 是時耆喆登庸, 一心推車, 而靡不倚重公, 而寄厚望, 將大施之, 華國手段輔笙鏞黼黻之化, 俄而不悅者, 枋用盤於申不足鍜於戌尢酷, 公之迹遍南荒北徼, 則牢騷之感孤憤之瀉, 不得不握弗聿爲甚哭之歌, 所以長篇及近體諸作, 皆嗚咽悽惋, 殆與屈大夫柳儀曹異世而同調, 至若序記丘墓之銘, 奇崛艱深, 多得乎昌黎氏, 而方駕於鳳洲滄溟, 時人之思闖先嫰而失龍眉世者於公乎往求之不已此, 則天不能奪人之所尙也乎, 嗚呼, 公之一生通顯, 僅三之一, 其餘皆廢日放年, 而狺狺之徒猶恐擠斥之不力, 天亦巧爲之用, 不但聽其深排而峻詆而已, 至竟斬公之後, 向所謂天道之定者暫不定者久非耶, 然公之詩若文, 窮而後益工, 公之名由詩若文之益工而益不朽, 天之久未定, 卽所以久公名者耶! 顧今聖人在上, 無在不伸, 盡滌元祐之籍, 方撰中興之頌, 公靈有知, 必感泣於冥冥而自悼九原之難作也. 不佞舊藏公祭文一卷, 合商山所寄來, 詩凡三百六十有奇, 書一百七十三, 序十九, 記三, 跋四, 碑銘十五, 墓誌一, 祭文三十六, 疏箚竟闕, 可勝惜哉! 柳先生今已觀化, 卷雖成, 靡所質疑, 只切存亡之感也. 閔公, 諱昌道, 欲居商之化寧, 故自號化隱云.(허훈, 「化隱集序」)

32) 權斗經, 『蒼雪齋集』 8권, <答閔士會>에는 "頃年聞公有一金石大篇, 傳到南中, 全務尙奇立異, 讀者至不能句."; 許薰, 전게 「化隱集序」. "公之迹遍南荒北徼, 則牢騷之感, 孤憤之瀉, 不得不握弗聿爲甚哭之家, 所以長篇近體諸作, 皆嗚咽悽惋, 殆與屈大夫柳儀曹, 異世而同調, 至若序記丘墓之銘, 奇崛艱深, 多得乎昌黎氏, 而方駕於鳳洲滄溟."

은 다음과 같다.

> 新刊百家類纂序(1692), 彩峰集序(1709), 月渚堂大師集序(1716), 菊潭先生文集序, 博泉遺稿序(1720), 嘯浦錦巖錦峯三稿合部序(1723), 有明朝鮮國贈通政大夫戶曹參議崇禎處士菊潭朴先生閭表碑銘, 開元寺佛糧碑文, (寧邊 普賢寺)有明朝鮮國月渚堂道安大師碑銘(1716), 祭歸巖李公(元禎)文, (晉州)宗川書院奉安文(1718) 및 上享文, (大邱)南岡書院上享文

이 가운데 민창도가 경상도관찰사 시절 간행한 『(新刊)百家類纂』부터 주목을 끈다. 이 책은 명나라 沈津이 편찬한 것으로 제자백가부터 한위시대의 잡가들의 글을 대량 수록하고 있는 거질의 책이다. 미수 허목은 이와 유사한 성격의 『文叢』을 편찬하였고 그 실물이 현존하고 있다(일본 천리대, 문우서림). 이는 민창도 『백가류찬』 嶺營 刊行으로 이어지고 이는 다시 이용휴에 의해 『諸子鈔選』(이용휴 선, 장서각 소장, 필사본 2권1책), 『貽謀錄』(이용휴序, 필사본 1책) 등의 작업으로 이어진다. 이들 책은 이들의 잡학박식 및 문장과 관련해서 좀더 검토될 필요가 있다. 성섭은 권유 · 민창도 산문을 폄하하였다.

> 우리나라는 조선 초에서 지금까지 문장을 짓는 사람은 모두 구양수와 소동파의 여파이다. 모두가 아순한 것을 체식으로 삼고 이치가 있는 것을 주로 하여 구극험벽한 말을 하지 않았으나 문형을 지낸 하계 권유가 숙종조에 나와 한 세대의 문형을 담담하였다. 그가 지은 기서비명은 오로지 읽기가 어렵고 사람들이 구두를 끊지 못하게 한다. 심장을 도려내고 문을 찢게 하니 험벽험괴에 그쳤을 뿐이다, 그의 문장을 본받아 그 영향으로 고취시킨 사람이 참의 민창도가 있으니 그때 종유한 사람들

> 이 대체로 그러하니 귀원형극의 길을 갔다고 할 수 있으니 비유하면 하루살이의 날개와 같아 반짝거리는 불빛이 스스로 일어났다 스스로 사라진 것일 뿐이다. 그 후에 약산 오광운의 문장이 간결하여 본받을 만하지만 科式의 程式을 벗어나지 못하였다.[33)]

영남 남인인 성섭은 『필원산어』에서 권유의 문장이 구두를 떼기도 힘들 정도로 어려웠으며 당시에 閔昌道와 더불어 '澁僻險怪' 한 문풍을 이루었다고 비판하였다. 성섭은 영남남인이면서도 다소 특이하게 당대에 최고의 문장은 농암 김창협이라고 인정하였다(민창도의 「博泉遺稿序」를 통해 그의 문체 특성을 도출코자 하나 후고로 미룬다).

허목 문장의 餘波와 관련하여 迂叟 宋廷奎(1656~1710)[34)]란 인물이 또한 주목된다. 지봉 이수광의 손자인 李碩揆의 사위는 李聃命, 朴涎, 成儁, 宋廷奎, 尹景濟다. 이 중 특히 문학 방면에 주목되는 인물은 小北系 인물인 송정규이다. 이현조는 1677년(숙종 3)에 그를 처음 만나 마음 터놓고 지낸 사이였지만, 송정규가 외직으로 나가고, 이현조가 침체되면서 서로 교유할 기회는 적었지만, 서로 情誼는 두터운 사이였다.[35)] 남극관은 송정규를 평가하여 허목을 배웠지만 문장이 보

---

33) 成涉, 『筆苑散語』. "我東方, 自國初至于今, 爲文章者, 皆歐蘇餘派也. 擧皆雅馴爲體, 理致爲主, 不爲鉤棘險僻之語, 而霞溪權太學士愈, 生於肅廟朝, 典一世文衡, 而其所作記序碑銘, 惟務戞戞難讀, 使人或不能句, 而其所劌心鉥目者, 澁僻險怪而止耳. 效其文而鼓其波者閔參義昌道, 而一時遊從之人, 大抵然矣. 可謂鬼冤荊棘之塗, 而譬之蜉蝣之羽, 熠燿之光, 自起自滅而已. 其後吳藥山文章簡潔可法, 而但不免科式程式耳."

34) 송시길의 손자. 그의 행적은 堂姪인 치암 송질이 찬한 「통정대부수강원도관찰사겸병마수군절도사순찰사송공행장」(『치암집』 권10)에 자세하다.

35) 李玄祚, 『景淵堂集』 권5, <祭妹壻監司宋公文>. "粤在丁巳, 我始識公. 其交莫逆, 匪襮伊衷. 情均孔懷, 共爨同工. 聯牀之樂, 擬保始終. 拘牽世故, 數十年中. 公宦于外, 我逐轉

다 유창하다 하였다. 『海外聞見錄』[36]에서 安南 풍속을 다룬 부분과 중국 福建 船制에 대해 쓴 글은 기이하고 우아하며 정묘하여[奇雅精妙] 조선에서 보기 드문 문장이라고 평가하였다.[37] 허목의 「梨浦別業記」는 여주에 살았던 송정규에게 써 준이 글이라고 추정된다.[38] 이현조가 林川으로 낙향한 후에 그의 아들 漢輔(生父 玄亮)와 朴涎, 尹景濟의 아들들이 모여, 그의 손자인 德冑, 惠冑, 憲冑로 이어지는 詞翰家의 전통을 이었다. 이들의 문학적 師友關係는 18세기 초 남인 문단의 주류에 많은 영향력을 행사하고 있어 주목된다. 이수광의 문학적 전통을 이어받은 이민구의 문학은 조카인 이현석과 이현조가 이어 계승하여 다시 후손들에게 이어지는 것을 볼 수 있다.

3-3. 신유한의 산문

청천 신유한(1681~1752)은 밀양에서 태어나 고령으로 이주하였는 바 생애의 상당 부분은 외직에 재직하면서도 영남과 서울을 오가며 많은 문학적 교유를 가졌다. 그는 미수 허목의 고향인 연천군수를

蓬. 中間邂逅, 合散悤悤."

36) 일본 천리도서관(금서룡 구장)에 자료가 현존한다.

37) 南克寬, 『夢囈集』 坤, 「謝施子」 "宋廷奎文, 學許眉相, 而稍趨流暢. 撰海外聞見錄, 其中記安南國俗, 福建船制, 文字奇雅精妙, 東方所罕有也."

38) 許穆, 『記言』, 「別集」 권9. 이 사실은 『漣上遊從錄』(국립중앙도서관본) 頭註에 「梨浦別業記」가 송정규를 위해 써 준 글이라 추정하고 있다.

지내면서 미수에 대한 向慕를 자주 토로하였다. 산문에서 일정하게 미수의 영향을 받았다고 볼 수 있다. 신유한의 산문을 두고 당대 사람들은 명나라 문장을 배웠다고 지목하였다. 이와 관련된 의미 있는 자료가 나왔다. 신유한이 명나라의 문장(간이 최립 글 5편 및 이홍덕 「강상열효녀전」이 추가되어 있음)을 選[39]하고 제자인 농수 최천익이 비점을 찍은 책이다.

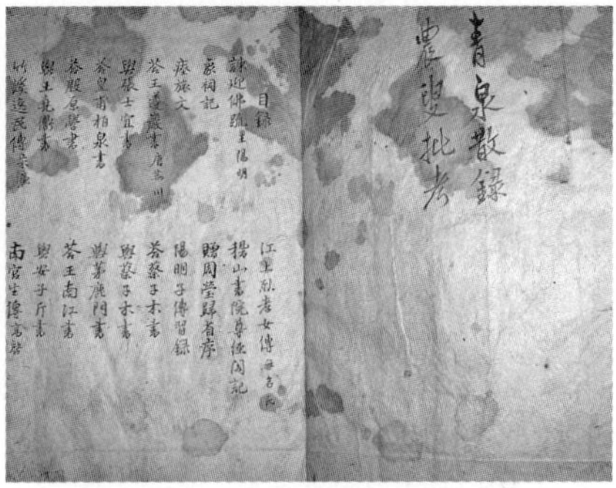

그림 3. 최천익이 비점을 찍은 「청천산록」

신유한은 명나라 문장만 배운 사람이 아니지만 그가 애호한 명나라 문장의 실체 확인이란 점에서도 의미가 있다. 또 그가 높이 평가해왔던 간이 최립의 글이 함께 실렸고, 그가 극찬했던 이홍덕의 「강상열효녀전」까지 실린 것은 더욱 의미가 있다. 성섭의 『필원산어』에,

> 申青泉(申維翰)이 일찍이 말하기를, "李紫霞(李弘悳)의 문장은 왕세정보다 낫지 않다."고 하였다. 「江上烈孝女傳」을 외면서 말하기를 "이런 문장은 지금 시대에 없는 것이고 또한 簡易도 두려워하지 않을 수 없

39) 諫迎佛疏, 稽山書院尊經閣記, 象祠記, 贈周瑩歸省序, 瘞旅文, 陽明子傳習錄(以上 王陽明), 答王遵巖書, 答蔡子木書, 與張士宜書, 與蔡子木書, 答皇甫栢泉書, 與茅鹿門書, 答殷原學書, 答王南江書, 與王堯衢書, 與安子斤書(以上 唐荊川), 竹溪逸民傳(宋濂), 南宮生傳(高啓), 大義詞記(舒芬), 任將論(河景明), 直臣字義(李夢陽), 與李臨淮書(李維楨), 有虞氏(顧憲), 題金孟章制義(陶望齡), 徐文長傳(袁中郎), 山雲亭記(崔銑), 中州覽勝序(唐寅), 善仕論(汪伯玉), 吳越史纂序, 與二第書, 答茅鹿門書, 典呂沃州書, 與唐一菴書(以上 湯顯祖), 僧景晶詩卷序, 送許草堂先生觀察嶺南序, 書金秀才靜厚願學錄後, 豹說, 社稷九龍淵祈雨祭文 二首(以上 簡易), 江上烈孝女傳(無名氏)

을 것이다. 선조 시절에 簡易가 大家로서 독보적이었는데 만약 紫霞로서 당해내게 했다면 마땅히 무릎을 꿇지 않았을 것이다." 라고 하였으니 대개 그 허여함이 너무 심하였다. 내가 紫霞가 지은 「宋五藏傳」, 「梅鶴軒記」 및 다른 잡문들을 보니 마땅히 簡易의 아래였다. 그러나 「烈孝女傳」 만은 비록 簡易라 해도 두려워했을 것이니, 정말로 문장은 多作에 있지 않도다.[40]

다행스럽게도 몇 해전 紫霞 李弘悳(1667~1721, 字 士淳 · 孟源)의 필사본 문집이 발굴되었다.[41] 그는 무신난의 주동자 이인좌의 부친이었기에 자료가 대부분 일실되고 말았는데 극적으로 발굴된 것이다. '雜覽' 이란 표제 하에 傳 2편, 祭文 2편, 書 2편, 記 2편, 說 2편, 詩 5題 10首가 실려 있다.[42]

무신란은 이괄의 난 이후에 거의 100여년 만에 일어난 대규모 반란이었다. 가담자들은 남인과 소론의 명문 가문 출신이었다. 반란의 주모자인 李麟佐의 집안은 소위 남인의 핵심적인 가문으로서, 이인좌의 증조부는 이조참판을 지낸 李應著[43]이며 조부는 전라감사를 지낸 李

40) 申靑泉嘗謂, '李紫霞文章不下於王弇山.' 誦江上烈孝女傳曰: 此文今時所無, 而抑簡易之所不能不畏, 宣祖之世, 簡易以巨手獨步, 而若使紫霞當之 則不宜屈膝, 蓋其許之太過也. 余觀紫霞所著宋五藏傳 · 梅鶴軒記 及其他雜文, 當在簡易之下, 而惟烈孝女傳則雖簡易亦畏之, 儘乎 文章不在多作也(成涉, 『筆苑散語』)

41) 백승호, 「李弘悳의 문집 『雜覽』에 대하여」, 『문헌과해석』 29호, 2004.

42) 江上烈孝女傳(1711), 名說(1707), 字說, 醉霞山房記(1716), 與權注書信之書(1716), 重遊三幕寺記(1696), 詠落照, 訪淸溪兄道上口占, 挽梅岳(4首), 贈酉山, 田家(3首)(1703), 宋五藏傳, 與長源第三書.

43) 李應著(1594~1660, 字: 君瑞 號: 竹窓, 翠竹軒)는 1633년 문과에 급제하였고 관직은 이조참판에 이르렀다. 교유한 인물로는 鄭斗卿, 蔡裕後, 吳竣, 趙復陽 등이 있으며 특히 오준과 친했다.

雲徵[44])이다. 백종조부인 李義徵[45])은 己巳大臣(權大運, 睦來善, 閔黯, 李義徵)의 한사람으로서 柳赫然[46])의 뒤를 이어 군권을 관리하였다. 이인좌의 외할아버지는 李瀷의 매형인 曹夏疇이며, 장인은 尹景濟(白湖 尹鑴의 아들)이다. 또 한 명의 주모자인 鄭希亮[47])은 동계 鄭蘊의 봉사손 鄭重元의 둘째아들로서 정온과 이인좌의 고조부 廷臣은 서로 교의가 있었다.[48]) 이 밖에 조광조의 봉사손 曹文普, 許堅의 조카인 許澤, 閔黯의 증손자 閔觀孝, 閔熙의 손자 閔元普, 柳命賢의 아들인 柳徠(權大運의 손자인 權重經의 사위), 권대운의 손자 權叙經, 張希載의 아들인 張輝 등이 관련되었고 소론 쪽에서는 평안병사 李思晟, 태인현감 朴必賢, 경종의 매제인 沈維賢이 가담하였다. 이처럼 명문가 출신인 이인좌이지만 한번 역적으로 낙인찍힌 다음에는 그의 字나 號는 물론 생년마저도 모호할 지경에 이르렀다.[49]) 아울러 남인의 명문가인 그의 집안도 역사에서 지워져버리고 말았다.

---

44) 李雲徵(1645~1717)은 오준의 조카 오정일의 추천으로 6품에 제수 되었고 許積의 추천으로 평안도 도사에 임명되었다. 경신환국 때 유배되었다가 경신환국 이후 승지와 전라감사를 지냈다. 이운징의 장인은 領議政 權大運이며, 尹興緖(尹善道의 증손자이자 尹斗緖의 형), 朴命鼎, 申澪(正言 申必淸의 아들)을 사위로 맞았다.

45) 李義徵(1643~1695)은 음관으로 진안현감, 남원부사, 충청도 관찰사, 어영대장, 호조참판, 훈련대장형조판서, 한성부윤을 지냈다. 嚴慶運(嚴鼎耉의 손자), 南圖翻(南垕의 아들), 南夏運을 사위로 두었다.

46) 柳赫然의 손자 柳天章이 또 이운징과 이의징의 동생 李碩徵의 사위이다.

47) 본명은 遵儒인데 옥안이나 야담류에는 希良이라고 한 곳도 많다.

48) 이정신이 필묵을 보낸 데 대한 답장이 동계의 문집에 실려 있다.

49) 『英祖戊申逆獄推案』의 이인좌 관련 부분에는 그의 다섯 형제들의 이름은 나와 있지만 생년과 직계 가족을 알 수 있는 부분은 실려있지 않다. 이종범은 「1728년 무신란의 성격」(『조선시대 정치사의 재조명』, 범조사, 1985)에서 이인좌의 생년을 1695년이라 하였다.

성섭은 이홍덕에 대한 신유한의 평가가 지나치다고 하였다. 하지만 그는 「江上烈孝女傳」에 대해서는 작품성을 인정하였는데, 이 작품은 당시에 꽤 人口에 膾炙되었던 것 같다. 문집과는 별도로 한 이수봉소장본 『八域志』 끝부분에 이 열효녀전이 붙어있기도 하다. 이러한 상황으로 볼 때 「江上烈孝女傳」(1711年作)은 이러한 성향의 글에서 일정한 위치를 점한 작품이라 하겠다. 이 작품의 여러 이본에 대해서는 최근 정리되었다.[50] 하지만 유희(1773~1837) 『文通』[51] 내 「盜俠敍」 등 이본이 더 추가되야 할 것이 있으며, 정밀한 작품 분석이 요구된다. 작품 분석은 역시 후고로 미룬다.

신유한의 문도와 고문사교육에 대해서는 최근 보다 면밀히 정리되었다.[52] 그가 高靈에서 양성한 제자 가운데에는 李思游처럼 문장의 문체가 매우 독특한 인물도 있다.

4. 영남남인과 근기남인의 문학적 소통

영남 문인과 근기 문인의 소통은 앞서 본 것처럼 미수 허목, 용주 조경, 하계 권유, 화은 민창도 등 산문 방면의 중추적인 인물들에 소

50) 손혜리, 「18세기 서사양식의 교섭양상에 대하여 -강상효녀(江上孝女)를 대상으로 한 작품 중심으로」, 『한국한문학연구』 40집, 한국한문학회, 2007.

51) 『진주유씨 서피유희전서2』, 한국학중앙연구원, 2008.

52) 김윤조, 「청천 신유한의 문인들과 그 문학적 성향」, 『한국학논집』 39집, 계명대 한국학연구원, 2009. 12. 이종호, 「신유한의 문도와 고문사 교육」, 『한문학보』 21집, 우리한문학회, 2009. 12.

통이 많이 있었음을 확인하였다. 18세기에도 이러한 소통은 이어져 가문으로는 특히 상주의 연안이씨(식산 이만부 집안), 칠곡의 광주이씨(귀암 이원정 집안) 집안이 중추적 역할을 하였고, 그 외 강박, 채제공, 안정복, 성섭, 신유한, 최성대 등의 행보도 유념할 만 하다. 영남 지역 내에서 연혼 관계를 통한 소통도 주목되는데 성주권과 안동/군위권으로 이어지게 되는 광주이씨가와 의성김씨가, 부계홍씨가의 혼맥은 대표적이다(광주이씨 묵헌 이만운이 제산 김성탁의 외손임. 원지헌 이달중의 외조부는 목재 홍여하이고 생질은 權朝彦임. 이달중과 두기 최성대[53]와의 교유).

5. 남는말

이상에서 18세기 영남 한문학을 연구하기 위한 기초로서 미수 허목의 교유와 영남 후배 문인들의 사승, 그 산문의 餘波 등을 논해보고, 영남 남인들의 시문이 실린 주요 선집 자료들을 검토했다. 이는 영남 한문학 연구를 위한 序說의 일부일 뿐이고 향후 보다 다각도의 접근이 작품 실제 분석과 병행되어 이루어지길 기대한다. 아울러 몇 가지 연구의 방향을 제시해볼까 한다.

첫째는 자료의 발굴 및 총집이 보다 절실히 요구된다. 최근 발굴된 이홍덕, 이인복, 이봉징, 성섭 등의 문집은 그 비중면에서 상당한 성과

53) 조부 최항제가 귀암 이원정 사위고, 부친 최수경은 한산이씨 아계 이산해 집안 사위다.

로 볼 수 있다. 일실된 문집들을 최대한 찾는 노력이 필요하다. 권태을의 상주 지역 한문학 자료 정리(『상주한문학』으로 출간)과 장인진의 영남에서 간행된 문집의 총정리(박사학위논문 부록)는 아주 유용한 성과라 할 수 있다.

둘째, 정밀한 작품 분석이 요구되는데 또 한편 조선후기 영남 한문학의 성과는 문체별 검토도 필요하다. 諸體에 다 능한 이들도 있지만 대개는 인물마다 문체별 特長들이 나뉘기 때문이다. 예컨대,

> 산수유기[54]: 송월재 이시선, 극재 신익황, 교와 성섭, 지애 정위, 창해 정란, 지암 이동항[55], 응와 이원조 등
> 서사체 산문: 하당 권두인('유곡6걸' 중 문장), 병곡 권구 등
> 우언: 눌은 이광정, 문암 정지성[56], 후계 이이순[57] 등

---

54) 산수유기는 『와유록』 연구와도 관계가 된다. 이와 관련해서 다음 논문들을 참조.
이종묵, 「遊山의 풍속과 遊記類의 전통」, 『고전문학연구』 12집, 1997.
이종묵, 「朝鮮時代 臥遊文化 硏究」, 『진단학보』 98호, 2004.
김영진, 「스승의 뜻이 담긴 책 『문취』」, 『문헌과해석』 24호, 2003.
이종묵, 「버클리대 소장 『臥遊錄目錄』 해제」, 고려대 민족문화연구원, 2010.
갈암 이현일의 제자로 경상도 인동(칠곡)에 거주했던 申益愰(1672~1722)은 『(東國勝境)臥遊錄』 편찬했다고 한다(1712년 신익황 「東國勝境臥遊錄跋」). 버클리대 리치몬드도서관 소장 10책본 『와유록』에 영남 남인들의 산수유기가 비교적 여러 편 실려 있다.

55) 이동항(1736~1804, 본관 광주, 박곡 이원록의 고손. 조부 恕軒 李世珩 1685~1761, 백불암, 대산 등에게 수학) 1790년 한강 · 여헌 문묘 배향 상소의 일로 한양에 왔다가 목윤중(자 경집, 호 사남), 우경모(자 사앙, 호 백담), 최홍진(자 석장, 호 백고)과 금강산 유람 약속. 이듬해 봄 실행(번암 채제공의 여러 배려). 篆書 유명(8세 때부터 안산 최서림에게 익혀 미수 이후 1인자 평가). 유람 즐겨 「해산록」, 「방장유록」 등 남김. 『백불암문집』 간행 주도.

56) 철학 소설(우언) 『칠실공담』을 남김. 문집 『문암집』에 실린 작품보다 계명대 소장 필사본 『칠실공담』이 보다 善本임.

57) 화왕전을 지었음.

소설: 손와 김경천[58)]
간찰: 밀암 이재, 입재 정종로 등
제문: 구사당 김낙행 등
상소: 계당 류주목 등
일기 및 잡록(연행록): 김성탁, 이재, 이원정 등

이재의 경우 「밀암자서」에서 “酷好古文辭...”라고 하였고, 「예조좌랑금옹김공유사후서」에서는 자신이 젊어서부터 권개 · 이봉징 등 선배로부터 문장으로 크게 칭찬 들었다는 언급 등이 보인다. 장르별 특장 연구 뿐 아니라 師承 및 교유 관계도 보다 면밀히 검토할 필요가 있다.

셋째, 개별 작가의 작품 분석을 통해 동시기 노론계, 소론계, 소북계 문장가들의 문장과의 대비가 필요하다. 또한 남인계 선배의 문장과의 계통화(사승 관계)가 정리되야 할 것이다.

58) 안동의 아전 출신 문인이다. 김영진 「염승전 연구」(1999)에서 처음 발굴되었는데 최근 발견된 또 다른 이본에는 이행원(밀암 이재 손자), 정지흡 등 영남의 유수한 가문의 인물들이 발문을 쓴 것이 추가로 들어 있다.

참고문헌

姜　樸, 『菊圃集』, 驪江出版社, 1991.

姜浚欽, 『三溟集』, 探究堂, 1991

______, 임형택 외 번역, 『三溟詩話』, 소명출판, 2006.

姜必愼, 『慕軒集』, 국립중앙도서관 소장 간본, 필사본.

權斗經, 『蒼雪齋集』, 韓國文集叢刊 第169輯, 민족문화추진회.

權相一, 『淸臺日記』 上下, 國史編纂委員會, 2003.

______, 『淸臺全集』, 驪江出版社, 1989.

權　萬, 『江左集』, 韓國文集叢刊 第209輯, 민족문화추진회.

金邦杰, 『芝村集』, 韓國文集叢刊 第170輯, 민족문화추진회.

金海一, 『檀谷雜錄』, 筆寫本 1冊, 국립중앙도서관 소장.

金海一, 『檀谷集』, 韓國歷代文集叢書 1559, 景仁文化社.

金兌一, 『蘆洲集』, 韓國文集叢刊 續. 43, 민족문화추진회.

南克寬, 『夢囈集』, 韓國文集叢刊 第209輯, 민족문화추진회.

南龍萬, 『活山先生文集』, 韓國歷代文集叢書 2624, 경인문화사.

南泰膺, 『聽竹衲被別識』, 개인소장본.

南夏正, 『桐巢遺稿』, 回想社, 1985.

睦萬中, 『餘窩集』, 장서각 소장본/고려대소장본.

成　涉, 『筆苑散語』, 『嶺南語文學』 1-2 영인, 嶺南語文學會, 1980.

______, 『교와집』/『교와외집』

申光洙, 『石北集』, 韓國文集叢刊 第231輯. 민족문화추진회.

申必淸,『竹軒先生文集』, 韓國歷代文集叢書 2351, 경인문화사.
愼後聃,『雙溪夜話』,『河濱先生文集』 제8책, 아세아문화사, 2006.
安瑞雨,『兩棄齋遺稿』下, 續(『安鼎福叢書』 내), 국립중앙도서관 소장.
安鼎福,『順菴集』, 韓國文集叢刊 第229~230輯, 민족문화추진회.
吳尙濂,『燕超齋集』, 장서각 소장.
柳慶種,『海巖稿』, 개인소장본.
______,『破寂』, 고려대학교 소장.
柳廣善,『梅墩遺稿』, 국립중앙도서관 소장.
柳光翼,『楓菴輯話』, 국립중앙도서관 소장.
柳夢寅,『於于集』, 韓國文集叢刊 第63輯, 민족문화추진회.
柳命天,『退堂集』, 晉州柳氏文獻總輯, 권2.
柳命賢,『靜齋集』, 晉州柳氏文獻總輯, 권2.
柳馨遠,『磻溪雜藁』, 驪江出版社, 1990.
李敬儒,『滄海詩眼』, 연안이씨 식산종택소장.
李克誠,『螢雪記聞』(국립중앙도서관, 규장각, 하버드 옌칭도서관 소장 등).
李克誠,『睾庵新編四科錄』, 日本 東洋文庫所藏.
李達中,『遠志軒文集』, 국립중앙도서관 소장.
李德冑,『苄亭先生文集』.
李德冑 · 洪應輔,『東詩文』, 국립중앙도서관 소장.
李德冑 외,『嘉林四稿』, 장서각 소장.
李萬秀,『素齋遺稿』(필사본 1책), 연안이씨 식산종택 소장.
李萬維,『恩庵遺稿』(『鹽州世稿』 소수), 1972.

李敏求, 『東州集』, 韓國文集叢刊 第94輯, 민족문화추진회.
李秉延, 『半聾齋遺稿』(『鹽州世稿』 소수), 1972.
李瑞雨, 『松坡集』上 · 下, 羽溪李氏判書公派宗親會, 2005.
______, 『松坡集』, 韓國文集叢刊 續 41, 민족문화추진회.
이수광, 『芝峯集』, 韓國文集叢刊 第66輯, 민족문화추진회.
李承延, 『剛齋遺稿』, (『鹽州世稿』 소수), 1972.
______, 『剛齋遺稿』, 연안이씨 식산종택 소장.
李　沃, 『博泉集』, 韓國文集叢刊 續 44, 민족문화추진회.
李　瀷, 『星湖全集』, 韓國文集叢刊 第198~199輯.
李　栽, 『密庵集』, 韓國文集叢刊 第173輯.
李獻慶, 『艮翁集』, 韓國文集叢刊 第234輯, 민족문화추진회.
李玄錫, 『游齋集』, 韓國文集叢刊 第156輯, 민족문화추진회.
李玄祚, 『景淵堂集』, 韓國文集叢刊 第169輯, 민족문화추진회.
李衡祥, 『瓶窩集』, 韓國文集叢刊 第164輯, 민족문화추진회.
任相元, 任天常, 『瑣編』, 규장각, 종로시립도서관 소장.
鄭斗卿, 『東溟集』, 韓國文集叢刊 第100輯, 민족문화추진회.
______, 『東溟先生集』 上中下, 太學社, 1999.
丁範祖, 『海左集』, 韓國文集叢刊 第239~240輯.
丁若鏞, 『與猶堂全書補遺』, 景仁文化社, 1974.
趙　絅, 『龍洲遺稿』, 韓國文集叢刊 第90輯, 민족문화추진회.
趙德隣, 『玉川集』, 韓國文集叢刊 第175輯, 민족문화추진회.
趙彦林, 안대회 교감 표점, 『二四齋記聞錄』, 『문헌과해석』 창간호, 1997.
蔡裕後, 『湖洲集』, 韓國文集叢刊 第101輯, 민족문화추진회.

蔡濟恭,『樊巖集』, 韓國文集叢刊 第235~236輯, 민족문화추진회
蔡彭胤,『希庵集』, 韓國文集叢刊 第182輯, 민족문화추진회
崔成大,『杜機詩集』, 규장각 소장.
許　筠,『惺所覆瓿稿』, 韓國文集叢刊 第74輯, 민족문화추진회.
許　穆,『記言』, 韓國文集叢刊 第98~99輯, 민족문화추진회.
洪萬朝,『晩退堂集』, 연세대학교 소장.
洪汝河,『木齋集』, 韓國文集叢刊 第124輯, 민족문화추진회.
洪沃輔,『有忝堂稿』, 규장각 소장.
洪重聖,『芸窩集』, 韓國歷代文集叢書 , 景仁文化社.
洪重鉉,『天一齋文集』, 장서각 소장.
______ ,『天一齋文集』, 규장각 소장.
黃德吉,『下廬集』, 韓國文集叢刊 第260輯, 민족문화추진회.
黃胤錫,『頤齋亂藁』, 한국학중앙연구원
편자미상,『左溪裒譚』, 국립중앙도서관 소장.
권　환,『제남집』29권 8책
이인복,『遺稿』, 필사본 零本 2책
이봉징,『은봉유고』, 필사본 1책(성균관대), 필사본 8책(연세대)
박손경,『남야집』
상주 진주강씨 자료 일괄
칠곡 광주이씨 자료 일괄
강정환,『전암문집』
박이곤,『지촌집』
이일협,『리와집』

윤동야,『현와집』

김계선『한계집』

이동항『지암집』

최흥원『백불암집』

최흥벽『두와집』

정 위『지애집』

이인행『신야집』

『영남인물고』

『영남인물고추록』(李潤恒)

이우성,「미수기언 해제」,『국역 미수기언 1』, 민족문화추진회, 1978.

정옥자,「미수 허목 연구」,『한국사론』 5, 1979.

유봉학,「18세기 남인 분열과 기호남인 학통의 성립-<동소만록>을 중심으로」,『한신대학논문집』 1집, 1983.

신태관,「눌은 이광정의 <망양록> 연구」,『복현한문학』 3집, 1987.

김남형,「조선후기 근기실학파의 예술론 연구」, 고려대 국문과 박사학위논문, 1988.

김 영,「눌은 이광정 문학 연구-그의 산문작품을 중심으로」, 연세대 국문과 박사학위논문, 1988.2.

권태을,「<창해시안> 고찰-임하시평집의 소개를 위해」,『영남어문학』 16, 1989.

이지양,「강좌 권만과 대산 이상정의 문학 논쟁」, 성균관대 국문과 석사학위논문, 1992.

신항수,「17세기 후반 영남남인학파의 경세론 연구」, 고려대 사학과 석사학위논문, 1993.

강경훈, 「순암 안정복의 乞冊書札」, 『고서연구』 12집, 한국고서연구회, 보경문화사, 1995.

이수건, 『영남학파의 형성과 전개』, 일조각, 1995.

이종호, 「병곡 권구의 <천유록>을 통해 본 18세기 안동의 민중형상」, 『안동문화』 13집, 안동대 안동문화연구소, 1992.

이종호, 「병곡 권구의 <천유록> 연구」, 『성신한문학』 5집, 1995.

공근식, 「병곡 권구의 생애와 시문학」, 계명대 대학원 한문학과 석사학위논문, 1994.

전병철, 「창설재 권두경의 생애와 저술에 관한 연구」, 안동대 석사학위논문, 1996.

허권수, 「용주 조경과 영남 남인과의 교류에 관한 연구」, 『죽부이지형교수정년퇴임기념논문집』, 1996.

심경호, 「18세기 중 · 말엽의 남인 문단」, 『국문학연구1997』, 태학사, 1997.

이종호, 「17~18세기 갈암학파 제현들의 산문창작」, 『퇴계학』 9집, 안동대 퇴계학연구소, 1997.

이종호, 「조선후기 영남 남인의 문학관 연구－갈암학파의 문학관을 중심으로」, 『퇴계학보』 103, 퇴계학회, 1999.

강경훈, 「필사본 잡록 『博聞』에 대하여」, 『문헌과해석』 7호, 문헌과해석사, 1999.

김영진, 「『廉丞傳』 연구」, 『한국한문학연구』 23집, 한국한문학회, 1999.

김영진, 「(해설 · 校註) 『염시탁전(廉時度傳)』, 『민족문학사연구』 15호, 민족문학사연구소, 1999.
김영진, 「계명대 동산도서관 소장 조선후기 필사본 선본에 대한 일고찰」, 『한국학논집』 37, 계명대 한국학연구원, 2008.12.
안대회, 『18세기 한국 한시사 연구』, 소명출판, 1999.
안대회, 『조선후기시화사』, 소명출판, 2000.
박준호, 「혜환 이용휴 문학 연구」, 성균관대 한문학과 박사학위논문, 1999.
박용만, 「이용휴의 시문학 연구」, 한국학대학원 박사학위논문, 2000.
심경호, 「姜樸과 남인 문단의 형성」, 『한국한시의 이해』, 태학사, 2000.
부유섭, 「동주 이민구와 남인 시맥의 전개」, 『한국한시연구』 8집, 한국한시학회, 2000.
부유섭, 「17세기의 명가-전주이씨 芝峯家」, 『문헌과해석』 15호, 문헌과해석사, 2001.
권진호, 「미수 허목의 상고정신과 산문세계」, 성균관대 한문학과 박사학위논문, 2001.
이세동, 「밀암 이재의 문장관과 그 실천」(『밀암 이재 연구』, 영남대출판부, 2001)
강경훈, 「중암 강이천 문학 연구」, 동국대 국문과 박사학위논문, 2002.
權泰乙, 『息山 李萬敷의 文學研究』, 文昌社, 1996.
______, 『尙州漢文學』, 문창사, 2002.
______, 『尙州漢文學研究』, 文昌社, 2005
박무영, 「국포 강박의 시학-18세기 남인계열의 美的 동향에 대한 연구의 일환으로」, 『한국한문학연구』 29, 한국한문학회, 2002.
김 영, 『망양록 연구』, 집문당, 2003.
김동준, 「해암 유경종의 시문학 연구」, 서울대 국문과 박사학위논문, 2003.
김동준, 「일기를 시로 쓴다면: 해암 유경종의 日記詩」, 문헌과해석 발표문, 2003.1.10.
김동준, 「해암 유경종의 論詩詩 연구」, 『한국한시연구』 11집, 한국한시학회, 2004.
김영진, 「조선후기의 명청소품 수용과 소품문의 전개양상」, 고려대 국문과 박사학위논문, 2004.
정은진, 「표암 강세황의 미의식과 시문창작」, 성균관대 한문학과 박사학위논문, 2005.
이현일, 「『三溟詩話』로 본 18세기 한시사」, 『민족문학사연구』 27호, 민족문학사학회, 2005.
송혁기, 「17세기 후반-18세기 초 허목 계열 남인 문단의 산문론」, 『민족문학사연구』 27호, 2005.
김영진, 「예헌 이철환의 생애와 『象山三昧』」, 『민족문학사연구』 27호, 민족문학사학회, 2005.
배우성, 「이중환의 청년기 생애와 사상 - 詩社를 중심으로」, 『역사와 현실』 57, 2005.
장인진, 「영남 문집의 문헌적 연구」, 영남대 국문과 박사학위논문, 2005.
백승호, 「李弘憙의 문집 『雜覽』에 대하여」, 『문헌과해석』 29호, 2004.

백승호,「번암 채제공 문학 연구」, 서울대 국문과 석사학위논문, 2006.2.
임미정,「송곡 이서우의 시문학 연구」, 연세대 대학원 국문과 석사학위논문, 2007.
맹영일,「국포 강박의 생애와 한시 연구」, 고려대 국문과 석사학위논문, 2007.2.
손혜리,「18세기 서사양식의 교섭양상에 대하여 -강상효녀(江上孝女)를 대상으로 한 작품중심으로」,『한국한문학연구』40집, 한국한문학회, 2007.
김종구,「정시한의 <山中日記>를 통해 본 당대인의 遊山文化 연구」, 경북대 대학원 국문과 석사학위논문, 2007.
강민구,「<창해시안>을 통해서 본 18, 9세기 문학 비평 연구」,『한문학보』18, 우리한문학회, 2008.6.
황의열,「<기언>의 편집체제와 미수 허목의 문체 의식」, 上同.
김주부,「식산 이만부의 학문형성과 교유양상 일고찰」,『한문학보』19, 우리한문학회, 2008.12.
우인수「계당 류주목과 민산 류도수의 학통과 그 역사적 위상」(『계당「민산의 학문과 사상』, 경북대 퇴계연구소 편, 역락, 2009)
부유섭,「17~18세기 중반 남인 문단 연구」, 한국학중앙연구원 박사논문, 2009.8.
임규완,「교와 성섭의 생애와 저작, 학문경향」,『한국학논집』39집, 계명대 한국학연구원, 2009.12.
김영숙,「두와 최흥벽의 생애와 시세계」,『한국학논집』39집, 계명대

한국학연구원, 2009.12.

송혁기, 「신유한 산문의 일고찰」, 『한국학논집』 39집, 계명대 한국학연구원, 2009.12.

김윤조, 「청천 신유한의 문인들과 그 문학적 성향」, 『한국학논집』 39집, 계명대 한국학연구원, 2009.12.

이종호, 「신유한의 문도와 고문사 교육」, 『한문학보』 21집, 우리한문학회, 2009.12.

김영진, 「海巖 柳慶種의 잡록 『破寂』 연구」, 『한문학논집』 30집, 근역한문학회, 2010.2.

김주부, 「식산 이만부의 산수기행문학 연구」, 성균관대 대학원 한문학과 박사학위논문, 2010.

신유한 기사(記事) 산문의 문학성

송혁기 (고려대학교)

신유한 기사(記事) 산문의 문학성

송 혁 기 (고려대학교)

1. 여는 말

청천(青泉) 신유한(申維翰: 1681~1752)은 영해(寧海: 현 영덕군) 사람으로, 죽원(竹院: 현 밀양시 산외면)에서 태어났고 30대 이후에는 주로 양전리(量田里: 현 고령군 개진면)에서 산 영남 지역의 문인이다. 그는 서얼 출신이었고 집안도 한미했으나, 그의 조부와 백부, 생부가 문학에 뛰어나서 당시 영남에서는 이들을 중국 소동파 부자에 비견하여 '밀성삼가(密城三家)'라고 칭하였다. 신유한 역시 뛰어난 문학적 재능을 발휘하여, 영남에 살면서 서울을 오가며 김창흡, 최창대, 윤순, 이만부 등 당대의 최고 문인들과 문학적 교유를 맺으며 문장가로서 높이 인정받았다. 특히 두기(杜機) 최성대(崔成大)와 시로 맺은 각별한 교유는 부부 사이로 비유될 만큼 후대에 두고두고 회자되었으며, 일본 통신사로 가서 놀라운 시재(詩才)로 이름을 떨치고 돌아와서 쓴 『해유록(海遊錄)』은 중국 사행록의 백미인 연암 박지원의 『열하일기』와 쌍벽을 이루는 대표적 기행문학으로 꼽힌다.[1)]

이 글에서는 신유한의 다채로운 문학세계 가운데 산문의 일부를 '기사(記事)'의 문학성에 주목하여 살피고자 한다.[2] 이제까지의 신유한 연구는 대개 문학사상, 산문론, 그리고 시작품 및 통신사행을 중심으로 이루어졌고, 산문작품을 대상으로 한 문학적 연구는 아직 많지 않다.[3]

먼저 신유한의 산문관을 '사체(史體)'라는 관점에서 살피고, 그것이 기사의 서술방식과 어떤 연관을 지니는지 논하고자 한다. 이어서 기사 서술방식을 중심으로 산문작품을 연구하는 것의 의미, 그 대상으로서 신유한 산문이 지니는 적절성과 효용 등을 논할 것이다.

이러한 논의를 바탕으로, 기사의 서술방식을 중심으로 신유한 산문의 실제와 그 문학적 가치를 찾고자 한다. 인물의 행적을 기록한 전형적 기사문인 「박절사전(朴節士傳)」과 「절사증군기부정광릉이공충렬

---

1) 신유한에 대한 연구는 생애, 문학 및 일본 통신사행 등과 관련해서 총 30편 정도가 축적되었다. 정우락의 「신유한의 문학사상과 그 시세계의 의미구조」(『퇴계학과 한국문화』 41. 경북대학교 퇴계연구소. 2007)에 신유한에 대한 역대 평 및 최근까지의 연구사 등이 각 분야별로 충실하게 소개되었으므로 재론하지 않는다.

2) 김철범의 「청천 신유한의 문장학습법과 글쓰기론」(『청천 신유한 선생의 생애와 문학』, 밀양문화원. 2007)에서도 신유한 산문관의 특징을 의론과 구분되는 기사에서 찾았고, 필자 역시 이러한 입장에 전적으로 동의한다. 나아가 필자는 신유한의 이러한 산문관이 그의 작품과 어떻게 연결되는지 작품의 분석을 통해 살피고, 이를 통해 기사라는 서술방식이 실제 작품의 층위에서 어떻게 문학성을 지닐 수 있는가의 문제에 주목하고자 한다.

3) 개별 산문작품을 대상으로 한 연구는 다음의 수편에 불과하다. 이종호. 1989. 「청천 신유한의 현실인식과 사유방식」. 『논문집』 11. 안동대학교(『조선의 문인이 걸어온 길』. 한길사. 2004 개정수록); 송병하. 2004. 「청천 신유한의 산문론과 작품세계」. 고려대학교 석사학위논문(미간행); 이현호. 2004. 「신유한 산문의 의고성과 『장자』 패러디」. 『동양한문학연구』 20. 동양한문학회; 심경호. 2009. 「신유한의 통섭적 사유방법과 문학세계」. 『한문학논집』 28. 근역한문학회.

록(節士贈軍器副正廣陵李公忠烈錄)」의 두 작품을 구체적 분석대상으로 삼아 그 문학성을 살펴볼 것이다.

2. 신유한의 산문관과 사체(史體)

신유한 산문관의 두드러진 특징은 선진양한산문을 매우 좋아하고 그 간오(簡奧)한 문체를 추구했다는 점에 있다. 그의 선진양한산문 애호는 남달라서, 어려서 『서경』·『좌전』·『사기』 등을 접하고는, 남의 시선은 아랑곳하지 않은 채 늘 중얼중얼 외고 다니며 매우 고무되어 소리 높여 읊어대곤 해서 이상한 사람 취급을 받을 정도였다고 하기까지 했다.[4] 『산해경』·『급총서(汲冢書)』·『황정경(黃庭經)』·석고(石鼓) 등의 글을 유가의 '숙속어(菽粟語: 콩과 조 등 매일 먹는 음식처럼 꼭 필요하지만 평범해서 별 맛이 없는 문장)'보다 훨씬 좋아해왔다고 피력하기도 하였으며,[5] 육경 외에 어떤 글을 가장 좋아하느냐는 질문에는 효문제(孝文帝)·가의(賈誼) 등의 공용문서들을 늘 입에 달고 있다고 답하였다.[6] 선진양한산문에 대한 신유한의 이러한

4) 申維翰.「與任正言論文書」.『靑泉集』권3. 한국문집총간 200(이하 이 책 인용은 쪽수만 표시) 284쪽. "甫離齔, 不喜從塾師章程業, 得尙書隻章片簡, 已喃喃學誦, 聞左丘司馬數行句法, 輒鼓舞咿唔, 當是時, 人皆笑僕穉而狂."

5) 申維翰.「書與尹太學士論文事」.『靑泉集』권6. 353쪽. "雖古之斷章蠹簡, 如山海經·汲·書·黃庭·石鼓之類, 亦貨而求之, 不喜讀儒家菽粟語."

6) 申維翰.「書許生濟西漢文抄」.『靑泉集』권6. 359쪽. "許生汝楫, 少從余受書. 問余: '六經外, 所耆何書?' 曰: '樸樸庨膴哉! 吾從西漢.' 卽示余丌上黃卷, 手編而口肄者, 孝文綸

선호는 시기에 따라 다소 변화를 보이고 때로 자책의 어투로 진술되기도 하지만, 동시대 다른 문인들과 비교해보면 더욱 특색 있는 지점이다.[7]

이러한 신유한 산문관의 지향점을 압축하는 개념의 하나가 '사체(史體)'이다. 그는 문장의 정맥이 『서경』·『좌전』·『사기』·『한서』 등에 구현된 '사체'에 있다고 하였다.[8] 사체란 기본적으로 역사서 저술에 사용되는 문체이다. 그런데 사실과 사건, 인물 등을 기록하는 데 적절한 문체로서의 사체는, 역사서에서만 사용되는 것이 아니다. 신유한은 『논어』를 '궐리(闕里)의 사(史)'라 하여[9] 『서경』·『춘추』와 『좌씨전』·『공양전』·『곡량전』·『사기』·『한서』의 사이에 놓이는 것으로 비정하기도 했다.[10]

신유한에 의하면, 문학은 곧 기사(紀事)·기언(紀言)·기물(紀物)의 글이고 그 기원은 『서경』의 각 편에 있으며, 각각의 최고 전범은 『주례』·『춘추』와 『예기』·『논어』, 그리고 『고공기(考功記)』·『산해

紆·賈生昌言, 洎武·宣間, 曼倩·相如·淮南王·趙榮平諸名臣章奏總二十篇, 皆明堂琬琰."; 「雜說」. 『靑泉集』 續集 권2. 411쪽, "余自童年, … 獨嗜古文, 韻語則離騷, 文章則賈傅治安策, 讀過千遍, 寢飯俱忘."

7) 신유한 산문 논의의 특징과 위상에 대해서는 졸저. 2006. 『조선후기 한문산문의 이론과 비평』. 월인. Ⅲ장 1절 참조.

8) 申維翰. 「與任正言論文書」. 위의 글. "甫離齔, 不喜從塾師章程業, 得尙書隻章片簡, 已喃喃學誦, 聞左丘司馬數行句法, 輒鼓舞咿唔, 當是時, 人皆笑僕穉而狂. 年長而讀漢書所紀文武詔制·賈傅治安策百千過, 始信文章正脈, 在史而不在他."

9) 闕里는 孔子가 講學하던 마을로서, 지금의 山東 曲阜城內 闕里街를 가리킨다.

10) 申維翰. 「雜說」. 『靑泉集』 續集 권2. 411쪽. "有文字以來, 尙書謂鼻祖, 春秋魯國史也, 論語闕里史也, 左丘·公·穀·馬遷·班固, 皆可稱素王家臣. 此外古文之變正, 如墨絲楊歧."

경』·『급총서』에서 이미 이루어졌다.[11] 그 뒤를 이어 역사가의 종법(宗法)을 계승한 것이 『춘추삼전』과 『사기』, 『한서』 등의 역사서들이고, 당대(唐代)에 와서 산문이 여러 체식으로 정립되었다 해도 이 역시 기사·기언·기물의 법을 근간으로 한다는 점에서 모두 '사체'라는 것이다.[12]

신유한의 이런 주장이 얼마나 독창적이고 시의적인 의미를 지니는 것인가는 별도의 논의가 필요한 문제이다. 그러나 본고에서 관심을 두는 것이 양식사나 문체론은 아니다. 그보다, 신유한이 문학의 범주에 들기 위해 필요한 요건이자 그 역사적 연원으로 본 것이 '사체'였다는 점, 그리고 '사체'로서의 산문작품이 훌륭한 문학적 성취를 이루기 위한 관건으로 제시한 것이 무엇이었는가의 문제에 주목하고자 한다.

기사와 기언, 기물을 근간으로 하는 '사체'는 어떤 대상에 대한 충실한 기록을 일차적 목적으로 삼는 글이다. 따라서 객관적 사실의 정확한 진술이 무엇보다 중요하다. 그런데 이러한 '사체'를 문학의 연원이자 정점으로 삼는 관점에서 그 가운데 훌륭한 작품을 가려내는 관건이 단순한 사실성과 정확성에만 머물 수는 없을 것이다. 사실성과 정확성을 담지하면서도 그것만으로는 충분히 설명될 수 없는 문학

11) 申維翰.「與任正言論文書」. 위의 글. "書契之作而取其紀事·紀言·紀物之炳炳郁郁者曰文, 紀事之文, 祖二典, 以及周官三百六十紀, 素王春秋, 光如鼎彝, 音中鐘磬. 紀言之文, 祖三謨誥命, 以及檀弓·樂記·魯論諸編, 光如袞繡, 音中琴瑟. 紀物之文, 祖禹貢, 以及考功記·山海經·汲冢書, 光如玉璧, 音中琅璆."

12) 申維翰.「與任正言論文書」. 위의 글. "自是而降, 有唐韓退之, 始立操觚家集卷門戶, 所作篇目, 各有制度, 曰序, 曰記, 曰書·牘, 曰誌·銘, 曰傳·贊·論·辨. 設名雖殊, 同出於紀事·紀言·紀物之法, 則皆史體也."

적 요소가 필요하다는 것이다.

그런 의미에서, 그가 춘추삼전과 『사기』『한서』에 대해 "역사가의 종법(宗法)을 계승하여 천고사변(千古事變)을 망라하고 언사(言辭)로써 그 글을 아름답게 하였으니, 비유컨대 그림을 잘 그리는 사람이 인물을 묘사함에 형색이 닮은 것은 물론이고 반드시 창조적인 정신으로써 그 생동하는 기백의 참됨을 얻은 뒤에야 신품(神品)에 합치되는 것과 같습니다."[13]라고 한 대목에 주목할 필요가 있다. '창조적인 정신[造化精神]'에 의해 재현해낸 '생동하는 기백의 참됨[生動氣魄之眞]'이 바로 사체의 문학성을 결정짓는 관건이라는 것이다.

> 내가 사마천의 문장을 살펴보니 우임금이 물을 다스리는 것과 같아서 그 기운차게 흘러갈 때는 천지에 막힘이 없었네. 패왕(覇王: 항우)의 웅건함, 장이(張耳)·진여(陳餘)의 걸출함과, 오왕(吳王) 비(濞)의 교만 방자함, 이광(李廣)의 기이한 운수 등에 이르러서는, 모두 물이 거꾸로 거슬러 사납고 매서운 부분인데, 용문을 뚫는 솜씨로 소통시켜 이끌었네. 그 솟아오른 산과 같은 험함이며 흘러넘치는 물과 같은 도도함, 쪼개지는 천둥 같은 노여움 등이 뛰놀아서 인물을 살아있는 그림으로 만들었네. 그런 까닭에 생기가 왕성하여[生氣勃勃] 읽는 이로 하여금 눈이 휘둥그레지고 정신이 나가게 하지.[14]

---

13) 申維翰.「與任正言論文書」. 위의 글. "是其通天壤匝古今媲三光而不墮者, 故翼素王而爲臣曰左丘公穀, 收秦火而置史曰馬遷班固, 俱能嫡傳史家宗法, 而網羅千古事變, 言辭以斐其文. 譬之善畫者摹寫人物, 亡論形色惟肖, 必以造化精神, 得其生動氣魄之眞, 然後斯合神品."

14) 申維翰.「書鑿龍門卷末」.『青泉集』권6. 359쪽. "余目氐司馬文章, 猶禹之治水, 方其沛然而往, 天地無礙. 及遇覇王之雄·耳餘之傑·濞之驕恣·廣之數奇, 是皆水逆而悍猛處, 卽以鑿龍門手段闢而導之. 彼崒者山立·漫者波奔·怒者霆激, 踊爲其人活畵, 故生氣勃勃, 令人目動而神狂"

> 지금 자네의 입이 『사기』에 부림을 당해서, 「범채전(范蔡傳)」을 읽고는 일장 변설을 늘어놓고자 하고, 「형경전(荊卿傳)」을 읽고는 비수를 품고 비가를 부르고자 하며, 「항우본기(項羽本紀)」를 읽고는 큰 소리로 꾸짖고자 하며, 「이광전(李廣傳)」을 읽고는 활시위를 당겨 선우(單于)를 쏘고자 하니, 이는 누가 그렇게 하게 한 것인가? 이 글을 지은 사마씨 자신이라 해도 그것을 어떻게 이르게 하였는지는 말하지 못할 것이니, 이는 천기(天機)가 작동한 것이네.[15]

여기서 신유한이 『사기』의 구체적 장면들을 들면서 인상적으로 강조한 '생기발발(生氣勃勃)'을 보면, 앞서 인용한 그의 '생동기백지진(生動氣魄之眞)'이라는 언급이 단지 그림에만 국한되는 비유적 표현이 아님을 알 수 있다.[16] 심지어 그는 사서(四書) 가운데 오직 『논어』만을 즐겨 읽었다고 하면서 그 이유를, 공자(孔子)의 제자들이 공자의 동정 하나하나를 잘 기록하여 모사(模寫)가 입신(入神)의 경지에 이르러서 그 문장이 역사가의 문체를 얻었기 때문이라고 하기도 하였다.[17]

신유한에게 있어서 인물과 사건의 생생한 재현은 『사기』 뿐 아니라

15) 申維翰. 「書孫仲深史記抄」. 『青泉集』 권6. 360쪽. "今子役吻於斯, 讀「范蔡傳」, 卽欲駕長辯; 讀「荊卿傳」, 卽欲提匕首悲歌; 讀「項羽紀」, 卽欲彎嗚叱咤; 讀「李廣傳」, 卽欲彎弓射單于, 此又誰之使耶? 卽司馬氏之自爲至, 而亦不得自言其至者, 天機之所動也."

16) 신유한은 이 표현을 다른 글에서도 강조하였다. 申維翰. 「書與尹太學士論文事」. 위의 글. "十五讀風雅, 十六讀典謨, 十七讀論語, 喜其字琢圭璋 · 音如鍾磬, 遂以求古人於句節聲華之間, 而不復知有天理 · 神解之奧. 性又局狹, 自謂: '刻畵古人, 可得其眉髮形肖' 而亦不知有生動氣魄之眞."

17) 申維翰. 「與任正言論文書」. 위의 글. "又就儒家所習四書, 而獨喜誦論語, 以爲是洙泗門人善記夫子一動一靜, 模寫入神, 故其文得史家之體."

산문 전반에 적용되는 문학적 성패의 관건이다. 그리고 이처럼 생기 넘치는 묘사로 인해 신품(神品)의 경지에 이른 작품은, '눈이 휘둥그레지고 정신이 나가게' 하며 자기 의지와 무관한 천기(天機)의 움직임에 의해 일종의 몰입 상태에 이르게 하기도 한다. 요컨대, 기사 즉 인물과 사건의 기술이 핍진하고 생동감 있어서 대상의 진면을 십분 드러낸 '사체' 야말로 신유한이 생각한 최상의 문학이다.

3. 기사의 서술방식과 신유한 산문

'기사(記事)' 는 '실제 일어난 일의 경과 혹은 보고들은 경물을 기록하는 것을 주로 하는 문체 혹은 그런 서술방식' 일반을 가리킨다. 이 글에서는 '기사' 를 특정 문체 양식으로서가 아니라,[18] 산문의 여러 양식에 걸쳐 구사되는 서술방식의 하나로서 다루고자 한다.[19]

기사가 서술방식으로 사용된 산문은 범위를 한정할 수 없을 정도로 많다. 다만 전통시대 산문론 자료들 가운데 기사에 대해 논의한 글들

---

18) 記事를 문체 양식으로 접근할 경우, 좁게는 '記[紀/書]○○○事' 류의 표제를 단 단편 기사들만으로 제한하여 다룰 수 있을 것이다. 이는 주로 역사에서 누락된 어떤 사건이나 인물에 대한 기록을 보완하는 차원에서 객관적으로 기술하며 대개 단일한 사안의 시말을 서사적으로 서술하는 글을 이른다.

19) 이 글에서는 '서술방식' 을 작가의 창작 의도와 그에 따라 구사하는 서술형태 및 방법을 포괄하는 의미로 사용한다. 현대적 용어로 말하자면 설명, 논증, 설득, 묘사, 서사 등이 이에 해당한다. 이는 작품의 종류를 가르는 기준이 되기도 하지만, 어떤 작품을 쓰는 작가의 의도이기도 하고, 그 작품의 구성을 위해 사용되는 전체 혹은 부분의 서술방식이기도 하다.

이 주로 대상으로 삼는 문체 양식을 추린다면 대체로 사(史)·전(傳)·야담(野談)·비지(碑誌)·애제(哀祭)·잡기(雜記) 등이다.[20] 서사류 산문에 해당하는 역사서와 전, 야담 등이 주로 기사의 서술방식을 채택하는 것은 논의의 필요가 없을 것이고, 실용적 목적에 의해 쓰지만 한 개인의 행적이 담기는 비지, 애제류 등에서도 기사는 주도적인 서술방식이다. 잡기의 경우 기록 대상이 어떤 사건인 경우뿐 아니라 사물이나 경치 등을 기록한 것 역시 큰 범위의 기사에 속한다고 할 수 있다. 나아가 증서(贈序)·서발류(序跋類)나 소차류(疏箚類), 서신(書信) 등 의론이나 서정이 주를 이루는 여타 양식에서도, 글의 의도와 제재에 따라 기사의 서술방식이 구사될 수 있다.

본고에서 대상으로 삼는 '기사'의 범위는 앞서 신유한이 사체의 근간으로 제시한 기사·기언·기물 가운데 기사와 기물을 중심으로 하고 기언의 일부까지 아우르는 것이다.[21] 신유한 본인은 이것 이외에는 문학이 아니라고 말했으나, 일반적인 관점에서 본다면 이렇게 확장해 놓은 기사의 바깥에 놓이며 대립항을 이루는 것은 다름 아닌 '의

20) 李植은 다양한 문장 작법을 논하는 가운데, '記事의 法'을 잘 익혀서 구사해야할 문체로서 史를 비롯하여 序·記·碑·誌 등을 함께 든 바 있다. 李植. 「作文模範」. 『澤堂集』 별집 권14. 한국문집총간 88. 518쪽. "惟記事之法, 馬·班得之, 後世莫及. 作史及序記碑誌之類, 尤當取法於兩氏."
記事, 雜記, 碑誌, 傳, 野談 등의 문체 양식에 대해서는 다음을 참조. 김철범. 2007. 「잡기문(雜記文)의 특성과 양상」. 동방한문학회 편. 『한국한문학의 이론 산문』. 보고사; 김혜숙. 2007. 「전(傳)·서사(書事)·야담(野談)의 대비적 고찰」. 같은 책; 조창록. 2009. 「記事의 양식적 특성과 작품 세계」. 『동방한문학』 39. 동방한문학회.

21) 후대에 기언에서 의론이 나오기는 하지만, 여기서 신유한이 紀言의 대표라고 본 『서경』의 謨·誥·命으로부터 『예기』·『논어』, 그리고 『고공기』·『산해경』·『급총서』 등은, 사실 말을 기록했다는 의미에서 기언이지 그 자체로 의론은 아니다. '기언의 일부' 혹은 '신유한이 말한 기언'이 기사에 포함된다고 본 것 역시 이런 맥락에서이다.

론(議論)’이다.[22] 한문산문의 서술방식을 의론과 기사로 대별할 때, 신유한은 그 가운데 의론을 배제하고 기사만을 문학의 범주에 포함시킨 셈이다.

신유한은 『주역 · 계사』, 『효경』, 『대학』, 『중용』 등이 성인의 가르침을 담고 있기는 하나 자신이 생각하는 문학의 범주에는 들지 않는다고 말한 바 있다.[23] 또 제자서 읽는 것을 좋아하지 않았고 당의 한유나 송의 증공 같은 당송고문의 전범들 역시 자신은 좋아하지 않았다고 하였다.[24] 이 글들의 공통점은 도리를 설파하고 남을 가르치는 글이라는 점이다. 요컨대 이른바 재도(載道)의 글로서 의론을 주된 서술방식으로 하는 글들이다. 신유한이 재도의 글을 부정한다고 명시적으로 언급한 것은 아니지만, 적어도 문학을 보는 초점과 지향이 달랐다고 보는 데에는 무리가 없을 것이다.[25] 신유한이 선호한 산문들이 재도보다는 기사에 편중되었고, 이것이 그의 산문 취향을 판단하는 중요한 기준이 된다는 점은 분명하다는 것이다.

---

22) 김택영은 우리나라의 산문사를 論議와 記事로 양분하여 개관한 바 있다. 金澤榮.「雜言」.『金澤榮全集』2. 아세아문화사. “新羅高麗之文, 長於記事而短於論議, 朝鮮之文, 長於論議而短於記事. 學文家記事之麤疎固無論, 卽古文名家如張谿谷 · 李澤堂諸公, 亦短於記事. 故其墓道文字, 鮮有名作.”

23) 申維翰.「與任正言論文書」. 위의 글. “天下有舍是而稱爲文者, 一曰儒家訓詁學, 亦有本源矣. 夫子作系易 · 孝經, 以至曾 · 思大學 · 中庸, 誨人明理盡性, 所以諄諄焉命之者, 必用之 · 乎 · 者 · 也等字得力, 使天下家行戶踐, 如菽粟水火, 是聖人設敎之言, 而非吾所謂文也.”

24) 申維翰.「雜說」. 위의 글. “余於古文, 不喜讀諸子, 於唐不喜昌黎, 於宋不喜南豊. 此皆古今人學文章者, 取以爲宗師, 膾炙之所同嗜, 而余獨不然.”

25) 明代 宋濂은 문에 대한 논의를 ‘재도’와 ‘기사’의 둘로 대별하고, 기사의 문은 『사기』와 『한서』를 근본으로 한다고 하였다. 宋濂.「文原」.『宋文憲公全集』권26. “世之論文者有二, 曰載道, 曰紀事. 紀事之文, 當本之司馬遷 · 班固.”

이상 신유한의 산문관에서 유추할 수 있듯이, 그의 산문작품은 기사가 지니는 문학성을 탐구하기에 여러 모로 적절한 대상이다. 그의 산문작품에서도 자신의 산문관에서처럼 '기사 · 기언 · 기물의 법'에 입각한 기사의 서술방식을 구사하여 높은 성취를 이룬 것이 많을 개연성이 높기 때문이다. 실제로 신유한은 원경하의 추천으로 『태상지(太常志)』 찬성의 임무를 맡기도 했는데, 이를 통해 당시 조야에서 신유한의 기록 솜씨를 높이 인정하였음을 알 수 있다.[26)]

그의 산문작품 가운데 기사를 주된 서술방식으로 하는 사 · 전 · 록 · 야담 · 비지 · 잡기 등이나 '서○○○사'의 형식을 띤 작품은 많은 편이 아니다. 그러나 증서 · 서발류 등의 글에서도 신유한은 의론보다 기사에 치중하는 면을 여실히 보인다. 그리고 무엇보다 중요한 것은, 기사의 서술방식에서 신유한 산문의 진가를 볼 수 있다는 점이다. 바로 이러한 면을 보다 구체적으로 밝히고자 하는 것이 본고의 주된 목적이기도 하다.

4. 인물의 언행과 사적, 그 생동기백의 재현

신유한의 산문 가운데 기사의 서술방식이 전면적으로 부각된 대표적인 작품들은 전쟁터에서 죽어간 무명의 지역 인사들에 대한 기록이

---

26) 『英祖實錄』 영조19년조. "上引見大臣 · 備堂. 奉常提調元景夏請召漣川縣監申維翰, 撰成太常誌, 上從之. 先是維翰爲太常判官時, 都提調金昌集, 以'本寺是祭享重地, 而凡係享儀多踈漏', 使維翰撰次太常誌, 未及成, 故景夏有是請. 維翰嶺南人, 而以文有名."

다. 「박절사전(朴節士傳)」과 「김사직순절록(金司直殉節錄)」, 「절사증군기부정광릉이공충렬록(節士贈軍器副正廣陵李公忠烈錄)」, 「서열부한씨전후(書烈婦韓氏傳後)」 등이 그 예이다. '어떤 주장 혹은 이치를 설파했는가'의 문제만으로 접근한다면 이들 작품은 '충렬(忠烈)'이라는 보편적 이데올로기의 현양으로 설명하면 그만이다. 그러나 '그 구체적 인물과 사건을 어떻게 재현해 내었는가'에 주목해 볼 때 각 작품은 각기 다른 생기와 특색으로 살아난다. 바로 신유한이 강조한 생동기백(生動氣魄)의 재현 여부가 중요한 관건이 되는 것이다.

「절사증군기부정광릉이공충렬록(이하 '절사이공충렬록'으로 약칭)」은 병자호란때 순국한 영남사람 이서우(李瑞雨)의 사적에 대한 기록이다.[27] 먼저 작품 전체의 개요를 단락별로 제시한다.

<1> 예의와 기절로 충렬 다한 인물이 끊이지 않은 영남의 전통과 이절사.
<2-1> 이절사의 출생과 어릴 적부터 예와 효를 실천한 행적.
<2-2> 종형 이윤우(李潤雨)와 함께 정구(鄭逑) 문하에 출입함.
<2-3> 장성하면서 문예에 재능 보이다가 모친의 경계 듣고 무예를 익혀 무과 급제.
<3-1> 서북지역으로 수자리 가서 적지 정찰 임무 수행하고 영남으

27) 숙종대 문신인 松谷 李瑞雨와는 동명이인이다. 이 인물에 대한 기록은 『조선왕조실록』에는 없고 고종대의 『승정원일기』 기사가 확인될 뿐인데, 이 역시 신유한의 이 글을 근거로 작성된 것으로 보인다. 『承政院日記』 고종 4년 9월 15일조. "李瑞雨, 觀察使幕裨也. 同里卒, 牽瑞雨請逃, 瑞雨叱曰: '今日固決死耳.' 植立射虜, 矢盡而死之. 贈軍器副正."

로 돌아옴.

〈3-2〉 병자호란 당시 관찰사 명으로 차출되자 대명의리를 언급하며 결의 표함.

〈3-3〉 출정 길에 모친 만나서 죽음으로 싸울 것 다짐.

〈4-1〉 아무런 준비 없이 속수무책으로 패퇴하는 전장의 상황.

〈4-2〉 도망치자는 박철의 말에 죽음으로 싸우리라 대답하고 물러서지 않고 전사함.

〈4-3〉 박철이 돌아와 보고하고 두 아들이 현장에 가서 시신 수습하여 장사 지냄.

〈5-1〉 영남 태생으로서의 사우에 북방 경험이 더해져 순국의 자질과 바탕이 있었음.

〈5-2〉 홀로 적과 맞선 이절사의 장대함과 현명하고 담대한 어머니에 대한 논평.

〈5-3〉 뛰어난 업적과 비교할 때 국가적 보상이 부족함 지적.

〈6〉 증손의 부탁으로 입전하게 된 내력.

크게 보아서, 영남지역에 예의(禮義)와 기절(氣節)을 중시하고 순국을 실천한 인물들이 많다는 것을 전제한 <1>에 이어서, <2>에서는 이절사의 성장기, <3>에서는 무인으로 입신한 뒤의 사적과 병자호란 출정의 과정, <4>에서는 전장에서의 행적을 서술하였다. <5>는 작가의 논평이고 <6>은 저술 배경이다. 전체적인 구성은 시간 순서에 충실하게 이절사의 행적을 기록한 <2>~<4>의 앞뒤로 영남의 지역적 특성과 이절사에 대한 논평 등을 호응하여 배치하였다. 이 작품의 특징은 주인공 뿐 아니라 그 어머니가 작품의 또 다른 축으로 등장한다는 점이다.

> 절사는 휘가 서우(瑞雨)이고 자는 무경(茂卿)이다. 집안은 본디 광릉 이씨(廣陵李氏)인데 영남으로 옮겨왔고 대대로 현달하였으며, 부친은 임진왜란 시에 의병을 창도한 공으로 병조참판에 추증되었다. 절사는 소실인 최씨의 소생으로서 부친을 여의었을 때가 11세였는데도 상례를 예대로 잘 치러 냈다. 모친을 지극히 효성스럽게 섬겨서 추위와 더위에 자리를 펴드렸고 병드시면 직접 약을 달여 드렸다. 일이 있든 없든 쉬운 것이건 어려운 것이건 간에 모친의 뜻을 받들지 않음이 없었으니, 보는 이들이 감동하였다.[28)]

입전 인물에 대한 기사가 시작되는 <2-1> 부분이다. 여기서 주인공이 소실의 소생이라는 점은 단순한 사실 진술로 그쳤지만 이 말이 없었다면 뒤에 그가 문인이 아니라 무인의 길을 택하게 되는 상황이 자연스럽게 이해되지 않았을 것이다. 또 지극한 정성으로 모친을 섬겼고 무슨 일이든 모친의 뜻을 받들었다는 진술 역시, 단순히 어릴 적의 효성을 보여주기 위한 데 머무는 것이 아니다. 이는 작품 끝까지 이어지면서 사건의 중요한 전기를 마련하는 어머니의 등장을 통해 확인할 수 있다.

> 이절사는 장성하자 외모가 준수하고 장대하여 8척 장신으로 훤칠해졌으며 아름다운 수염과 구레나룻에 멋진 풍골을 지녔다. 실무 지식에 밝고 상황 대처에 재주가 있어서 천하의 큰일을 감당할 만했으며, 또 책 읽고 글 짓는 것을 잘 한다는 명성이 있었다. 모친이 이를 듣고 경계하

28) 申維翰. 「節士贈軍器副正廣陵李公忠烈錄」. 『靑泉集』 권6. 362쪽. "節士諱瑞雨字茂卿, 家故廣陵李氏, 徙嶺南, 奕葉隆顯. 父以壬辰倭難倡義有功, 贈兵曹參判. 小星崔氏生節士, 十一歲而孤, 能執喪如禮, 事母至孝, 自寒溫衽席, 疾病藥膳, 以洎親戚施予, 事亡難易, 莫不唯志之承, 觀者感動."

> 였다. "나는 네가 이름자나 쓸 줄 알기를 바라지, 문예에 재주 있는 것은 바라지 않는다. 문예에 뛰어나면 헛된 이름이 나서 조물주에게 시기를 받게 마련이다." 이절사는 이 말을 듣자마자 공경히 받아들였다. 다만 "하늘이 남자로 태어나게 하였으니 반드시 학업을 받아야 할 것입니다. 문(文)이 안 된다면 무(武)는 괜찮겠습니까?"라 말하니, 모친이 더 이상 말하지 않았다.[29)]

이절사의 준수한 외모와 탁월한 능력을 진술하고 나서, 그럼에도 불구하고 어머니의 한 마디 경계에 바로 순종하는 모습을 보여 주었다. 주변의 많은 사람들의 인정보다도 어머니의 말씀을 더 중요한 판단 근거로 삼은 것이다. 어머니에 의해 뒤늦게 무예를 배운 이절사는 35세가 되어서야 무과에 급제한다. 결국 무인으로 활약하다가 전장에서 순국하는 이절사의 행보가 여기에서 출발하는 셈이다.

이후에도 어머니라는 빈(賓)을 통해 주(主)인 이절사의 행적을 부각하고 사건의 진행을 암시하는 방식은 작품 전편에 걸쳐 다채롭게 사용된다. <3-3>에서 전쟁터로 가는 아들로 인해 집안 식구가 모두 눈물을 흘리는 가운데, 어머니 홀로 얼굴 색 하나 변치 않은 채 절사의 손을 잡고 "네가 평생 나를 효성으로 섬긴 것을 아니, 이런 마음으로 국가에 반드시 충성을 다할 것 역시 안다."라 하고는, 이절사의 전투복에 채색 실을 둘러 주었다.[30)] 전사했을 때 시신을 식별하기 좋게 하려는 의도였다. <4-3>에 의하면 실제 이 채색 실 덕분에 이절사의

---

29) 申維翰. 같은 글. "年既長, 貌秀而碩, 八尺軒昂, 美鬚髯好風骨, 識務之智, 應變之才, 可以當天下大事. 又讀書攻文有聲, 母氏聞而戒之曰: '吾願汝記名姓, 不願汝工文藝. 藝勝則名浮, 造物攸忌.' 卽敬受敎, 第曰: '天生男子, 必受業, 不文則武, 斯可乎?' 母竟頷之."

두 아들이 현장에 가서 삼단처럼 쌓인 시신 가운데 부친의 시신을 찾아내서 장사지낼 수 있었다.[31]

어머니가 이절사의 마부로 함께 가는 박철에게 "내 아이는 절대 나라를 져버리지 않을 것이니 자네는 내 아이를 져버리는 일이 없도록 하게."라 한 말 역시, 뒤에 박철이 이절사에게 도주를 권유하다가 버리고 도망치게 되는 일에 대한 복선이다. 결국 아들이 전사하고 말았다는 소식을 들은 이절사의 어머니는 "나는 이 아이가 절대 돌아오지 못할 줄을 알았으니, 이제 죽었다는 소식에 무슨 유감이 또 있겠는가?"[32]라 하였다. 강개한 모습을 통해 깊은 슬픔을 절도 있게 함축해 내었다.

신유한이 이 작품에서 어머니를 중요한 축으로 삼았다는 점은, 작가의 관점을 담은 논평인 <5-2>에서 이절사의 장대함과 그 어머니의 현명하고 담대함을 병치하고 있다는 데에서도 다시 확인할 수 있다.[33] 이러한 논평과 함께 앞의 여러 장면에서 보여주는 어머니의 성품에 대한 생생한 형상화는, 어머니가 단순한 서사기법상의 빈(賓)에

---

30) 申維翰. 같은 글. "飭兵西驅, 兵行過邑, 望家門十里, 不遑就訣於母. 母挈家屬出路左, 婦子啼呼, 泣涕如雨, 母獨顔色不變, 執公手曰: '知汝平生事我孝, 以是知汝必忠於國, 大丈夫頭天跟地, 死王事何如死兒女子?' 以采線縫公戰袍裾, 使人易識."

31) 申維翰. 같은 글. "公男道鳴道源, 卽與鐵偕奔所指處, 得公屍, 衣裾采線, 歷歷可驗, 奉而歸葬."

32) 申維翰. 같은 글. "朴鐵逃歸, 具告覆軍月日喝鐵語及射賊立殣諸狀. 母氏哭之慟曰: '吾知是兒必不旋踵, 今得死矣, 復何憾?'"

33) 申維翰. 같은 글. "當虜騎壓城之日, 我師一僨, 次至皇都, 無愚智所共知者, 而鴨東數千里, 隻手張弓, 射賊而死, 唯節士一人而已, 何其壯也! 有賢母知子, 必死於志而采線縫裾, 辭色如常, 又何奇也!"

그치는 것이 아니라 이절사의 충렬과 함께 이 작품의 중요한 입의처(立意處)임을 알게 한다.

이 작품에서 또 한 명의 빈(賓)으로서, 사건의 전언자(傳言者)인 박철을 들 수 있다. 동향 사람이면서 이절사의 마부로 참전한 그는, 전장에서 살아 돌아와 기사의 근거를 제공한 인물이기도 하지만, 작품내적 기능은 여기에 머물지 않는다.

> 박철이 말고삐를 끌며 외쳤다. "이름도 없이 죽느니 도망치는 것이 낫지 않습니까?" 그러자 공은 오히려 의기를 부쩍 일으키며 활을 당기고 화살을 메기며 박철에게 소리 질렀다. "내가 어찌 가겠는가? 북 치고 말 몰다 죽든 고삐를 잡다 죽든 행군 대오 중에서 죽든 오로지 의(義)가 거기에 있는 것이다. 내 오늘 죽음을 결심하였으니, 너는 돌아가 내 어머니께 고하라." 선 채로 움직이지 않고 적에게 활을 쏘다가 화살이 다 떨어지자 피를 쏟았다. 시체가 삼단처럼 쌓였으나 군중에서 이를 거두어 염하는 이도 없었다.[34)]

작품 전체의 구조상 절정에 해당하는 <4-2>이다. 절사의 장렬한 순국이 이 작품의 서사적 핵심이지만, 정작 이절사가 싸우다 죽음을 맞이하는 장면은 "선 채로 움직이지 않고 적에게 활을 쏘다가 화살이 다 떨어지자 피를 쏟았다.[立不動射賊, 矢盡而衄]"라는 단 두 구에 불과하다. 그럼에도 불구하고 이 상황이 생생하게 다가오는 것은, 엄청난 적의 공격으로 인해 모두 혼비백산하는 상황에 대한 <4-1>의 묘

---

34) 申維翰. 같은 글. "朴鐵牽馬呼曰: '死而無名, 孰如逃?' 公猶意氣勃勃, 關弓挾矢, 喝鐵曰: '吾何往? 將死鼓馭死轡士死行列, 唯義所在. 今日固決死, 爾可歸告吾母.' 立不動射賊, 矢盡而衄. 積屍如麻, 軍無收殮者."

사,[35] 그리고 박철과 이절사의 대화가 앞에 놓였기 때문이다. 군중의 혼란과 박철의 도주 가운데 한 발도 물러서지 않고 홀로 적과 맞서는 이절사의 모습이 짧지만 강렬하게 대조적으로 부각된 것이다.

요컨대 이 작품은 시간 순서의 평이해 보이는 전개방식을 취하면서도 그 중간 중간에 어머니, 박철과의 대화 장면을 넣어 이절사의 사람됨을 보다 구체적으로 형상화하였다. 복선과 대비, 호응 등의 기법의 자연스러운 구사 역시 결과적으로 대상 인물과 그 행적의 생생한 재현에 효과적으로 복무하고 있다. 전언(傳言)에 의한 '기사'가 생동감을 획득한 예라 하겠다.

다음으로 살펴볼 작품은 「박절사전」이다. 박절사는 박유(朴맅)라는 영남사람으로서, 임진왜란 때 포로로 잡혀 일본으로 끌려갔다가 환국하여 늦은 나이에 무예와 학업에 정진, 다시 정묘호란이라는 국가의 위기를 맞아 전쟁에 참여하여 충의를 실현하며 죽은 인물이다. 단락별 개요는 다음과 같다.

> <1> 박절사의 출신.
> <2-1> 임진왜란 때 17세 나이로 피난 중 부친 식사 운반하다가 포로가 됨.
> <2-2> 왜군이 박절사의 사람됨이 범상치 않음을 보고 퇴각하며 일본으로 데려감.

---

35) 申維翰. 같은 글. "丁丑春王正月三日, 兩節度遇賊於雙嶺, 而陳中軍失律, 步兵砲手請藥丸未卽授, 聲噪噪動地. 賊騎電發, 釖槍山集, 我軍措手弗及, 勢如風波覆舟. 左右軍皆潰, 兩將伏弢, 人不鳥獸散則虀粉碎."

<2-3> 대마도에 포로로 있으면서 수차례 탈출을 시도하다 실패함.
<2-4> 국가적 포로 쇄환 때 30세의 나이로 돌아와 부친 상 치름.
<3-1> 무예를 익히기로 결심하고 매우 열심히 실천함.
<3-2> 무과에 급제하고도 벼슬하지 않음.
<4-1> 정묘호란이 일어나자 자진하여 출정함.
<4-2> 전장에서 아군의 패퇴 가운데 활로 무수한 적을 쏘아 쓰러뜨림.
<4-3> 손운강의 도주 권유에 성을 내고 끝까지 싸우다가 전사함.
<4-4> 손운강이 돌아와 박절사의 어린 아들 만나 통곡하고 상황을 전한 것이 또 다른 생환자 박평남의 진술과 일치함.
<5-1> 작가 선친이 손운강 이야기 전한 것과 작가 자신과 박절사 후예들과의 친분.
<5-2> 박절사의 자질과 행적에 대한 칭송.
<5-3> 다른 절사들과 비교할 때 알려지지 못한 것이 애석함.
<5-4> 패잔병의 진술이라는 점을 문제 삼는 데 대한 반론.

1,600여 자 분량의 전(傳) 작품이다. 현전 문집에는 유일하게 실린 전 작품인데, 도입부와 시간 순의 서사부, 그리고 저자의 논평부로 이루어져서 사전체(史傳體)의 전형적인 구성을 보여준다. 서사 부분은 임진왜란 때 포로 생활한 이야기인 <2>와 귀국 후 무예를 익힌 시기인 <3>, 그리고 정묘호란에 출정하여 순국한 내용을 담은 <4>로 나뉜다.

이 작품은 특정한 서사 장치에 의존하기보다, 인물 형상의 재현에 집중하여 다양한 서술방식들을 동원하였다. 분석 역시, 각각의 서술방식에 의해 박절사가 어떻게 구체적으로 형상화되었는지 나누어 살펴보고자 한다.

첫째, 직접적 진술에 의한 형상화이다. 이는 서사 가운데 입전대상의 속성을 작가가 그대로 설명하는 것이므로 문학적 형상화 방식으로는 비교적 흥미가 떨어지는 방식이지만 다른 부분과 조응되면서 인상적인 효과를 만들기도 한다. 이 작품에서는 <2-4>에서 귀국 시의 외모를 묘사한 "절사 나이 30에 귀국할 수 있었는데, 사지와 골격이 큼직하여 키가 8척이나 되었다."[36]라는 구절이 유일하다. 이는 <2-2>에서 왜적이 그를 본국까지 데려간 이유가 10대 후반 때 그의 골격이 범상치 않아 장군으로 삼으려 했기 때문이었다는 사실과 조응하면서 10여 년의 포로생활에도 그 기개가 상하지 않았음을 보여준다는 의미가 있다.

둘째, 다른 등장인물의 입을 통해 입전대상을 평하는 방식이다. 직접적 진술에 비해서는 한 단계 나아간 것이긴 하지만 이 역시 형상화로서는 비교적 손쉬운 방법일 텐데, 이 작품은 여기에도 별로 기대지 않았다. 왜적이 박절사를 본국으로 데리고 가며 "조선의 진기한 보화를 얻는 것이 이 같은 사람 하나 얻는 것만 못하다."라고 한 것, 그리고 몇 차례의 탈출시도가 실패한 뒤에도 의연하게 대답하는 박절사를 두고 "나무판 하나에 의지해서 창해를 건너려는 것을 보니 참으로 천하의 장사로다. 잘 대우해 주는 것이 낫겠다."고 웅성거리는 대목 등이다.[37] 두 경우 모두 일반적인 사람들의 입을 빌려 단선적으로 논평한 것이라기보다는, 서사 흐름과의 밀접한 연관 가운데 박절사의 인물

36) 申維翰.「朴節士傳」.『青泉集』권5. 332쪽. "節士年三十, 迺得歸, 肢骨豊碩, 八尺軒昂.

37) 申維翰. 같은 글. "羣倭譟曰: '所言直也. 觀其手一板而淩滄海, 眞天下壯士, 不如因善遇之.'"

됨을 극적으로 부각시키는 효과를 지닌다. 박절사에 대해 쉽게 호의적일 수 없는 인물들로부터 나온 경탄과 심복의 목소리이기 때문이다.

셋째, 등장인물과 입전대상 사이의 대화를 통한 형상화이다. 이 방식이야말로 사마천의 열전에서부터 즐겨 구사되어온 생생한 인물 형상화의 방법이다. 그런데 사실 대개의 역사적 사실에 대한 기록이 저자가 직접 현장에서 본 것이 아니라는 점에서, 대화의 구성은 그 자체로 이미 어느 정도 허구적이고 문학적인 장치인 셈이다.

> 왜적의 우두머리가 칼을 어루만지며 웃고 말했다. "어째서 고생스럽게 도망가는가? 도망가는 자는 법에 따라 죽어야한다." 그러자 박절사는 곧바로 대답하였다. "나에게는 부친이 계신데 그 생사조차 모른다. 살아서 돌아가지 못한다면, 차라리 죽어서 혼이 되어서라도 돌아가겠다." (중략)
>
> 만력(萬曆) 정사년(1617)에 무과에 급제하였으나 10년 동안 벼슬에 나아가지 않았다. 이웃들이 벼슬하기를 권하자 박절사는 바로 말했다. "무신이면서 시대가 태평한데 절개를 꺾어 권귀에게 아첨하며 녹을 바란다면 부끄럽지 않겠는가?" (중략)
>
> 병졸 중 같은 마을 사람 손운강(孫雲江)이란 자가 절사의 소매를 붙잡고 외치길, "상황이 급합니다. 그냥 죽는 것은 무익하니, 공은 어쩌시렵니까?"라 하니, 절사가 성을 내며 칼을 뽑고 말했다. "내 지금 죽음 보기를 왔던 데로 돌아가는 것처럼 여기거늘 너는 무슨 말을 하는 것이냐?"[38)]

---

38) 申維翰. 같은 글. "倭酋按劍而呵曰: '何苦而逃. 逃者法當誅.' 卽對曰: '吾有父, 不知死生. 生不得以身歸, 寧死而魂歸.' (중략) 萬曆丁巳, 登武科及第, 家居十年, 鄕鄰勸之仕, 卽曰: '武臣也而時平, 折節媚權貴, 以覬祿利, 非恥乎!' (중략) 卒有孫雲江者同里人, 摻節士袂而呼曰: '事急矣, 徒死無益, 奈公何?' 節士怒抽刃曰: '吾今視死如歸, 爾何爲者?' "

위 인용문의 첫 부분은 박절사가 일본에서 세 차례나 탈출을 시도했다가 다시 잡혀 와서 문초를 당하는 장면이다. 생사여탈권을 쥐고 칼로 위협하는 상대 앞에서 죽음을 전혀 두려워하지 않는 기개를 보이는 대답을 던지는 모습에서 박절사의 의연한 성품이 실감나게 형상화되었다. 두 번째 부분은 뒤늦게 무예를 익혀 무과에 급제하고서도 벼슬에 나가지 않는 이유를 본인이 직접 말한 대목이다. 무신으로서 태평한 시대에 출세하기 위해 자신의 절개와 지조를 꺾는 행위를 스스로 용납할 수 없다고 하는 데서 결벽한 자존심을 지닌 박절사를 만날 수 있다. 마지막 부분은 전사하기 직전의 장면이다. 역시 상황에 좌우되지 않고 의를 위해 목숨을 초개처럼 여기는 강직함이 격한 어조로 살아 있다.

넷째, 입전대상 본인의 내면에 대한 서술과 행동에 대한 서사를 통한 형상화이다. 우선 독백처럼 처리된 말에서 본인의 의식지향을 볼 수 있다. "내 어려서 불행히 고래의 굴속에서 거의 죽을 뻔 하다가 지금 다행히 돌아와 성인의 백성이 되었으되 머리가 희어가고 있다. 내 이제 글과 검술을 익혀 당세에 이름을 알리지 못한다면 어찌 장부라 칭할 수 있겠는가?"라는 박절사 자신의 독백에서,[39] 이 작품 전편에 흐르는 그의 의식지향이 무예로써 나라에 보답하고 자신의 이름을 날리는 것이었음을 잘 보여준다.

입전대상의 말을 넘어서 그 실제 행동에 대한 서사는, 독자로 하여

39) 申維翰. 같은 글. "久之與人言忼慨泣下曰: '吾少也, 不幸幾沒於鯨鯢之窟, 今幸而歸作聖人氓, 髮且二毛矣, 吾不能及此日而治書劍, 籍名于當世, 何以稱丈夫?' "

금 인물을 직접 만날 수 있게 한다. 그런데 그 서사가 생생하게 되기 위해서는 사실관계에 부합해야할 뿐 아니라 적절한 구성과 배치, 그리고 입전인물의 성격과 주변 상황에 대한 묘사가 전제되어야 한다.

> 대마도에 이르자 여러 왜적들이 날마다 회유하며 그의 비위를 맞춰 주려 하였는데, 당시 절사는 20여 세였으나 극력으로 거절하였다. 답답함을 견디지 못할 때에는 높은 언덕에 올라 우리나라를 바라보며 한 번 차고 나가면 바다 끝까지 가리라 여겼다. 주변의 감시가 점차 소홀해지자, 몰래 물가에 버려진 삼나무 판을 가져다 뗏목을 만들어 바람을 타고 바다로 띄워 팔 힘으로 뗏목을 지탱하며 북쪽 동래 가는 길로 헤엄쳐 갔으나, 경계를 넘지 못하고 왜적이 곧 추격해 와 붙잡혔다.[40]

젊은 나이에도 온갖 회유책에 굴하지 않는 박절사의 강직함을 볼 수 있으며, 특히 뗏목을 만들고 맨손으로 저어 조선까지 갈 생각을 하고 실천에 옮길 정도로 대담함을 잘 보여주는 서사이다. 어떤 목적을 위해서 집요할 정도로 실천력이 강한 박절사의 이러한 면모는, 귀국 후 공부를 결심한 뒤의 행동에서도 잘 형상화되었다. "집에서는 책을 들고 나가서는 활을 당겼으며, 잠자리에서나 식사하면서나 걸어 다니면서까지 입으로 외고 손으로 익혀, 비바람이 불든 날이 춥고 덥든 간에 주야로 그칠 때가 없"어서 주변 사람들에게서 미쳤다는 손가락질까지 받을 정도였다.[41] 무과 급제 이후 출사하지 않던 그가 전쟁에 참

40) 申維翰. 같은 글. "及至馬島, 羣倭日誘之以適其所思, 當是時節士年二十餘, 膂力絶人, 鬱鬱不可淹, 升高丘睇我境, 便若一蹴而窮涯涘. 因傍人守伺漸怠, 潛取洲邊棄杉板作筏, 乘風縱海, 以臂撑板而游, 北首萊山路, 不踰竟而倭輒追獲之."

여하게 된 것도, “소매를 걷고 일어나 급히 도호부에 가서 ‘나라에 어려움이 있으니 저는 스스로 한 부대를 이끌어 선우(單于)의 군대를 대적하기 원합니다.’ ”라 하며 자원하였기 때문이었다.[42] 이처럼 작품 전체에 그려진 적극적이고 과단한 박절사의 성품이 독자에게 깊은 인상을 주어서, 서사된 행적을 더욱 생생하게 만드는 것이다.

> 정월 20일 군대가 안주(安州)에 주둔하였는데, 다음날 아침 먹기 전에 적들이 폭풍우처럼 갑자기 쳐들어왔다. 우리 군대는 대열을 이루지 못한 채 북을 울려대니 죽은 자들이 들을 덮었고, 상장군이 전사하자 나머지 군사들도 궤멸하였다. 절사만이 홀로 수하 8명의 병졸들과 함께 목책 너머로 몸을 숨기고 병졸로 하여금 화살을 뽑아 주게 하여 스스로 활을 당겨 적을 쏘니 적들이 화살을 맞고 쓰러졌다. 절사는 평소 오른손으로 활을 당기는데, 너무 급하여 손에 깍지를 끼지 못해서 수백 발을 쏘고 나자 엄지손가락이 터져 피가 줄줄 흘러내렸다. 그러자 곧 왼손으로 바꾸어 활을 당겨 적들을 무수히 쏘아 맞추었다. (중략)
>
> 마침내 말을 달려 적을 향해 힘껏 칼을 휘두르니, 칼 빛이 번개처럼 번쩍이며 동서로 부딪쳤다. 결국 힘이 다해 창을 맞고 죽었다. 절사가 말을 타고 싸우는 동안 손운강은 이미 무기를 끌고 백보 밖으로 도망갔는데, 절사가 말에서 떨어져 죽은 곳을 돌아보니 적을 꾸짖는 소리가 여전히 들리는 듯하여 뼛속까지 서늘하게 전율이 일었다.[43]

---

41) 申維翰. 같은 글. “卽往受書于同里搢紳先生孫起陽, 通一二書史, 學射於節度使金太虛, 入則持卷, 出則彎弧, 寢飯行步, 口誦手肄, 風雨寒暑晝夜無時休. 人或指以爲狂, 輒笑且應曰: ‘晩而學者, 不惜分陰, 如日月何?’ ”

42) 申維翰. 같은 글. “節士投袂而起, 疾詣府請曰: ‘國家有難, 某願自領一隊, 得當單于騎.’ 府使呂祐吉奇其言壯其貌, 予之弓刀絮衣.”

43) 申維翰. 같은 글. “正月二十日, 師次安州, 翌明未及朝飡, 賊大至驟如風雨, 我師不成列而鼓之, 死者蔽野, 及上將伏弢, 餘衆且潰. 節士獨與旗下八卒, 屛身柵外, 使卒抽矢以進. 自引弓射賊, 賊應弦而倒. 節士素右手控弦, 時遑急, 手不傅決拾, 旣發數百矢, 拇指

이 작품의 절정 부분이다. 특히 전쟁터에서 손을 바꿔가며 활을 쏘는 장면에 대한 디테일한 묘사에서는 인물의 생동기백이 박진감 있게 그려졌다. 그리고 손운강의 시선과 환청을 통해 서술된 마지막 운명 장면은 읽는 이에게도 전율을 일게 할 만하다. 이제까지 여러 방식으로 형상화된 박절사의 성품과 행적이 마지막 부분의 생생한 서사와 어우러지면서 그 감동을 배가시킨다.

앞의 작품을 포함하여 추가적으로 주목할 부분은 신유한이 지닌 기사에 대한 의식이다. 신유한은 이 작품의 말미에서, 박절사의 행적에 대한 증거가 일개 병졸의 증언 밖에 없으므로 현양하기에 부족하다는 지적에 반대하여 중국 역대의 기사들을 근거로 하여 변론하였다.[44] 전언자의 신분이 문제가 되어서 길이 남아야 할 이름이 매몰되어서는 안 된다는 입장이다. 나아가 이는 입전 대상의 신분과 관계되는 일이기도 하다.

> 내 이에 분명히 말한다. “국조 이래로 충신 절사 중에서 이 사람과 비교할 수 있는 자는 아무도 없다. 이 일로 최몽량(崔夢亮: 1579~1627, 의주판관)은 의주에서 죽었고 남이흥(南以興: 1576~1627, 영변부사

破脫, 血流如縷, 卽改以左手, 引滿射賊無筭. (중략) 遂馳馬奮劍, 劍光如電, 衝突東西, 力盡被創而殞, 當節士上馬鬪, 雲江已曳兵走百步外, 回顧節士墜馬喪元處, 罵賊之音尙可聞, 凜然骨慄.”

44) 申維翰. 같은 글. “或者云: ‘節士死, 徵於一卒之口, 不其微與.’ 余曰: ‘自古死亂兵者皆然, 參之肉旣在晉軍則孰見而傳之, 班固述浚稽之敗, 其稱韓延年戰死, 李陵生降, 實取諸敗亡餘卒之報, 韓愈叙睢陽義士, 又徵於泗州船上人. 至今天下貌榮名, 言之微而百世不磨者如是夫.’ ”

겸 평안도 병마절도사)과 김준(金浚: 1582~1627, 안주목사)은 안주에서 죽었으나, 저들은 모두 현달한 관리로서 임금이 주는 녹봉을 받아먹고 있었으므로 임금을 위해 목숨을 바치는 일은 진실로 당연한 것이었다. 그런데 임금께서 환궁하신 뒤 이 세 신하에게 품계와 봉록을 높여 추증하고 그 자제들에게도 음사의 혜택을 내리셨으나, 절사는 일반 병사들 사이에 죽어가서 상벌을 관장하는 관리가 그의 이름을 알지 못했다. 아아! 살았을 때에는 제대로 때를 만나지 못했고, 죽어서 나라에 목숨을 바쳤는데도 나라에서는 그를 알아주지 않았으니, 이는 지세(地勢)가 그를 이렇게 만든 것인가 보다. 절사 같은 이에게도 은혜가 저승에 미치지 못한다면 나라의 전장제도가 무엇으로 후인을 권면하겠는가?"[45]

훌륭한 행적에도 불구하고 나라의 보상을 받지 못한 것을 매우 애석해 하면서, 그 이유로 '지세(地勢)' 즉 출신 배경을 들고 있다. 영남이라는 지역, 그리고 한미한 신분으로 인해 훌륭한 인사들이 이름 없이 묻혀가는 현실을 안타까워한 것이다. 이것이 신유한이 역사서술을 담당하는 입장이 아님에도 불구하고 전언을 바탕으로 한 실록을 남기고자 하는 이유이기도 하다. 신유한 본인이 평생 안고 살았던 서얼이라는 신분적 배경 역시, 기사라는 문학행위를 통해 인몰되어가던 이름들을 현양하고자 하는 의식과 무관하지 않을 것이다.

45) 申維翰. 같은 글. "吾斯之必曰: '國朝以來忠臣節士, 無與若人伉者. 是役也, 崔夢亮死義州, 南以興金浚死安州, 彼皆達官, 食君之食而死君事固然矣. 車駕還宮, 贈三臣崇秩, 祿其廕子, 而節士沒於行伍, 有司無知其名者. 嗟夫! 士之賢者, 生而不偶時, 死亦有徇國, 而國不聞者, 地勢使然也. 使節士而恩不及泉下, 王典何能勸後人?'"

5. 닫는 말

이 글에서는 신유한 산문에 접근하는 한 길로서 '기사'의 서술방식에 주목하였다. 당송산문에 와서 의론의 서술방식이 강조되고 관련 문체가 발달한 데 비해, 기사는 『서경』 이래 역사서의 서술방식이자 당송산문에 비해 선진양한산문이 지니는 상대적 특장이기도 하다. 신유한은 '사체'를 구현한 것만이 진정한 산문이라는 독특한 관점을 지니고 있었다. 인물의 언행이나 사건, 사물 등을 기록한 기사는 사체의 근간을 이루는 양식이자 서술방식이다. 그가 이러한 산문을 이루기 위해 전범으로 꼽고 열심히 익힌 텍스트는 『서경』과 『사기』가 대표적이며, 여기서 구현된 기사 산문의 이상은, 인물의 됨됨이와 행적에 대한 생생한 재현이다.

그의 산문작품 역시 기사의 서술방식에서 장점을 보인다. 이 글에서는 그러한 면모가 가장 두드러지는 전형적인 작품 두 편을 분석하였다. 그 결과 빈주와 복선, 대비, 호응 등의 기법을 자연스럽게 구사하고, 직접적 진술과 등장인물의 논평 및 대화, 입전인물의 언행에 대한 서사 등의 방식을 다양하게 활용함으로써 기사의 대상이 되는 인물과 그 행적을 생동감 있게 그려내었음을 확인할 수 있었다. 나아가 이것이 단순한 사실의 재현에 그치는 것이 아니라 대상의 면면을 구체적으로 형상화해내어 독자와 만나게 하는 문학적 감수의 수위에까지 이르렀다는 점을 부각하고자 하였다.

서술방식에 초점을 둔 연구는, 주로 개별 작가 · 작품 혹은 특정 문체 양식을 대상으로 이루어져온 한문산문 연구에 새로운 각도의 횡단과 조합의 길을 보여주는 시도이며, 이를 통해 전통시대에 축적되어 온 섬세한 작법의 면면을 오늘의 글쓰기에 제시할 수 있는 가능성도 열려있다. 그런 면에서 전통시대 한문산문의 창작에 있어서 다양한 양식에 걸쳐 구사되는 기사(記事)의 서술방식을 어떤 시각으로 바라보고 어떤 방식으로 분석할 것인가는 그 자체로 중요한 연구과제이다.[46] 이 글은 그 한 시도로서 신유한의 기사 산문을 다룬 것이기도 하다. 향후 기사의 서술방식에 주목한 고찰을 다른 작가들로 점차 확대해 감으로써 더 큰 그림을 그려갈 여지도 있다.

---

46) 송혁기. 2009.「조선시대 문학비평에 나타난 기사의 사실성과 문학성」.『동방한문학』39. 동방한문학회.

참고문헌

金澤榮.『金澤榮全集』. 아세아문화사.

班　固.『漢書』. 四庫全書本.

宋　濂.『宋文憲公全集』. 四庫全書本.

申維翰.『靑泉集』. 韓國文集叢刊 200. 民族文化推進會(현 한국고전번역원).

劉　勰.『文心雕龍』. 周振甫 注. 里仁書局.

李　植.『澤堂集』. 韓國文集叢刊 88. 民族文化推進會(현 한국고전번역원).

『(國譯)海行摠載』1・2. 1974. 民族文化推進會(현 한국고전번역원).

국사편찬위원회. 조선왕조실록 웹사이트 http://sillok.history.go.kr.

김철범. 2007.「청천 신유한의 문장학습법과 글쓰기론」.『청천 신유한 선생의 생애와 문학』. 밀양문화원.

김철범. 2007.「잡기문(雜記文)의 특성과 양상」. 동방한문학회 편.『한국한문학의 이론 산문』. 보고사.

김혜숙. 2007.「전(傳)・서사(書事)・야담(野談)의 대비적 고찰」. 동방한문학회 편.『한국한문학의 이론 산문』. 보고사.

송병하. 2004.「청천 신유한의 산문론과 작품세계」. 고려대학교 석사학위논문(미간행).

송혁기. 2006.『조선후기 한문산문의 이론과 비평』. 월인.

송혁기. 2009.「조선시대 문학비평에 나타난 기사의 사실성과 문학성」.『동방한문학』39. 동방한문학회.

심경호. 2009.「신유한의 통섭적 사유방법과 문학세계」.『한문학논집』28. 근역한문학회.

이종호. 1989.「청천 신유한의 현실인식과 사유방식」.『논문집』11. 안동대학교 :『조선의 문인이 걸어온 길』(한길사. 2004.)에 개정 수록.

이현호. 2004.「신유한 산문의 擬古性과『莊子』패러디」.『동양한문학연구』20. 동양한문학회.

정우락. 2007.「신유한의 문학사상과 그 시세계의 의미구조」.『퇴계학과 한국문화』41. 경북대학교 퇴계연구소.

조창록. 2009.「記事의 양식적 특성과 작품 세계」.『동방한문학』39. 동방한문학회.

青泉 申維翰의 門人과 저작

김윤조 (계명대학교)

青泉 申維翰의 門人과 저작

김 윤 조 (계명대학교)

1.

靑泉 申維翰(1681~1752)은 이미 한국한문학사에서 뚜렷한 위상을 차지하고 있는 문인이며 시인이자 학자다. 일찍이 成大中(1732~1812)은 청천을 두고, 시문에 있어서 왕세정·이반룡의 묘리를 터득하였다고 하고, "남쪽 땅의 일개 선비로 30년 동안이나 도성의 문단을 주도"하였다고 말한바 있다. 고전번역원에서 '申維翰'으로 검색을 하면 고전번역서, 한국문집총간, 국학원전 등에서 870건이 넘는 검색 건수를 볼 수 있다. 대부분은 그 자신의 저작 색인이지만, 그것을 제외하고도 68건에 이른다. 일일이 들지 않거니와, 그에 관한 연구 논문도 여러 분야 다양한 주제에 걸쳐서 많이 축적되어 있다.[1)]

---

1) 신유한 문학에 대한 본격적인 연구는 김영숙 교수(「申維翰 漢詩 硏究」, 영남대학교 석사학위논문, 1981)에서 출발하였다. 이후 신유한 연구는 시와 산문에 대한 연구와『海游錄』을 중심으로 한 일본 관계 기록의 두 가지 방면에서 진행되고 있다. 최근에 밀양문화원 주최로 열린 학술대회에서 발표된 정우락(「申維翰의 文學思想과 그 詩世界의 意味構造」), 韓泰文(「申維翰의 『海游錄』 연구」), 심경호(「신유한의 생애, 사상, 그리고

한데, 과문의 所致인지 알 수 없으나, 青泉의 작가로서의 조건에 주목한 연구는 없는 듯하다. 창작 주체로서 작가 연구는 언제나 중요하다. 신유한 연구의 의의에 대해서, "신유한의 사상과 문학 세계를 조명하는 일은, 영남 지역의 지성사와 문화사가 지닌 풍부하고 다양한 측면을 재확인하는 데 일정한 기여를 하리라고 생각한다."는 지적이 있었는데,[2] 청천은 작가로서는 물론이거니와 한편으로는 교육자로서 더욱 주목되어야 할 인물이다. 본고 작성 이전에는 필자도 그러했거니와, 청천이 영남 지역 인물이라는 것을 아는 사람부터 많지 않다. 청천에 대한 인식이 어떠한지, 두 가지 문건을 보자.

> 1) 본관 영해(寧海). 자 주백(周伯). 호 청천(青泉). 1713년(숙종 39) 문과에 급제, 제술관이 되어 통신사 홍치중(洪致中)을 수행하여 일본에 다녀왔다. 그후 벼슬이 봉상시 첨정(奉常寺僉正)에 이르렀으며, 문장에 능하고 걸작시가 많다. 저서에 『청천집(青泉集)』『분충서난록(奮忠紓難錄)』 외에 일본을 다녀왔을 때의 기행문인 『해유록(海遊錄)』이 있다.
>
> 2) 청천은 신유한의 호. 자는 주백(周伯), 본관은 영해(寧海). 증광문과에 병과(丙科)로 급제한 다음 제술관이 되어 통신사 홍치중(洪致中)을 따라 일본에 다녀왔다. 저서에 『청천집(青泉集)』·『분충서난록(奮忠紓難錄)』·『해유록(海遊錄)』 등이 있다.

1)은 네이버 백과사전, 2)는 고전번역원에서 검색한 각주다. 문집

문학」), 김철범(「青泉 申維翰의 문장학습법과 글쓰기론」) 교수의 논문들에서 청천 연구의 현황을 알 수 있다.

2) 심경호, 앞의 논문.

인 『청천집』에 묘지명 등의 기록이 있지만 백과사전의 몰년은 미상으로 되어 있다. 두 문건에 공통적으로 청천의 저서로 되어 있는 『분충서난록(奮忠紓難錄)』은 사명당이 壬亂을 겪으면서 남긴 기록을, 청천이 편집해서 간행한 책이다. 科擧에 대한 기록 역시, 같은 고전번역원의 『청천집』 해제에는 1713년 33세 증광시 갑과 장원으로 기술되어 있다.

출생이 어디인지, 가계나 사승이 어떠한지에 대해서는 기록이 없다. 두 기록을 통해서 확인하게 되는 것은, 청천은 일본을 다녀온 일이 일생에 매우 중요한 일이었다는 점이다. 청천에 대한 초기 연구는 주로 여기에서 시작되고, 여기에 집중되어 있었다. 근년에 들어서 청천에 대한 전기적 사실들이 소상하게 밝혀졌지만, 그러나 출생지가 밀양이고 34세 이후 만년에는 고령에 거주하였다는 기초적인 사실도 간과해온 듯하다. 청천은 밀양에서 태어나 34세에 高靈 量田里로 옮기고, 1719년 39세에 일본을 방문한다. 이후 여러 곳의 지방관(현감, 군수)을 역임하고, 1749년 69세에 고령으로 돌아간다.

신유한은 18세기 초반에 영남에서 뿐만 아니라 전국적으로도 손꼽히는 교육자였다. 그의 문하에는 많은 제자가 몰려들었다. 문인을 많이 배출한 사람은 바꾸어 말하면 교육자라고 할 수 있을 것이다. 본고는 그 점에 초점을 맞추고자 한다. 청천과 그의 문인에 대한 연구는 18세기 초–중반 영남 지역 한문학 연구에서 비중 있는 주제가 될 전망이다. 그의 문인인 李晦根(1728~1809, 자는 顯甫)의 『守白堂遺稿』가 계명대도서관에 필사본으로 소장되어 있고 해제가 이루어진 바, 많은 시를 남긴 유수한 시인이었다. 본고가 이번 기획학술대회 주제에 포함된 것은 『守白堂遺稿』 해제가 그 기초가 되었다.

2.

비교적 가까운 시대이므로, 청천에 대한 기초 자료는 여러 가지가 남아 있다. 우선 족보를 보자.

『寧海申氏世譜』[3]에 따르면 신유한의 증조부 申龜年은 敬吾, 省吾, 守吾의 3남과 1녀를 두었다. 둘째인 省吾는 泰始, 泰來 형제와 2녀를 두었는데, 청천은 泰來의 2남 1녀 가운데 장남으로, 그 백부인 泰始에게 출계하였다.

족보에서 주목되는 점은 두 가지다. 하나는, 신유한의 생모인 김해 김씨에 대한 기록이다. 婦德이 있었고 경전과 역사서에 널리 통달하여 재주와 행실이 비할 바가 없이 뛰어났다는 것, 그래서 어린 청천은 그 어머니에게 배웠다는 점은 『청천집』 부록의 年譜에도 있는 말이지만, 그 묘소가 高靈 鍮泉 板門峴이라는 사실은 족보에서 확인되는 것이다. 청천이 문과에 급제한 이듬해, 34세 되던 해의 봄에 高靈 量田里로 이사한 것은, 확인을 요하지만, 아마도 그 외가곳으로 옮겨간 일이었을 가능성이 있다. 신유한의 조부인 省吾에 대한 족보의 기록에는 "밀양에 살았다"는 말이 특별히 기록되어 있다. 그 이전 여러 대에 걸쳐 거주하던 고향인 盈德에서 밀양으로 옮긴 사실이 중요했기 때문

3) 1824년간 목활자본, 계명대 동산도서관 소장. 권3, 제69장에 신유한이 기재되어 있음.

이다. 그의 두 아들인 청천의 생부나 양부의 묘소는 모두 밀양에 있다. 청천은 28세와 29세에 연이어 그 생부와 생모의 상을 당하는데, 생모의 묘소를 멀리 고령에 두게 된 사정을 지금 분명하게 알 수는 없지만, 나중에 청천이 고령으로 이사하는데 중요한 계기가 된 것은 분명하다. 어머니 산소가 있는 곳으로 옮긴 것이다.

다른 하나는, 청천 집안의 성격이다. 생부인 泰來는 文行이 있다, 곧 文識이 있고 몸가짐이 바르다는 평을 들었다고 한다. 조부 省吾는 "진사 장원"을 했고 문장으로 이름이 있었다고 한다. 증조부 龜年은 효행으로 천거되어 禮賓寺 僉正이 되고 府使에 제수되었지만 나가지 않았다고 한다. 족보가 아닌 다른 기록에서는 남원부사를 역임하였다고 하는 곳도 있다. 그는 첫 부인인 월성김씨에게는 所生이 없고, 3남 1녀는 모두 둘째 부인인 熊川宋氏에게서 났다. 요는 父祖가 모두 관직에 나가지는 못하였으나 고장에서 일정 정도의 영향력을 가진 집안이었던 것으로 보인다.

청천은 서얼이다.[4] 그러나 맏이이므로, 그 자신의 代에서 서얼이 된 것은 아니었다. 어쨌든 서얼이었으므로 문과 급제자임에도 현감, 군수 이상의 관직으로 승진할 수 없었다. 필자가 참고한 『寧海申氏世譜』는 庶子인 경우 간간이 "庶子"라는 표기가 보인다. 그러나 청천의 경우 그 자신은 물론이고 직계 조상 어느 누구에게도 그런 표기가 없다. 왜 그럴까?

성대중의 말처럼, 청천은 영남의 한미한 가문 출신이다. 그런데 崔

---

4) 여러 곳에 기록이 있거니와, 『승정원일기』에서도 확인이 된다.

成大를 비롯하여 李宗城, 최창대, 尹淳, 그리고 김창흡과 李秉淵, 李萬敷, 南泰良 등 당대 최고 학자, 관료들과 당색을 초월해서 교유를 하고 있다.

역시 문장과 시에 뛰어난 것 이외에 달리 원인을 찾을 수 없을 것이다. 국내 최고 지식인들과 교유를 갖고 있는 터에 고향과 집안에서 그에 대한 평가가 인색할 수 없을 것이다. 다른 요인은 역시 청천의 문과 급제를 들 수 있겠다. 청천이 문과에 급제한 18세기 전반 50년간 그가 태어난 고장 밀양에서 문과에 급제한 사람은 3명뿐이었고, 문과 급제 직후 이주해간 고령은 2명에 불과하였다. 1700년대 전반 50년간 경상도 전체에서 문과 급제자는 200명 내외였다.[5)] 조선 사회에서 문과 급제가 갖는 의미를 고려하면, 청천을 무시할 수가 없었으리라는 짐작이 가능하다.

그러나 『청천집』에 청천의 친부모를 비롯해서 집안사람들에 대한 기록이 전혀 없는 점은, 역시 그의 처지에서 기인하는 것이리라. 序·記·跋·書·輓·祭文·묘지명이 다 실려 있지만 직계건 방계건 집안사람을 대상으로 한 작품은 없다.

3.

신유한은 타고난 교육자였다. 서울과 지방에서 책을 짊어지고 배우

---

5) 이원명, 「문과 급제자 거주지 분석」, 『백산학보』 70, 673~712쪽 및 「소수 姓貫 문과 급제자의 거주지 실태 연구」, 『인문논총』 11, 서울여자대학교, 269~298쪽 참고.

려고 찾아오는 사람이 서로 이었다거나, 그래서 성취한 자가 아주 많았다는 등의 증언이 여러 곳에서 자주 보인다. 청천의 교육자로서의 면모에 대한 한 가지 기록을 먼저 들어보자.

> 교육하고 이끌어주는 노력은 각각 배우는 사람의 재능에 맞추어서 돈독하게 하셨다. 외손자인 金壽增은 재주가 무딘데다 말을 더듬어서, 처음 배울 때는 책을 읽는 소리가 분명치 못했다. 그래서 길거리의 농삿일하는 아이들이 서서 듣고는 서로 흉을 보고 키득거렸는데, 반년이 되자 글 읽는 소리가 크고도 밝아 마치 하늘에서 학이 우는 것 같았다. 이전에 흉을 보고 키득거리던 농삿일하는 아이들이 그 소리를 듣고는 돌아갈 것을 잊어버리곤 했다. 선생이 사람의 기질을 변화시키는 것이 이와 같았다.[6)]

신유한의 제자인 鄭元始가 쓴 「言行實錄」의 한 구절이다. 『청천집』의 부록에는 청천의 「행장」, 「世家」, 「遺事」, 「言行實錄」, 「묘지명」이 차례로 실려 있다. 「행장」은 杜機 崔成大의 손자인 崔重純이, 「世家」는 杜機가, 「遺事」는 鄭昌兪가, 「묘지명」은 李瀰가 썼다. 이런 행장부터 묘지명까지, 더구나 「言行實錄」 같은 글이 갖추어 실리는 문집은 흔하지 않다. 청천의 신분적 처지를 고려하면 의외라는 생각조차 드는데, 그의 교육자로서의 성공을 보여주는 일이다. 위의 글들 가운데 정원시의 「言行實錄」이 청천의 문인들을 많이 언급하고 있다.

---

6) 敎育薰陶之力。各因其材而篤之。其獅孫金君壽增。才鈍口吃。始也受讀。聲音不分。街路上樵汲輩。佇立聽之。相與譏笑。及其半年。聲氣洪暢。如鶴鳴於雲霄。汲樵之前日譏笑輩。聽之而忘歸。其變化氣質。至於如此。

문하에서 배우는 자는 각각 그 재능에 따라서 책을 정하여 가르치셨다. 西漢의 글을 초록해서 『鑿龍門』이라 이름을 붙여 任師古에게 주셨고,[7] 또 漢儒의 章奏를 초록해서 『汾陰古鼎』이라 이름하여 許汝楫에게 주셨고,[8] 『南華經』과 典謨 등을 초록해서 『寶筏』이라 이름하여 李伯深에게 주셨고, 『楚詞』를 초록해서 金思則에게 주셨고[9] 『史記英選』에는 『西京一佛』이라고 제목을 써서 孫仲深에게 주셨고[10] 韓柳의 글에는 『鵝山桂石』이라 제목을 써서 張漢師에게 주셨고[11] 八大家는 朴聖光에게 주셨고 『춘추좌전』은 鄭幼觀과 孫壽聲에게 주셨고 『三家狐白』은 崔天翼에게 주셨고 庸學은 崔岱와 金敬中에게 주셨고 『易學圖說』은 姜柱華와 元華伯에게 주셨고 『맹자』는 나, 鄭元始에게 주셨다. 재능에 따라 학업을 성취시킨 것을 이루다 기록할 수 없다.[12]

열거된 제자는 15인이고 책은 13종이다. 제자는 任師古, 許汝楫, 李伯深, 金思則, 孫仲深, 張漢師, 朴聖光, 鄭幼觀, 孫壽聲, 崔天翼, 崔岱, 金敬中, 姜柱華, 元華伯, 鄭元始인데, 張漢師, 孫壽聲, 崔天翼, 崔岱, 姜柱華, 鄭元始의 6인은 이름인 듯하고 나머지 9인은 字로 기록되었다. 任師古는 任璞, 許汝楫는 許濟, 李伯深은 李思游, 孫仲深은 孫壽玄, 朴

7) 문집 권6, 「書鑿龍門卷末」에 그 내용이 기록되어 있음.

8) 문집 권6, 「書許生濟西漢文抄」에 그 내용이 기록되어 있음.

9) 문집 권6, 「題楚詞卷末」에 그 내용이 기록되어 있음.

10) 문집 권6, 「書孫仲深壽玄史記抄」에 그 내용이 기록되어 있음.

11) 문집 권6, 「書鵝山桂石卷」에 그 내용이 기록되어 있음.

12) 受業於門下者。各隨其才。以書授讀。抄西漢文。命以鑿龍門。與任師古。又抄漢儒章奏。命以汾陰古鼎。與許汝楫。抄南華經與典謨諸書。命以寶筏。與李伯深。抄楚詞。與金思則。以史記英選署曰西京一佛。授孫仲深。以韓柳文署曰鵝山桂石。授張漢師。以八大家。授朴聖光。以春秋左史。授鄭幼觀與孫壽聲。以三家狐白。授崔天翼。以庸學。授崔岱與金敬中。以易學圖說。授姜柱華, 元華伯。以鄒傳。授元始。其因材成業。不可殫述。

聖光은 朴履坤, 鄭幼觀은 鄭瀾, 元華伯은 元景夏이고, 金思則, 金敬中 2인은 미상이다. 그 가운데 張漢師는 청천의 생질이다.

『사기』의 항우본기와 張良・陳平, 吳王濞, 李將軍傳의 4편을 초록한 『鑿龍門』, 漢儒의 章奏인 『汾陰古鼎』, 『장자』와 『서경』 초록인 『寶筏』, 『楚詞』, 『史記英選』의 초록인 『西京一佛』, 韓柳 글 초록인 『鵝山桂石』, 八大家, 『춘추좌전』, 구양수와 소동파 등의 작품집인 『三家狐白』, 『중용』과 『대학』, 『易學圖說』, 『맹자』 13종의 책인데, 초록 이전의 원저로 따지면 20종이 넘는다. 이상의 책을 분류해보면 『사기』 등의 西漢文, 『초사』와 『장자』, 『서경』과 『좌전』, 『논어』를 제외한 四書와 『역학도설』의 4개 부분으로 나눌 수 있겠다. 이것은 청천의 독서와 창작 및 학문의 범위이기도 한데, 그는 이 책들을 15인의 제자들에게 각기 재능에 따라 전문적으로 가르쳤다는 것이다.

"책을 정하여 가르쳤다[以書授讀]"라는 말은 분명치 않은데, 해당 책의 내용을 손수 베껴 써서 교재로 삼았다는 말이다. 청천이 쓴 어떤 책의 서문에서, "이 책은 내가 鄭大哉의 학업을 위해 楚와 漢의 離騷와 辭賦를 손수 베껴 써서 주는 것이다"라는 기록이 있다.[13] 大哉는 위 인용문의 필자인 鄭元始의 字이다. 이 글을 쓸 때 청천은 나이 71세의 고령이었다. "이 책 속의 글자 하나하나 구절 하나하나는 모두 자네가 어떻게 사용하느냐에 달려 있다. 힘쓰고 또 힘써라. 자네 나이 열일곱인데 나를 따라 배운지 2년이고, 나는 일흔 하고 하나다." 십대 중반의 정원시는 일흔이 넘은 스승이 손수 쓴 책으로 배운 것이다.

---

13) 문집 속집 권2, 「汾陰古鼎後序」: "此冊, 余爲鄭大哉勉業, 而手書楚漢騷辭以給者."

정원시(1735~)는 정조 때의 이조판서를 역임한 鄭民始(1745~1800)의 형이다. 그는 1771년 문과하였는데, 실록에서 1782년에 함경감사로 재임 중임을 확인할 수 있다. 무엇보다 그 2년 전인 1780년 연암 박지원의 연행 때 副使였는데, 연암의 조부 박필균과 정원시의 조부 鄭光謙은 科擧 공부를 함께 하고 그 사실을 책에 기록해두기까지 한 사이였다. 그들은 관직에 진출한 뒤에도 우의를 이어갔는데, 연암은 8~9세 때 본 그 조부와 정원시 조부의 우의를 기억하고 『열하일기』에 남기고 있다.[14)]

앞에서 보인대로 정원시의 부친인 鄭昌兪는 청천의 「遺事」를 썼는데, "나 같은 못난 사람으로도 외람되이 알아주는 은혜를 입었다"고 한 것으로 보아, 역시 청천의 제자였을 것으로 보인다. 정창유는 그의 아우와 아들에게 청천의 문하에서 수학하도록 명하였다고 한다. 「遺事」에서 정창유는 문장 이외에 신유한의 孝友, 絶義, 識見, 學問의 네 가지를 높이 들고, 그 교육자로서의 면모에 대해서,

> 여러 차례 지방 고을을 맡아 고을 官衙에 많은 선비들을 불렀다. 만년에 고향 집으로 돌아가서 英才를 교육하였는데, 서울과 지방의 박식하

---

14) 朝鮮國進賀兼謝恩使。前往熱河行在淸單。正使錦城尉朴明源，副使吏曹判書 權啣鄭元始，書狀官兼掌令趙鼎鎭，大通官洪命福，趙達東，尹甲宗。從官周命新 正使裨將。鄭昌後，李瑞龜 副使裨將。趙時學。書狀裨將。從人六十四名。已上共七十四人。馬五十五疋。(열하일기, 행재잡록)
副使繼又來訪。鄭元始 爲叙萬里同苦之誼。金子仁 文淳 爲道兄此行。而我境冗擾。未及相訪。余曰。定交於他國。可謂異域親舊。副使書狀。皆大笑曰。未知誰爲異域也。副使長余二歲。余祖父與副使祖父嘗同牕治功令。有同硏錄。余祖父爲京兆堂上時。副使祖父以京兆郎投刺。各道舊日同硏事。余時八九歲。在傍知有舊誼 (열하일기, 도강록)

고 고상한 학자가 매우 많았지만, 元華伯・李仲浩 같은 분들이 모두 그의 문하에 나아갔으니, 바른 학문을 지킨 정성과 학문을 장려한 공로가 심상한 문단의 선생과는 같은 자리에 놓고 말할 수가 없다.[15)]

라고 말하고 있다. 여기 元華伯은 앞에 보였듯이 元景夏이고, 李仲浩는 李瀰다. 元景夏(1698~1761)는 1736년 문과해서 이조판서를 역임하였다. 元仁孫, 義孫은 그의 아들이다. 호가 蒼霞이고, 문집인 『蒼霞集』이 여러 도서관에 소장되어 있다. 그는 신유한을 왕에게 천거하기도 하였다.[16)] 李瀰(1725~)는 문과해서 이조참판 등을 역임하였고, 경상감사로 있으면서 『청천집』을 간행하였다. 청천의 묘지명도 그가 써서 문집 부록에 실려 있다. 호가 含光軒이고, 『含光軒集』이 남아 있다. 元景夏나 李瀰는 18세기의 유수한 관료 문인인데, 정원시와 함께 이처럼 유수한 서울 쪽의 인물들이 청천의 제자라는 점, 그들이 존경의 마음을 공개적으로 표명하고 있다는 점은 매우 이례적이다.

---

15) 문집 속집 권11, 「遺事」 : 且夫累典郡邑。招多士於縣齋。晚歸鄕廬。育英才於緇帷。京鄕博雅之成德者甚多。而如元華伯，李仲浩諸公。皆出門下。則衛道之誠。奬學之功。不可與尋常文垣之帥。同年而語也。

16) 『실록』 영조 19년 계해(1743) 윤 4월10일조: 연천 현감 신유한에게 『태상지』를 찬성토록 하다
"임금이 대신(大臣)과 비국 당상(備局堂上)을 인견(引見)하였다. 봉상시(奉常寺) 제조(提調) 원경하(元景夏)가 연천 현감(漣川縣監) 신유한(申維翰)을 불러 『태상지(太常誌)』를 찬성(撰成)토록 할 것을 청하니, 임금이 그대로 따랐다. 이에 앞서 신유한이 태상시의 판관(判官)으로 있을 때 도제조 김창집(金昌集)이 '본시(本寺)는 제향(祭享)을 맡은 중요한 곳인데도 무릇 향의(享儀)에 관계된 것에 소루함이 많다.' 고 하여 신유한으로 하여금 『태상지』를 찬차(撰次)하게 하였으나, 미처 완성하지 못하고 있었으므로 원경하가 이런 청을 했던 것이니, 신유한은 영남(嶺南) 사람으로 문명(文名)이 있었다."

李瀰가 쓴 청천의 묘지명도 청천 문인들에 대한 정보를 풍부하게 담고 있다.[17] 李瀰는 우선 학식, 문예, 科宦, 교유, 문인, 조행, 절의, 孝友, 덕행의 9개 항목으로 청천을 설명한다. 그 가운데서 청천의 교유는 昆侖 崔昌大, 三淵 金昌協, 白下 尹淳, 槎川 李秉淵, 杜機 崔成大, 그리고 官人으로서 南泰良, 任珽, 李世澤, 金夏九, 趙明鼎을 들고 있다. 李瀰 자신부터 당세의 명인이었거니와, 이름이 거론된 이들 대부분이 시대를 넘어 이름이 남아 있는 걸출한 인재들이다. 그리고 청천의 문인으로는 참판 鄭元始, 滄海 鄭瀾,[18] 芝村 朴履坤,[19] 進士 李晦根의 4

17) 公天資豪俊。氣質淸粹。學識則以羲易魯論，爲志道之元符。文藝則必以古人自期。不喜菽粟語。詞賦記行樂府近軆序跋。皆超出俗臼。而尤長於楚騷。詩句之入於娼優樂肆者多。以至蠻人之粧以金銀。華夏之編以文選。皆名流之所目擊而傳者也。科宦則乙酉司馬。癸巳龍頭。內而正字，博士，著作，校檢，僉正，判事。外而縣則茂長，漣川，延日，扶安。郡則平海。所到皆有聲績。交遊則昆侖崔公昌大，三淵金公昌協，白下尹公淳，槎川李公秉淵，杜機崔公成大，南參判泰良，任參判珽，李大憲世澤，金棨菴夏九，趙翰林明鼎。皆以道義講劘也。其敎誨成就則如鄭參判元始，鄭滄海瀾，朴芝村履坤，李進士晦根。多一代名流。
其廉操則貧無甔石。而未嘗以官物累己。連見沉屈。而一未及權貴之門。以至環堵蕭然。瓢飮累空。處之無幾微色。節義則赴使日本。斥島主私禮。却彼國例幣。以死自誓。始立後來不易之節。在戊申逆變。領平，蔚兩鎭。誓以赴難殉國之志。而賊不敢踰嶺。孝友則遭親喪於逆旅之中。而營邑護送。章甫畢至。延母壽於旣絶之際。而海臚施效。神人感夢。有弟同居。至老聯被。詔子言行。揭示屛銘。德行則居家而敦孝悌之道。在官而懋廉平之政。待人以恭。接下以恩。養士縣館。勉學子趍向之方。歸老林泉。築琴書藏修之所。容貌奇古。氣宇軒昂。談笑論文。風采動人。人莫不敬畏而欽仰之。是其公之大略也。
嗚呼。公以文章德行。策名淸時。才不稱職。其於苟圖榮利者。何如也。可惜也已。不佞與公有三世之舊。且童年受學於公。知公者深。及余忝按嶺臬。公之墓木已拱。平日景仰之餘。安得無存沒之感。公之胤友夢騏以遺集行狀見屬。余不敢孤其請。旣已刊其文。因又志其墓。銘曰。(중략) 崇禎三庚寅仲冬南至日。嘉善大夫吏曹參判德水李瀰謹撰。『青泉先生續集』 권11, 부록.

18) 백두산과 한라산을 등정한 산악인이었다. 정약용, 『여유당전서』 第一集 詩文集 권13, 「送震澤申公光河游白頭山序 己酉」: (전략) 近歲有滄海居士鄭瀾者。自言觀白頭山而來。然其說多與前人所記述不合。識者疑其未嘗觀白頭山也。震澤申公詩名冠一

인이 거명되어 있다. 이들 가운데, 현재로서는 뒤의 두 사람만 문집이 전한다. 즉, 박이곤의 『지촌유고』(2권 1책, 노상직 서문)가 부산대 도서관에, 이회근의 문집은 계명대 도서관에 전한다. 李瀰가 든 4인은 제자 가운데서 대표적인 이들일 것이다. 朴履坤은 청천의 행장을 썼고, 『청천집』에 실려 있다. 이회근과 30년 이상의 지기인 蠹窩 崔興璧은 고령 출신이거나 특별히 관계 있는 문장가로 제일 먼저 최치원을 꼽고 이어서, "그 뒤 오백년만에 한림 李仁老가 있었고 또 이백년만에 挹翠軒이 있었으며 또 삼백년만에 청천 신유한이 있었다"고 하여, 최치원을 이은 3인 가운데 1인으로 꼽고 있기도 하다.[20]

이상에서 언급된 사람은 19인으로, 명단은 任璞, 許濟, 李思游, 孫壽玄, 朴履坤, 鄭瀾, 張漢師, 孫壽聲, 崔天翼, 崔岱, 金思則, 金敬中, 姜柱華, 元景夏, 鄭元始, 李瀰, 鄭昌兪, 朴履坤, 李晦根이다. 그 가운데서 任璞, 元景夏, 鄭元始, 李瀰의 4인이 문과하여 고위직에 진출하였고 鄭昌兪 역시 음관으로 관직에 나갔다. 모두 서울 사람이다. 崔天翼이나 李晦根 같은 사람은 영남 사람이지만 역시 진사시에 급제하였다.

관직 진출은 스스로 포기하였지만 崔天翼은 저명하다. 青泉이 延日 현감이 되었을 때 崔天翼은 그를 찾아가서 자기의 작품을 바치고 제

世。顧於山有癖。國內名山若妙香怾怛五臺俗離之倫。蓋莫不窮其頂。唯白頭之未至也。今年其從子司諫公出爲鏡城判官。公踊躍以喜曰。吾事成矣。遂飄然奮袂而去。於其行。不可無贈。贈以言如此. 이 밖에 이용휴, 「題鄭逸士遊白山錄後」, 「送鄭逸士入海遊漢挐山」, 「題鄭逸士山行圖」가 있고, 신경준, 「與鄭滄海 瀾 入白頭山」, 채제공, 「題鄭滄海瀾所持畫帖」이 있다.

19) 李種杞. 『晩求集』에 朴履坤의 행장이 있음.

20) 『두와집』 권9, 「書挹翠軒詩抄卷首」.

자가 되기를 요청했다. 성대중은, 崔天翼의 묘지명에서, 그의 학문을 시험해본 신유한이 깜짝 놀라서, "자네는 나의 畏友다. 내가 어찌 스승이 될 수 있겠느냐"고 하고, 임기를 마치고 돌아갈 때 자신의 책을 崔에게 보냈다는 일을 전하고 있다.[21)]

대대로 興海 고을의 아전이었던 최천익은 탁월한 문학적 재능으로 당시 이름을 떨쳤지만 진사 급제 이후 "내 분수에 이만하면 족하다"고 하고, 이후 30년간을 집에서 남을 가르치는 일로 평생을 보냈다. 元重擧 같은 사람에게 인정을 받고 '영남 좌도의 偉人'이라고 추천되기도 했지만 그것으로 그만이었다. 알아주는 이가 없었던 것이다. 죽은 뒤에 성대중이 흥해군수로 있으면서 그의 묘지명을 쓴 것이 전부였다.

徐命膺 역시 신유한의 제자에 대한 기록을 남기고 있다. 서명응(1716~1787)의 아우는 둘인데, 영의정을 역임한 徐命善과 스물에 요절한 徐命誠(1731~1750)이다. 그 서명성의 젊을 때 친구인 온양 鄭昌朝(1733~1764) 역시 32세에 죽었는데, 서명응은 그의 묘갈명을 썼다. 정창조는 서명응의 제자이기도 하였다. 정창조는 9세에 당시 일류시인인 槎川 李秉淵에게 칭찬을 들었고 11세에 崔弘簡에게 古文辭를 배웠으며 서명응에게 經術, 곧 경전을 배웠다. 서명응의 충고를 듣고는 "남쪽으로 영남의 高靈으로 달려가서 신유한을 만나" 文辭를 익혀서 결국 나이 스물 하나에 생원시, 스물 셋에 문과에 합격했다고

21) 성대중, 『青城集』 권9, 進士崔君墓誌銘 : 申青泉維翰爲延日倅。君贄文而謁。請爲弟子。維翰叩其所學。驚曰君吾畏友也。我焉能師之哉。及歸。以其書籍付之。

한다.[22] 앞의 19인에 1인을 더하게 된 셈이다. 문과한 사람 역시 하나가 더해졌다.

이상에서 서술한 이들의 대부분이 포함되지만, 『청천집』의 부록에 輓詞 또는 제문이 실린 문인들이 있다. 모두 보이면 다음과 같다.

『青泉先生續集』卷之十二
挽 64인

苞山郭萬翰	縣監坡平尹光迪
舂生密城孫師錫*	星山李基東
門列牟陽吳仲垕*	靈川朴致一
後學牟陽吳命夔*	安陵李相楫
門列苞山郭日柱*	苞山郭瑊
門列南平文宅周*	盆城金憲章
門列一善金壽箕*	靈川朴涵
門列牟陽吳聖錫*	靈川朴泓
門人密城孫壽玄*	善山金善鳴

22) 『保晩齋集』11,「翊衛司副率鄭君墓碣」:“余有弟自明。有友子正。二人者。齒相比也。志相同也。襟懷皎潔相似也。方年十七九。從余講性理書。精思奧義相發難。塤篪和而宮商宣也。其或分離則又以書質之。時余窮且下。得二人者與之遊甚樂。不自知其窮且下。未幾自明沒。余誌其墓。今子正又沒。余又銘其墓。嗟乎。子正之銘余者而余反銘子正哉。子正名昌朝。溫陽人。鄭氏世貴顯。獨七世祖。隱淪放浪。自文章性理。以至天文地理醫藥卜筮。皆通曉。時稱異人。號爲北窗先生。不得年而卒。父司憲府大司憲光忠。娶進士尹敬宗女。以崇禎再癸丑(1733)八月十四日生子正。子正穎悟夙就。生三歲。尹夫人卒。五歲。與隣兒巖名者遊。子正忽口占曰。巖有母余獨無。人之無母者聞之莫不酸鼻。九歲。獻詩于槎川李秉淵。大爲所稱賞。十一歲。從長史崔弘簡。學爲古文辭。其從余遊。欲盡棄詩文。一從事于經術。余以爲經術文章非有二也。自漢始分。古未嘗然。於是子正又南走嶺之高靈。見申維翰。益治其文辭。長一格。歸出入庠序。聲譽藉甚。年二十一。中生員。二十三。以太學色掌。魁人日製。將拆名。考官詘而居第二。上召入見子正甚悅之。勉以正士習。”

門列進士東萊鄭震瑞*
西源鄭東羽
楊州趙最彬
門人靈川朴命燾*
眷生星山李敏悳*
善山金萬甲
完山崔壽海
襄陽權應三
金華李世根
門人南平文必龍*
門人完山李龍垕*
門列光州李師勛*
列門原州元景夏*
瑞山鄭垕仁
夏山曺淳
牟陽吳聖再
牟陽吳厚權
一善金壽岳
(門人)一善金世礪*
一善金孝一
靈川朴暹
靈川朴恬
花山權(貝+完)

門列陽川許濟*
正言坡平尹東星
郡守西河任瑢
溫城鄭昌兪
獻納西河任瑋
執義西河任珣
卲城李海朝
苞山郭珽
門人夏山曺昌玄*
門人溫城鄭元始*
後學星山李基崇
門人韓山李翼祿*
門人晉陽鄭錫龍*
門人星山李圭我*
門人順天朴天垕*
碧珍李宜翰
門人東萊鄭瀾*
縣監宜寧南泰普
後學丹山禹禎鳳
靈川朴惇
眷生烏川鄭履寅*
冥菴李柱大
門人密城孫壽聲*

『靑泉先生續集』 卷之十二
誄 2인

靈川朴東直

門人襄陽權應七*

『靑泉先生續集』卷之十二
祭文 14인

承旨崔成大	門人靈川朴命齋
門人鄭元始	門人星山李埴*
承旨崔成大	門人順天朴天垕
門人鄭元始	門人月城李思游*
門人鄭瀾	門人晉陽鄭錫龍
門人金世礪	門人南平文必龍
門人金世鍵*	縣監星山呂遇周
眷生星山李敏悳	門人襄陽權應七

문인 또는 門列이라고 표기된 사람이 30명 가량이다. 그러나 사마방목, 문과방목, 한국고전번역원, 한국고전적종합목록, 한국역사정보통합시스템에서 여기 기록된 청천의 문인들을 검색해본 결과, 다음 두 사람의 생원 급제 사실만 확인할 수 있었다.

門列進士東萊鄭震瑞(1674~) : 1715년 생원. 선산 거주.
眷生烏川鄭履寅(1732~) : 1753년 생원. 金山 거주.

결국 다른 경로로 찾아봐야 하는데, 그것은 시간과 노력이 필요한 작업이다. 이 시기 영남 지역의 문집을 섭렵하면 이들 가운데서 일정 정도 그 움직임을 포착할 수 있을 것이다. 이 부분은 아직 '검색'으로 해결할 수가 없다.

현재로서는 신유한 제자들의 문학적 성향은 문집을 남긴 李瀰(『함광헌고』)와 元景夏(『蒼霞集』), 그리고 崔天翼(『농수각고』), 朴履坤

(『지촌유고』), 李晦根(『수백당유고』)에서 확인할 수밖에 없다.

4.

위의 인물들 가운데서 李晦根(1728-1809)의 경우를 간략하게 소개해두기로 한다. 자는 顯甫, 호는 守白堂, 본관은 경주로, 益齋 李齊賢의 후손이고, 碧梧 李時發의 6대손이다. 벽오의 후손들은 서울에서 世居했지만 이회근의 조부인 聖一이 경북 高靈郡 良田里(지금 開津面 直洞)로 옮겼다. 고령은 聖一의 외가였다.

이회근은 瓶窩 李衡祥과 동서간이다. 은진 宋之奎의 네 사위 가운데 병와가 첫째, 이회근이 막내 사위다. 宋之奎는 선조 때 인물인 宋麒壽의 현손이다.[23]

6대손 春熙가 쓴 「家狀」에 따르면 이회근은 10세 이전에 사서삼경을 독파했는데 특히 『주역』에 통달했다고 한다. 그는 大山 李象靖과 青泉 申維翰의 문인이라고 한다. 그러나 『수백당유고』에 실린 시를 보면 이회근은 尹鳳五(1688~1769. 자 季章, 호 石門)와 특히 긴밀한 교분을 갖고 있었던 바, 그의 문인으로 볼 수도 있을 듯하다. 청천 신유한의 경우는 이회근 뿐 아니라 그 부친도 그의 문인이었다. 이회근이 쓴 신유한의 행장을 보면, 그가 당시 서울의 지식인들에 풍부한 정보를 갖고 있었음을 알 수 있다.

이회근은 27세에 진사하고, 英祖를 직접 만나기도 한다. 영조는 그

---

23) 『瓶窩先生文集』 권16, 「通德郎宋公墓誌銘 并序」.

가 지은 시를 외어보라고 하고는 들으면서 書案을 치며 칭찬한 뒤, "나중에 반드시 大科가 되겠다" 했다고 한다. 그는 끝내 문과를 하지는 못했지만, 饒足한 家産을 지키면서 名士들과 두루 교유하였다. 아울러 집안의 文翰의 전통을 지키면서, 서당(眉山書齋)을 열어 향리에서 제자들을 배출하며 여든 둘의 긴 생애를 보냈다.

계명대 도서관 소장 필사본 『수백당유고』 제3권 한 책은 시집이다. 전체 문집의 처음이나 끝이 아닌 중간 부분이므로, 서문이나 발문은 없다. 책에 所藏印 등의 표지나 필사 경과를 알 수 있는 다른 기록도 없다. 모두 69장인 이 낙질 필사본에는 344題 402수의 시가 실려 있는데, 대체로 창작 연대순이다. 1793년부터 작고한 해인 1809년까지의 시편들이다. 60대 중반 이후부터 여든이 넘어서까지, 이회근의 만년 16년간 창작된 시들이다. 따로 전하는 문집에는 청천의 행장(「통훈대부 平海군수 靑泉 申公 행장」)이 들어 있다.

청천의 문학적 성과물이 시보다는 문에 중심이 있는데 반해 이회근의 경우는 시가 중심이다. 만년에 지은 시가 주로 남아 있지만, 그는 痼癖이라거나 詩癖이라는 말을 자주 사용한다. 시에 대한 고질에 가까운 집착을 갖고, 남의 시가 아니라 나의 시를 창작하고자 한 시인이었다. 소재의 측면에서 그는 우리 역사에 관심을 가졌는데, 특별히 자신이 살던 고령의 대가야 관계 유적을 시로 남기고 있다. 세시와 민속을 소재로 한 작품이나, 大科를 못한 자신의 처지를 시로 승화한 작품도 눈에 띤다.

참고문헌

青泉集 5종, 계명대학교 동산도서관.

6권 6책, 목판본, 2질(서로 다른 시기에 간행된 책임) / 5책, 목판본 零本/ 2책, 목판본 零本/ 2책, 필사본.

海槎東遊錄, 1책, 필사본. 계명대학교 동산도서관

海游錄, 1책, 필사본, 계명대학교 동산도서관. 서로 다른 이본 2종이 소장되어 있음.

청천선생속집, 12권 5책, 1891, 고활자본. / 청천선생속집, 3책, 앞 책의 零本. 계명대학교 동산도서관.

청천속집, 1책, 필사본. 계명대학교 동산도서관.

青泉集抄, 필사본, 1책(18장 및 58장). 장서각. 두 종류가 있음.

海游錄, 제2-3책, 필사본(草稿本), 2책(缺). 日本見聞錄, 附: 聞見雜錄. 전남대도서관. 2G3-해67ㅅ-v.2-v.3

日本雜記, 필사본, 순조13(1813)필사, 1책(61장). 성균관대 존경각

青泉雜言, 필사본, 1책. 고려대학교 도서관. 만송D1-A1336A

青泉海遊聞見錄, 필사본, 1책(32장). 表題 : 青泉日本記. 단국대학교 도서관.

青胴脩集. 共5 /木活字本, 庚寅, 4책, 주기사항 鄭來錫. 국학진흥원. 2질.

파총, 필사본, 1책. 고려대학교 도서관. 만송D5-A94

海叢, 필사본(香娘傳), 규장각. 4200-7.　　12, 13이 서로 다른 책인지 미상.

備禦考 전10책 가운데 제10책에 해유록이 들어 있음. 李重協 편, 필사본, 규장각.

祭鳳巖崔公守慶文, 필사본. 성암고서박물관

奮忠紓難錄, (四溟堂大師集) 1-3 / 申維翰 編, 규장각, 장서각, 국립중앙도서관 등

韓客筆語 一各自筆, 成夢良 · 申維翰 · 伊藤梅宇(日本)等 共著, 1719 寫, 일본 天理大 도서관

海游錄, 寫本, 2권 3책, 書根題 : 海(天 · 地 · 人), 소장처 분류기호 291.08-221, 소장처 일본 天理大 도서관

海游錄, 靑柳綱太郎 編, 신연활자본, 朝鮮硏究會, 大正4(1915), 176장. (朝鮮硏究會古書珍書刊行 ; 第2期, 第13輯). 日譯文인데 原文은 後面에 붙였음. 敍: 靑柳南冥. 국립중앙도서관

通文館志 全, 海遊錄 全, 申靑川維翰著, 韓國珍書刊行會(韓國珍書刊行會東京支部, 1907. 5), 1冊, 渡瀨常吉, 京都大學 도서관

海游錄. 1922. 7. 細井肇 抄譯(鮮滿叢書; 第1卷), 국회도서관, 東京大學 도서관

海游錄. 1926. 8. 細井肇 抄譯, 版情報 再版, 自由討究社, 1冊, 朝鮮硏究叢書 第8卷. 京都大學 도서관

海游錄. 1974. 5. 朝鮮通信使の日本紀行, 姜在彦(1926~) 譯注, 平凡社 , 京都大學 도서관

(中等敎育)朝鮮語及漢文讀本, 朝鮮總督府 編, 1933. '富士山遠望' 이라는 제목으로 신유한의 글이 실려 있음.

海遊錄 · 申維翰 著, 1976, 張相燮 譯, 正音社.

江戸時代の朝鮮通信使, 李進熙(1929~), 講談社, 1987. 4, 동경대학 도서관

姜在彦, 2002,『朝鮮通信使がみた日本』. 明石書店.

신유한, 김찬순 옮김, 2006,『해유록 : 조선 선비 일본을 만나다』. 보리.

신유한, 강혜선 옮김, 2008,『(조선 선비의) 일본견문록 : 해유록 : 대마도에서 도쿄까지』, 이마고.

鄭錫儒의 生涯와 詩世界

남춘우 (경북대학교)

鄭錫儒의 生涯와 詩世界

남춘우 (경북대학교)

1. 머리말

조선후기 한문학에 대한 연구가 비교적 활발하게 이루어져 일반사대부들에 대한 연구에서 벗어나 실학파의 문학은 물론이요, 신분상으로도 중인 계층에 까지 미치고 있는 상황은 매우 고무적 현상이라 하겠다. 그러나 아직 조선후기 봉건질서 해체기라는 시대에 활동한 여러 작가들에 대한 발굴은 미진한 감이 없지 않다. 이번 학술대회는 조선후기 한문학 작가를 발굴하여 한문학의 범위를 보다 확대해 보려는 의도에서 기획된 것으로 생각된다. 특히 지역적 범위를 지방으로 넓히되 18세기와 대구 인근지역을 중심으로 인물과 문학을 대상으로 하고 있다. 이러한 의도에 부합할 수 있는 인물 중의 한 사람이 바로 鄭錫儒(1689~1756)이다.

鄭錫儒는 동래정씨의 후손으로, 평생 문장을 자기의 중요한 책임으로 삼았고, 집안이 가난하고 부모님이 연로하였기 때문에 입신양명을 위하여 관계에 진출하려 노력하였으나 良才察訪에 머물고 말았던 인물이다. 그러나 조선에서 일본에 통신사를 보낼 때 서장관 겸 제술관으로 뽑힐 정도로 문장에 뛰어난 재능을 가지기도 하였으며, 당대의 저명한 인사들과 교유하면서 문학적 재능을 인정받기도 하였다. 특히 姜樸(1690~1742)이 죽을 때 <燕都賦>를 지어라고 부탁할 정도로 정석유의 문학적 재능을 높이 평가하고 있었다.

이러한 인물에 대하여 이때까지 연구가 이루어 지지 않고 있는 형편이다. 다만 계명대학교 동산도서관 선본고서 해제 사업에서 『洛下集』[1]을 필자가 해제 한 것이 전부였다. 이렇게 연구가 이루어 지지 못했던 것은 정석유가 남긴 저술이 알려지지 않았고, 남아 있던 것도 얼마 되지 않기 때문이었다. 『洛下集』을 해제할 때만 하더라도 『杏隱遺稿』, 『杏隱公年譜』, 『杏隱公日記錄』[2]이 발굴 되지 않아 정석유의 면모를 올바로 파악할 수 없었으며, 오류를 범하기도 하였다.[3] 이번에 한국학 연구원의 학술대회(18세기 영남한문학의 전개)에서 정석유에 대하여 발표하게 된 것도 『洛下集』을 해제하였던 이유이기도 하겠지만 한편으로는 오류를 수정하는 기회를 부여해 준 것이기도 하여 다행스럽고 고마운 마음이 드는 것도 사실이다.

본고에서는 정석유라는 인물이 처음 소개되는 점을 고려하여 년보를 통하여 생애를 알아보고, 저술과 교유인물, 시세계에 대하여 살펴

---

1) 『洛下集』: 계명대학교 동산도서관 소장.

2) 『杏隱遺稿』, 『杏隱公年譜』, 『杏隱公日記錄』: 한국학중앙연구원장서각소장.

3) 필자는 계명대학교 동산도서관 해제 작업에서 정석유의 『洛下集』 해제에서, 정석유의 출신지를 동래로 추정하였다. 『杏隱遺稿』 및 『杏隱公年譜』, 『杏隱公日記錄』의 존재를 몰랐던 상태에서 오류를 범한 것이다. 이번 원고를 통하여 바로잡는다.

보려한다. 이러한 작업은 18세기 영남의 인물 발굴과 한문학을 풍부하게 할 것이며, 나아가 조선후기 한문학의 전체상에 일정한 가치가 있을 것으로 보인다.

2. 생애 및 저술과 교유인물

1) 생애

鄭錫儒의 자는 仲珍, 호는 杏隱, 본관은 東萊이다. 曾祖父는 彦友(武科,僉正)요, 祖父는 昌業이며, 아버지는 진사를 지낸 弘鎰인데, 能文奇士로 알려졌다.[4] 英祖 13년(1737)에 別試에서 丙科에 3등으로 합격하였다. 정석유의 생애에 대해 알 수 있는 자료는 『杏隱公年譜』가 유일하다. 다소 번거롭지만 연보를 전재하기로 한다.

년도/나이	내 용	비 고
1689/1세	星州 延鳳里 舊第에서 태어남	숙종16년
1692/4세	처음 품에서 벗어나 외부에게 나아갔다. 愛親에 돈독하여 맛있는 음식을 얻으면 자신의 입을 잊고 부모님께 드림	
1693/5세	氣稟이 범상치 않아 비록 장난하여 놀 때에도 장엄하니, 여러 아이들이 범할 수 없었으며, 고을의 어른들이 모두 奇愛하여 손님같이 대하였다.	

4) 成涉, 『僑窩散錄』: 夢齋公與鄭進士弘鎰及其子察訪錫儒相好 鄭進士亦能文奇士也

1694/6세	進士公이 그 재주를 시험하려고 책상의 책을 한 권 주었는데, 한 번 듣고는 익숙히 읽은 듯하니, 진사공이 깊이 기뻐하고는 다시 묻지 않았다.	
1698/10세	학교에 들어가지 못하였으나 記誦하는 것은 익히 공부한 것과 다름이 없었으며, 才氣가 超邁하였다.	
1701/13세	비로소 經傳子史를 배우기 시작하였는데, 곡창방통함.	
1704/16세	이후로 사마시에 10번 응시하여 6번 大庭에 들었다.	
1706/18세	上庠 申維翰(1681～1752)과 왕복한 長書 수편이 있다.	문집이 없어 확인 불가
1710/22세	이 해에 진사공이 태학에 있었는데, 공이 아버지를 찾아뵈러 갔다. 처음 入洛할 때 宣傳公 또한 직차가 있었다. 이 해 가을 식과초시가 있어 시험을 보았는데, 시지 두 장이 모두 나왔으나 공의 이름은 방에 들지 못하였다. 이후로 명성이 서울에 알려 졌다. 당시 남구만의 아들 南克寬이 문장으로 자부하고, 과거를 폐하고 두문불출하고 있었는데, 이 사실을 듣고 시지를 구하여 보고는 “이 시권은 마치 어린아이가 만첩의 산중에서 자라 세상을 알지 못하고 다만 책만 읽을 줄 아는 것 같다. 문체가 비록 崎崛하지만 방의 끝에는 붙을 만하다.(此卷 如嬰兒生長萬疊山中 不知人世 但知讀書 文體雖崎堀 取於榜末似好)”고 평가 하였다.	정석유의 문체에 대한 남극관의 평가
1711/23세	상국 李濼의 문하에서 객살이 하고 있었는데, 당시 가뭄이 들어 임금께서 친히 기우제를 지내게 되었다. 竹川 金鎭圭가 문형을 맡고 있어 제문을 짓게 되었는데, 이집에게 제문을 청하였다. 이집은 공에게 짓게 하였는데, 공이 지어 올리자 이집은 모모 구절을 넣는 것이 좋겠다고 하며 첨가하여 올렸다. 죽천이 제문을 보고는 매우 잘 지었다 하면서 단지 몇 구절이 없었으면 더 좋았을 것이라 하였는데, 그것이 바로 상국 이집이 첨가하였던 것이었다. 공의 문장이 고인의 경지에	

	깊이 들어간 것이 이미 묘령의 나이였다.	
1717/29세	高敞 吳始基의 따님에게 장가들다	
1718/30세	두 아우와 한 집에 살아 식구가 20여 명이었다. 집안이 비록 자주 궁핍하였으나 오직 독서와 효우로 즐거움을 삼았다.	
1722/34세	花山 東試에 나아가 '射者射己之鵠賦' 로 일등을 차지하였고, 訥翁(李光庭;1674~1756)이 제 2등 이었다. 上試官 姜樸이 공의 부를 책자에 傳寫하여 돌아와 아들과 조카에게 여러 번 읽게 하였다.	
1724/36세	집안이 가난하고 어버이가 연로하였기에 입신양명하여 부모를 드러내는 것을 마음으로 삼았다.	영조 1년
1728/40세	오로지 孝友로 근본을 삼고, 문장을 자기의 책임으로 삼아 부모님을 모시는 이외에는 아우들과 함께 침상을 같이하며 아침부터 밤까지 잠시도 책을 놓지 않았다.	
1731/43세	長子 止男 출생. 이 해에 흉년이 들어 봄부터 菽水의 공양도 잇기 어려워, 조석으로 드린 것은 오직 흰 죽 한 그릇 뿐이고, 여러 자손들에게는 나누어 줄 것이 없었다. 이 때 시를 짓기를, "흰 죽을 아침에 드렸는데 벌써 해거름, 여러 자손들 나누어 주는 건 아내의 마음에 맡겼네. 자식을 청산에 묻는 것은 어렵지 않건만, 남들이 금 때문이라 욕할까 두렵네 [白粥供朝已午陰 諸孫分與任慈心 不難埋子靑山下 還恐人言欲得金]"이라 함.	
1732/44세	흉년 때문에 집과 토지를 여동생에게 맡기고 합천으로 이사함. 6~7년 동안 노력하여 무난하게[瀡隨] 부모님을 봉양함. 돌아오게 되자 여동생이 그 전택을 돌려주었는데, 공이 "이것은 모두 부모님의 재산이니 내 어찌 혼자 살 계획을 하겠는가?"하며 사양하고 받지 않았다.	
1734/46세	합천에 있을 때, 여러 벗들과 伊淵書院에서 夏課를	

	하였다. 이연서원은 김굉필과 정여창을 모시는 곳이였다. 여러 사람들은 모두 講舍에서 옷을 풀고 마음대로 행동하였으나 공은 홀로 종일토록 옷깃을 바르게 하고 단정히 앉아 조금도 게을리 하지 않았다. 그 까닭을 묻자 공이 서원은 선비들이 현인을 숭배하는 곳이니 어찌 방자하고 경솔할 수 있겠는가? 하니, 여러 사람들이 모두 복종하였다.	
1735/47세	海村 相公(柳儼;1692~?)이 진사공에게 5언 절구를 보냈는데, 다음과 같다. "誰卞靑藍色 中峰木假山 未有南來得 遊君父子間" 진사공을 老泉(蘇洵)에 견주었고, 공의 형제를 東坡의 경지에 견주었다. 그러므로 해촌공과 함께한 연구시축 백여 편이 있다. 이 해에 <同爨傳鮮明死節錄>(모두 문집가운데 있다.)을 지었다. 문장이 늙을수록 더욱 遒健하고, 筆路가 從意하니, 사람들이 구두도 쉽지 않았다. 그리고 충효의 기상은 필묵의 사이에 울연하였는데, 항상 말하기를, "성세를 만났지만 불행히도 일이 어긋났네. 만약 熊魚의 처지를 당한다면 취사를 알고 대사에 힘쓰는 것은 어렵지 않을 것이다."고 하였다.	
1736/48세	병진년별시에 殿策에서 3등을 차지하였는데, 서울의 사대부들이 "우리 조선 300년에 전책서법은 오직 공 한 사람뿐이다."고 하였다.	殿策書法의 제일
1737/49세	州牧 洪應夢의 從弟 應辰이 공을 맞이하여 함께 별시공부를 위하여 梅竹堂에서 공부하였다. 1월 17일 밤에 독서하다가 밤이 이미 깊어 홍 공은 잠에 들었다. 공이 일어나 측간에 갔다가 諸牧使의 귀신과 문답한 일이 있어 공이 그 일을 기록하고 인하여 특이한 것을 기록하여 편을 이름 하였다. ○ 附錄(諸沫장군의 전말)	약천집의 내용도 함께 기록하였음
1738/50세	次子 鳳男 출생. 諸牧使謌 七言古詩 1편을 지음	

1739/51세	7월에 어머니 신 씨의 상을 당함. 울부짖다 거의 죽을 지경이었다가 다시 살아남, 주야로 곡소리가 끊이지 않을 정도로 슬픔이 곡진 하였다. 장례의 예를 주문공가례를 한결같이 따라 서운함이 없기를 기약 하였으며, 성복전에는 물 한잔도 마시지 않았으며, 장례 전에는 보리 가루를 물에 타 마셨으며, 장례를 마치자 시묘살이를 하며 오일마다 한 번씩 진사공에게 문안을 살폈다. 아침저녁의 곡을 폐하지 않았는데, 사나운 호랑이가 마주 하고 있어도 마치 사람이 기른 것 같이 순하니 사람들이 효성에 감동하여 그런 것이라 하였다. 初祥 때 여묘를 거두고 집으로 돌아왔다. 이 해에 의 효행에 대하여 鄕中에서 道內營門에 알렸다.	
1740/52세	7월에 묘소에서 시묘살이를 거두고 집으로 돌아옴. 진사공의 뜻을 봉양함. 두 아우와 우애가 더욱 돈독함. ○ 諸牧使 褒異事에 대하여 尙書 元景夏에게 글을 올림. (상서의 내용이 실려 있음)	
1741/53세	5월 순상 鄭益河가 편지를 보내어 공을 맞이하여 記異를 보았다. 幕裨를 보내어 진해 땅에서 제목사의 묘를 찾아 친히 제문을 지어 제사를 지내고 봉분을 다시 쌓았다.○ 제문을 부록함. 이 해 8월에 공도 제문을 지어 제사를 지냄. 제문이 실려 있음.	
1742/54세	진사공의 나이가 77세였기에 살아계실 때 영화롭게 봉양하고자 서울에 올라와 성균관에서 지냈다. 그러나 공의 지기가 높아 세속과 부침하는 것을 부끄럽게 여겨 銓衡의 문에 찾아가지 않고 오직 公議를 기다렸다. 비록 매서운 추위나 더운 여름에도 저술을 그만두지 않았다. 梁山 權萬, 訥翁 李光庭, 令公 權以鎭, 使君 安鍊石, 持憲 李柱天, 上舍 吳熙昌, 參奉 李達中, 佐郎 李象靖, 正郎 金應濂, 奉事 李範中, 參奉 李萬容, 李世澤, 佐郎 高裕 등과 자리를 같이하여 수창하며	

	교유하였는데, 洛下吟 몇 권이 있다. 일찍이 白門外의 蕙圃 강 공을 방문하였다. 혜포공은 두문불출하고 있었는데, 공이 왔다는 것을 듣고 놀라 기뻐하며 공을 방으로 맞이하였다. 인사를 겨우 마치자마자 혜포공이 "내 불후의 사업을 경영한지 오래 되었으나 지금은 병이 들었다. 병중에 생각해보니 오직 부탁할 사람은 바로 그대요." 공이 "무슨 일입니까?" 혜포공이 "옛사람이 오촉위 삼도에 대하여 읊었으나 燕都만이 없으니, 그대가 연도부를 지어 삼도부에 잇는다면 이것이 진실로 불후의 사업일 것이니, 그대는 반드시 힘써 내가 평소 가졌던 뜻에 부응하시게!"라고 하였다. 공이 사양하고 그 말을 받들지 못하였다. 혜포공이 죽은 뒤에 공이 燕都賦를 지었다.(문집에 있다) 이 해 여름과 가을에 한 때의 명공들과 교유하였다. 海村公 參判 柳儼, 判書 鄭羽良, 參判 李日躋가 공을 불러 南別營水閣에 모여 운을 불러 연구를 지었다. 해촌공이 한 연구를 짓기를, "萬樹蟬聲秋信至"라고 하자 공이 즉시 "一天火色夏雲纛"라고 하였다. 纛 자는 자석의 모든 사람들이 어려운 운자로 여겼는데, 공은 생각하지도 않고 즉시 응하였지만 조금의 부착흔도 없자, 모두들 붓을 놓으며 칭찬하였다. 이것이 洛中에 전파되었으니, 공의 문장만이 天成일 뿐아니라, 또한 한 시대의 교유가 성대함을 볼 수 있다.	
1743/55세	진사공이 세상을 떠남. 묘 곁에 瓜를 심었는데, 오이가 많이 열렸다. 목동들이 훔치려 하였으나 호랑이가 울부짖어 딸 수가 없었다. 사람들이 호랑이가 효자의 오이(虎守瓜)를 지킨다고 함.	
1745/57세	상을 마침. 이 해에 공의 효행에 대하여 道儒들이 春曹營門에 장계를 올림(장계의 내용이 실려있음)	
1746/58세	부모님이 다 돌아가셔 다시 벼슬할 뜻이 없었다.	

	이 해에 임금께서 丙別重試를 마련하였는데, 공이 부득이 서울에 가 泮邸에 잠시 머물면서 날마다 이름난 사람들과 唱和하였다. 槎川 李秉淵은 문장으로 도성[轂下]에서 이름을 떨쳤는데, 공의 이름을 듣고 공의 私藁구하여 보고는 붉은 글씨로 책의 끝에 적었는데, 공의 문장이 過重하다고 인정하였다. 공의 글에 대한 평가가 실려있다.(원경하에게 올린 글에 대하여 韓文公의 波瀾을 깊이 얻었다고 함)	
1747/59세	"九州無大被 十月有練裙"의 구절로 일본통신사로 가는 제술관에 선발됨. 해촌공이 증별시를 줌(讀書一萬卷, 滿腹風雷喧, 喝駈東海立, 撼拔扶桑根). 병으로 체직됨. 태상주부로 집에 있음.	
1748/60세	金在魯의 권유로 造脯官이 되어 廉節로 일컬어짐.	
1749/61세	본직의 기한이 차 벼슬을 그만두고 집으로 돌아옴. 단표도 자주 비었으나 가난 때문에 뜻을 꺾지 않았으며, 만년에 心經을 좋아하여 밤새 읽음.	
1751/63세	6월에 다시 태상주부에 임명됨. 西征詩 5언 260운을 지음.(문집에 있음)	
1752/64세	李象靖에게 贈別序를 줌(문집에 있음). 이 해에 장남 止男이 홍진으로 죽었는데, 본집에서 공에게 부고를 하지 못하였다. 猶子 㝡男이 공을 모시고 泮邸에서 過歲함	
1753/65세	1월16일 豫川 金聖龜와 바둑을 두다 아들의 부고를 듣고 사실을 확인하기 전까지 태연자약함. 사실임을 알고는 슬피 울며, 벼슬을 버리고 내려옴. 哭止男詩. 4월에 良才察訪이 되어 8월에 畿伯 金尙翼이 差使員으로 인솔하여 임금을 배알 함. 임금이 인재가 침체됨을 탄식함.	
1754/66세	벼슬에 있으며 淸儉에 뜻을 둠, 사사로움이 없이 직분에 임하니, 각 郵에서 그의 청덕을 일컫고 비를 세워 칭송함.	

1755/67세	8월에 벼슬을 그만두고 고향으로 돌아옴. 벼슬살이 3년 동안 봉급이 박하였으나 아껴 사용하여 진사공의 祭田을 제외하고는 모두 친척들에게 나누어 줌.	
1756/68세	8월부터 병이 심해져 9월1일에 易簀함. 진사공 묘소 아래에 장사지냄. 아들 鳳男(履宜로 개명함)이 후사를 이음. 장녀는 김해 許烈에게 시집갔으나 일찍 과부가 되어 후사가 없음. 차녀는 일선 金時喆에게 시집가 2남2녀를 둠. 공의 효우와 문장은 모두 본주 정축년읍지와 병오년읍지에 실려 있음.	

위에서 살펴본 바와 같이 정석유 생애에 드러나는 특징적 국면을 요약하면 다음과 같다. 첫째 입신양명하여 부모님을 드러내는 것을 자신의 마음으로 삼았으나 당시 현실에 막혀 높은 벼슬에 오르지 못하고 찰방에 그쳤고, 둘째 문장을 자기의 임무로 삼았아 문장과 시에 뛰어나 당시의 문장가로 이름을 떨쳤으며, 셋째 정려를 하사 받지는 못하였으나 고을에서 효자로 이름이 났고, 넷째 벼슬은 높지 않았으나 당대의 명사들과 폭 넓게 교유하였다고 할 수 있겠다.

2) 著述과 교유인물

정석유가 남긴 저술로는 『洛下集』 1책과 『杏隱遺稿』 11권 · 13권, 『杏隱公年譜』 1책, 『杏隱公日記錄』 1책이 남아 있는데 모두 필사본이다.

『洛下集』은 不分卷 1책의 필사본으로, 시와 산문이 구분 되어 있지 않고 서로 섞여 편집 되었다. 각 작품에 간지가 없어 창작 년도를 추정 할 수 없고, 또한 편집의 기준을 알 수 없다. 그러나 『洛下集』에 실려 있는 시들이 『杏隱遺稿』에 실려 있는 것으로 보아 『杏隱遺稿』가 편집되기 이전에 필사된 것으로 보인다. 필체의 일관성을 보아서는 한 사람이 필사한 것으로 보이나, 저자가 직접 기록한 수고본인지는 미지수이다.

『洛下集』의 구성을 살펴보면 시가 117題 194首이고, 傳 1편, 書 8편, 序 3편, 記 3편, 祭文 1편, 祝文 2편, 啓 1편이다. 시 작품이 가장 많은 분량을 차지하고 있는데, 첫 번째 특징으로, 장편시가 많다는 점이다. 〈一百韻上趙修撰〉·〈詩三十韻〉·〈龍門歸僧〉 등 여러 편이 있다. 둘째로 많은 작품이 次韻詩 내지 酬酌詩이다. 세 번째로 작자의 본관인 蓬萊(지금의 동래)지역의 풍광에 대하여 읊은 시가 많다. 예컨대, 〈蓬萊雜詠七首〉·〈海雲臺二首〉·〈金井山城二首〉 등으로 부산지역에 대한 당시 상황을 알 수 있는 작품들이다. 네 번째로 꿈속에서의 일을 기록하고 지은 몇 편의 記夢詩가 보이는 것이 특징이다.

산문 작품으로는 다음과 같다.

〈金色猫傳〉·〈上趙修撰書〉·〈改菴記〉·〈白華齋序〉·〈晩悟齋序〉·〈五竹軒記〉·〈上趙巡相書〉·〈與金都事書〉·〈上金大司憲書〉·〈祭李進士(蒙呂)文代朴進士昌新氏作〉·〈高靈社稷壇祈雨祭祝文〉·〈萊州使君淸恩君韓侯(配夏)生祠堂祝文〉·〈上蓬萊府伯朴公丈啓〉·〈上萊州伯朴公丈書〉·〈上息山李處士丈〉·〈答李進士亨萬〉·〈升室記〉·〈上息山齋書〉·〈蓬萊酬唱錄序〉

『杏隱遺稿』는 11권·13권만 남은 낙질본으로, 11권은 七言四韻律

330수, 13권 七言律 252수의 칠언율시만 실려 있다. 작품에 대해서는 시세계에서 살펴보기로 한다.

『杏隱公年譜』 1책은 필사본으로 편집자와 정확한 편집시기를 알 수 없다. 이 년보를 통하여 정석유의 생애와 교유, 문학에 대한 평가들을 비교적 정확하게 알 수 있다. 특히 諸末 장군에 대한 기록이 상세한데, 귀신으로 나타난 諸牧使와 문답한 내용과 諸牧使謌七言古詩가 있고, 諸牧使褒異事를 右參贊 元景夏에게 올린 글, 巡相 鄭益河가 정석유를 만나보고 진해에서 諸牧使의 묘소를 찾아 제문을 지어 제사지낸 내용과 정석유가 직접지은 제문 등이 자세히 기록되어 있다.

『杏隱公日記錄』 1책은 중간에 파본이 있어 날짜를 정확하게 알 수 없다. 처음기록은 初7일(월은 기록이 없음,3월로 추정됨)부터 24일까지, 정확하게 추정할 수 있는 1742년 4월6일부터 9월16일까지의 기록으로, 3월부터 9월까지 모두 7개월간의 일기이다. 이 시기는 년보를 통해보면, 정석유의 나이 54세에 해당된다. 성균관에 머물며 지낼 때로, 교유가 가장 활발하던 시기이다. 즉 權萬, 李光庭, 權以鎭, 安鍊石, 李柱天, 吳漲昌, 李達中, 李象靖, 金應濂, 李範中, 李萬容, 李世澤, 高裕 등과 수창하고 교유하면서 『洛下吟』 몇 권을 남겼고, 趙顯命, 柳儼, 鄭羽良, 李日躋 등과 南別營水閣에 모여 聯句를 지었다.

일기의 중요한 내용을 대략 살펴보면, 첫 번째로 알 수 있는 것은 벼슬을 구하기 위하여 많이 노력하고 있다는 것이다. 팔순에 가까운 부모님을 봉양하기 위하여 벼슬을 백방으로 구하러 다닌 사실이 그대로 나타나있다. 정석유가 원하였던 것은 郵官을 얻어 어버이를 봉양할 수 있으면 만족할 수[5] 있었는데, 그것마저도 여의치 못하였던 것 같다. 두 번째로 정석유의 문학관을 살펴볼 수 있는 대목이 있다. 즉, 정석유의 문학은 秦漢이상의 고문에 바탕하고 있다는 것인데, 다음의 기록에서 알 수 있다.

(석유) 대답하기를, "일찍 書傳을 읽어 스스로 삽체를 이루었습니다만 이것을 좋아하여 힘쓴 것은 아닙니다." 이판이 "한유의 글과 팔대가의 문장을 읽었는가?" 대답하기를"소생은 秦漢이상의 글은 익숙히 읽었다고 할 수 있으나 진한이하의 글은 때때로 펼쳐 보았습니다. 시골에서 생장하여 조금도 사우의 유익함이 없었으니, 청컨대 문하에서 비결을 전수받으려 합니다." 이판이 "무슨 문장이 있어 그대를 가르칠 수 있겠는가?"[6)]

또 시는 두보의 영향을 가장 많이 받은 것으로 보이는데, 정석유가 평소에 항상 읽었던 책이 書傳·杜律·杜七律·杜五言長律 등에서 추론 할 수 있다.

세 번째로 교유인물이 많다는 것이다. 일기에 등장하는 인물들을 나열해보면 다음과 같다.

朴象三·李孝錫(別提)·申伯獻(進士)·白江界·李與(汝)五(典籍)·申維翰(僉正)·鄭翬良(注書)·閔翼洙(判書)·尹尙白(敎理)·鄭惟一(佐郎)·李玄輔(參議)·李哲輔(司諫)·洪曙(都事)·洪尙彬(兵曹參判)·李思觀(注書)·兪健基(承旨)·趙迪命(長湍)·鄭衡

5) 『杏隱公日記錄』 11일조. : 小生得一郵官以養老親足矣 此外非小生所求也

6) 『杏隱公日記錄』 14일조. : 對曰早讀書傳 自成澁體 不是好此而務爲? 吏判曰韓文及八大家讀之否 對曰小生於秦漢以上之文 可謂熟讀 而漢秦以下 時時披閱看得矣 生長鄉曲少無師友之益 請從門下 願受旨訣 吏判曰有何文章可敎子耶

器・禹弘迪(直講)・李之卿・申光著(翰周)・朴聲玉(佐郎)・姜鑽・河大衍(淵)(扶餘)・尹德來(注書)・朴奎壽(先達)・權紼(先達)・鄭一夏(進士)・朴台應・朴台甲・尹志泰(正郎)・李得輔(進士)・李福源(進士)・李明憲・李有龍・趙啓伯・李尙貞(正字)・趙宗溥・兪彦國(說書)・權萬元(直講)・鄭復凞・李挺泰・曺廷錫・洪範源(進士)・柳台躋(進士)・權以巽・陳夏範・愼廷杰(進士)・李挺泰・金鳴遠・金奎錫・李世泰・安廷輔(博士)・嚴景蝦(承旨)・宋瓆(判事)・丁志復・任珽(承旨)・尹光毅(敎理)・崔成大(掌令)・柳漢發・李宗秀・趙翊臣(監役)・尹陽來(判書)・呂光賓(進士)・南至(典籍)・趙顯命(判書)・柳儼(參判)・鄭羽良(判書)・李日躋(參判)・柳相益(報恩)・李允執(主夫)・姜再恒(監役)・韓宗濟(典籍)・金遂元(生員)・韓正旭(先達)・鄭東潤(正字)・李周鎭(大司成)・申珍島・鄭彦奕(參判)・黃基重

이들 중에 조현명, 정우량, 류엄 등에게는 벼슬을 구하려는 방문을 자주하며, 이여오, 정유일, 권만원 등과는 시를 창수하며 평소 절친하게 지낸 것으로 보인다.

이 외『洛下集』과『杏隱遺稿』에 보이는 인물들을 소개 하도록 한다.
曹漢佐・趙祺錫・趙文命・趙巡相・黃翼再・崔應徵・休侃上人・李覺仲・兪君美・李潤甫・趙錫命・趙道壽・趙並鑣・趙駿命・柳弼垣・李萬敷・楓溪老師[7]・金鍰・鄭忠彦・朴長潤・申士昂・柳綏・

7) 명찰(明詧) : 1640(인조 18)~1708(숙종 34). 조선 후기의 고승(高僧). 성은 박씨, 호는 풍계(楓溪), 자는 취월(醉月). 서울출신. 아버지는 원진(圓振)이며, 어머니는 김씨이다. 어려서부터 남달리 영리하여 마을사람들이 기동(奇童)이라고 불렀으며, 12세

洪尙賓 · 卞宗秀 · 李振叔 · 權亨叔 · 曺克甫(龍躍堂) · 李夢良 · 趙鳴震 · 李星躋 · 許銘 · 申思愼 · 凌雲師 · 洪應夢(城主) · 洪九行(監役) · 洪受一(上舍) · 權一甫(正郎) · 金瀚 · 白學錄 · 鄭湜 · 高裕 · 李彛卿 · 魚史弼(主簿) · 申嶷(上士) · 全永壽 · 宋志淵 · 李存中(大諫) · 都舜兪(進士) · 李成中(巡相) · 李宗齡(參奉) · 黃鱗采(上舍) · 李和順 · 趙鳳命(城主) · 權鎭萬 · 李惟天 · 柳升鉉(判決事) · 朴成玉(持憲) · 李礪臣(都事) · 洪尙朝 · 李演 · 李雨臣(參判) · 朴昌朝(佐郎) · 李秉淵 등이다.

넷째 몇 조목의 야담이 있는데, 잘 알려지지 않은 것들도 다수 있다. 내용을 살펴보면 다음과 같다.

淸平山의 산수에 대한 기록, 仙菴의 鵠卵에 대한 일화, 淸平山의 楛木(화살만드는 나무)에 대한 기록, 진나라 때 滄海君에 관한 일화, 成宗이 李進士 댁의 노비와 密愛한 일화, 成宗이 어떤 교리 집의 여종을 免賤해준 일화, 仁祖가 공주로 播越할 때 綾川君 具仁垕의 일화, 參判 李宗城의 억울한 일에 대한 일화, 崔岦의 재능에 대한 야담, 金遇化가 상민으로 양반이 된 것에 대한 일화, 金遇化의 아버지가 음덕을 쌓아 집안이 융성해 진 것에 대한 일화, 崔簡易와 鵝溪의 시화, 성종 때 李長壽에 대한 이야기, 기생 一枝紅에 대한 일화 등이다.

때 춘천 청평사 양신암(養神庵)으로 출가하여 의천(義天)의 제자가 되었다. 시문으로도 크게 이름을 떨쳤으며, 저서로는 문집인《楓溪集》3권이 있다.

3. 시세계

정석유는 일찍부터 문학에 재주를 보였던 것 같다. "공의 문장이 고인의 경지에 깊이 들어 간 것이 이미 묘령의 나이였다."[8]고 하였으며, 22세 때 정식으로 과거공부를 하지 않고 응시하였는데, 마침 과거에서 떨어지고 말았다. 이때의 사실을 년보에서 다음과 같이 기록하고 있다.

南克寬이 문장으로 자부하면서, 과거를 폐하고 두문불출하고 있었는데, 이 사실을 듣고 시지를 보고는 "이 시권은 마치 어린아이가 만첩의 산중에서 자라 세상을 알지 못하고 다만 책만 읽을 줄 아는 것 같다. 문체가 비록 崎崛하지만 방의 끝에는 붙을 만하다."[9]라는 평가를 받았으며, 또 "花山 東試에 나아가 '射者射己之鵠賦'로 일 등를 차지하였고, 訥翁(이광정)이 제 2등 이었다. 上試官 姜樸이 공의 부를 책자에 傳寫하여 돌아와 아들과 조카에게 여러 번 읽게 하였다." (년보34세조)는 기록으로 보아 이광정보다 나은 성적이었고, 상시관 강박이 傳寫해 갈 정도의 역량을 드러내었다.

또한 정석유의 문학적 능력은 당시의 사람들에게 부러움의 대상이 되기도 하였다.

> 芹洞에 갔다가 鄭注書를 보았는데, 곧장 말하기를 "지난번에 보내 준 長律은 매우 고마웠으며, 문장이 기이하고 씩씩하니 실로 근래의 작자

---

8) 년보 23세조 : 公之文章 深造乎古人閫域 已在妙齡矣

9) 년보 22세조 : 此卷如嬰兒生長萬疊山中 不知人世 但知讀書 文體雖崎堀 取於榜末似好

들과 견줄 것이 아니었네. 무슨 책을 읽어 이와 같은가? 우리 형님께서 그대에게 경도되어 목이 마른 사람 같네. 객중에 저술한 것이 卷軸을 이루었을 것이니 형님께서 장관을 보기 원하시네....(5월26일조)

참의가 말하기를 "지난번에 동생을 통하여 그대의 盛稿를 보았는데, 일찍이 무슨 책을 읽었기에 문장의 풍부하고 넉넉함이 이와 같은가?" 내가 "젊어서 스승의 가르침도 없었으니 진실로 누추하여 그대가 보아 주시는 것을 감당할 수 없습니다."고 하였다.(6월12일조)

정석유의 시가 '기이하고 씩씩하다.[奇壯]', '풍부하고 넉넉하다.[富贍]' 하니 무슨 책을 공부하여 이렇게 되었는지에 대하여 궁금해 하고 있다.

정석유는 문장에 있어서는 秦漢이전의 고문에 바탕을 두었는데, 특히 『서경』을 중요시 하였으며, 시는 두보의 율시, 장률을 기본으로 삼았다. 즉 일기에 (석유) 대답하기를, "일찍 서전을 읽어 스스로 삽체를 이루었습니다만 이것을 좋아하여 힘쓴 것은 아닙니다." 이판이 "한유의 글과 팔대가의 문장을 읽었는가?" 대답하기를"소생은 진한이상의 글은 익숙히 읽었다고 할 수 있으나 진한이하의 글은 때때로 펼쳐 보았습니다.…"고 한 기록이나, 자신이 평소 읽었던 내용이 書傳,杜律,杜七律,杜五言長律 등 이었다.

정석유의 저술 가운데 『洛下集』에 남아 있는 편지와 몇 편의 산문을 제외하고는 대부분이 시작품이다. 『洛下集』의 시는 모두 194首,『杏隱遺稿』에는 11권 七言四韻律 330수, 13권 七言律 252수의 칠언율시만 실려 있다. 『洛下集』에 실려 있는 칠언율시는 『杏隱遺稿』에도 대부분 실려 있지만, 『杏隱遺稿』가 완질로 보존 되었다면 시의 편수가 상당하리라 예상된다. 지금 남아 있는 『杏隱遺稿』 11권, 13권이 칠언율시만 편집된 것이 대략 582수 인 것을 보면 오칠언 절구, 오언율시, 장편시 등의 편수를 상상할 수 있겠다.

시에 대한 특징을 개괄해 보면 다음과 같다. 우선 형식적 측면으로, 두보의 장률을 많이 읽은 영향으로 보이는 장편시가 많다는 것이다. 이 특징은 『洛下集』에서만 살필 수 있고, 칠언율시만 남은 『杏隱遺稿』에서 살필 수 없다는 것이 안타깝다. 다음으로 한 제목아래 여러 수를 지은 連作詩가 많은 것이다. 또한 폭넓은 교유 관계의 소산이라 할 수 있는 次韻詩, 贈與詩 내지 酬酌詩가 많은 분량을 차지하고 있다는 것이다. 내용적 측면에서는 피폐한 농촌 현실과 위정자에 대한 비판, 학자 · 지식인으로서의 본분, 부모형제에 대한 애틋한 마음, 객살이에서 생긴 고향에 대한 향수, 자신의 내면수양, 기행 과정에서 읊은 영물시 등 다양하게 나누어 볼 수 있다. 본고에서는 사회비판시, 교유시, 영물시를 고찰하고 분류하기 모호한 것은 기타(객수, 안분, 설리)로 포괄하여 살펴보기로 한다.

1) 사회비판시

조선왕조의 통치철학이 지나친 명분론과 권위주의에 의하여 국민과의 정감의 교류가 차단 · 경색되고 지배층의 당론이 한번 분열되자 다시 융합의 계기를 찾지 못한 채 고질화되어 왕조후기로 접어들면서 그 폐해가 말할 수 없는 지경에 이르렀다.[10] 특히 정석유가 살았던 17~8세기는 봉건사회의 내적 모순이 심화되어 말기적 현상들이 서서히 나타나기 시작하던 時期였다. 즉 정치적으로는 黨爭이 가장 치열했었고, 경제적으로도 국가와 백성들 모두 어려웠다고 할 수 있다. 이러한 현실에서 정석유는 한 지식인으로써 여러 사회상을 묵과할 수만은 없었을 것이다.

여기서는 도적, 질병 등으로 인한 사회의 어지러움이나 위정자들의 부패나 실정에 대하여 시로 고발한 내용을 살펴보겠다.

요즘 도적들이 가장 많다고 하는데	近聞盜賊最充斥
길 아래서 사람을 겁박하여 길 위엔 사람이 없네	道下劫人道上歇
날이 저물면 작은 마을로 내려와 텅 비게 하고	日暮下空十家村
해가 뜨면 깊은 산속으로 흩어져 숨어드네	天明散入深山谷
살기는 음산하게 끊어진 길에 밀려들고	殺氣陰陰吹路斷
관동과 영서가 막히지 않은 듯하네	關東嶺西如不隔
한 말 쌀이 일 전이라 문이 밤에도 열리니	斗米一錢門夜開
오히려 당나라 현종 때 옥촉이 조화로웠던[11] 것을 생각하네	尙憶唐宗調玉燭[12]

도적떼들이 들끓어 길 위엔 다니는 사람조차 없고, 밤에는 마을까지 내려와 약탈해가며,

이러한 상황은 관동이나 영남 할 것 없이 같은 형국이다. 작자는 어지러웠던 당나라 현종 때는 그래도 태평한 시절이 있었던 것이 그립

---

10) 이우성, 『息山全書』 序, 여강출판사, 1993.

11) 옥촉(玉燭)을 조화시킴 : 사시(四時)의 기후가 잘 조화되도록 하는 것을 이른 말로, 전하여 태평성대를 이루는 것을 의미한다.

12) 『杏隱遺稿』 권11, <近聞>. 1쪽.

다고 한다. 다음은 전염병으로 인한 피폐한 현실과 부모님에 대한 걱정이 나타나 있는 내용이다.

올해 창질이 청양에서 시작되어	今年瘡疾自靑陽
옛날 번화하던 곳이 모두 저승이 되었네	舊日繁華掃帝鄕
늙은이와 아들 병들어 큰 무덤 이루었고	病叟病男成大塚
귀신같은 아내와 아버지 빈 집을 지키네	鬼妻鬼父守空堂
인재가 전쟁보다 심한 즈음에	人灾有甚兵戈際
하늘이 죽여서 모두 겁화[13]의 세계로 보내네	天殺都輸劫火光
어느 집이 마시고 웃으며 단오를 보내나	飮噱誰家作端午
어버이 그리는 먼 나그네 애간장만 태우네	思親遠客只煎腸[14]

창질이 퍼져 번화하던 고을이 저승으로 변해 버렸고, 노약자는 이미 다 죽고 남은 사람도 귀신과 다를 바 없다. 이 때까지 人災를 당한 것도 전쟁보다 심했는데 하늘마저 인간을 파멸로 몰고 가려는 참혹한 현실이다. 마침 이 때가 단오날이라 멀리서 부모님 걱정이 앞서지 않을 수 없는 작자의 마음이 애처롭기까지 하다. 이 시는 같은 운자로 지은 네 수의 연작시 중 첫째 시인데, 나머지 모두 전염병으로 온 나라가 피폐해진 참상을 적나라하게 묘사하고 있다.

다음은 지식인과 위정자의 위선과 부패상에 대한 비판이다.

13) 겁화(劫火) : 인간(人間) 세계(世界)를 태워 재로 만들어 버리는 큰 불. 세계(世界)가 파멸(破滅)될 때 일어난다 함.

14) 『杏隱遺稿』 권13, <瘡疾歎復次前韻>. 53쪽.

㉠

팔월 안개 낀 여울에 여뀌 꽃이 붉은데	八月烟灘紅蓼花
여뀌 꽃 가의 백로 모래톱에 졸고 있네	花邊白鷺睡圓沙
속마음의 기욕은 물고기에게 아직 있지만	中心嗜慾魚猶在
외면의 청고함은 학도 따라가지 못하네	外面淸高鶴不加
다만 사람에 의해 놀라 한가로이 기슭에 모였는데	祗被人驚閑集岸
응당 사람이 가고나면 급히 물가를 엿보리라	應須客去急窺涯
알겠노니 저가 어찌 기심을 잊고 서있으리	知渠豈是忘機立
움츠린 소리 슬프고 두 다리는 비스듬하네	局促聲悲兩脚斜[15]

㉡

새해 봄을 맞았건만 양식 떨어진 것이 걱정인데	新歲逢春患絶糧
돈을 지고가도 오히려 양식을 구할 수 없네	負錢猶是未輸將
말할 책임 맡아도 보고할 계책 없고	任受責言無計報
식욕을 없애기 어려운 것은 몸이 있기 때문이네	難除食慾有身妨
누구 집이 숙수로도 기쁘게 지낼 것이며	誰家菽水承歡樂
몇 곳이나 동이 나는 산이 있어 부강함을 누릴까?	幾處銅山擅富康
지팡이 짚고 문을 나서 때로 멀리 쳐다보니	倚杖出門時極目
기슭의 매화는 눈 속에서도 절로 향기를 뿜네	岸梅和雪自生香[16]

㉠은 고려 때 이규보의 蓼花白鷺라는 시와 제목과 내용이 거의 같다. 다만 시형식이 칠언율시로 바뀐 것뿐이다. 이규보가 지은 제목과 내용을 그대로 차용한 작자의 의도가 무엇인가? 아마 시대가 달라졌으나 작자 당시 지식인이나 위정자의 모습은 고려 무신정권 때와 다

15) 『杏隱遺稿』 권11, <蓼花白鷺>, 51쪽

16) 『杏隱遺稿』 권13, <歎吟>, 39쪽

르지 않다는 의도가 깔려있는 듯하다. ㉡은 수련과 함련에서 양식이 없어 걱정인데다 물가가 올라 돈을 지고 가더라도 양식을 구할 수 없는 상황에 관리는 보고할 생각도 없고 제 배불리기 급급하다. 경련은 절묘한 반어로 이루어졌다. 즉 어떤 집은 콩이나 물로도 배를 채우지 못하는데 몇 몇의 권력자는 광석을 캐듯이 부귀를 누리고 있다는 반어이다. 미련에서 작자는 현실에서 한발 물러나와 있다. 멀리 쳐다보는 가운데 우연히 눈 속에 덮혀 있는 매화향기를 맡은 것이다. 매화향기가 앞의 현실을 다 덮어버리고도 남는다.

다음은 더욱 위정자의 부패로 인한 농가의 처참한 상황이 극명하게 묘사되어 있다.

젊은 아낙 아이 업고 자갈밭 매는데	少婦負兒耕岩田
등에 업힌 아이 이제 겨우 깨물 줄 아네	兒在背上齒纔齕
지난 해 병첩에 묶여 들어	往年括入兵牒中
신포를 납부하려 고운 비단 짜야하네	身布官納織纖絨
호미질 하며 곡식 심어도 산에는 땅이 척박한데	揮鉏播粟山少肉
추수해도 능히 재촉하는 박골을 면할지	秋成能免催剝骨
아이는 살고 어미 죽으면 아이는 어찌할꼬	兒生母死兒奈何
원컨대, 아이와 어미 같은 날 죽기를	惟願兒母同日歿[17]

두 세살 된 어린 아이 업고 자갈 밭 매는 젊은 아낙, 남편은 아마도 군역에 징용되었나 보다. 어린 아이까지 신포를 내어야하니 고운 베도 짜야하고, 척박한 돌산에서 나는 곡식으로 재촉하는 세금 다 낼 수

17) 『杏隱遺稿』 권13, <耕田少婦歎>, 52쪽

있을지 암담하다. 미련은 가혹한 현실을 벗어나지 못한다면 아이와 같이 죽겠다는 처참한 절규에 가깝다. 작자도 어버이를 봉양하기 힘들 정도로 가난하여 자식을 땅에 묻으려 했을 정도였다.[18)]

이 외에도 정석유는 <病鶴>·<病鶻>·<病驥>·<病檜>·<病竹>·<陽智道中記所見>·<禽言> 등 여러 편의 사회비판시들이 보인다.

2) 교유시

저술과 교유인물에서 살펴 본 바와 같이 정석유는 당대의 고관대작에서부터 승려에 이르기까지 폭 넓은 교유를 하여, 당대의 문장가로 명성을 떨쳤다. 이런 교유의 소산인 교유시는 정석유의 작품 가운데 가장 많은 분량을 차지하고 있다. 교유시는 贈與詩, 餞別詩, 和次韻詩, 聯句 등으로 나타난다. 다음의 단편적 기록에서 정석유가 교유한 실상을 엿 볼 수 있다.

> ○ 해촌공(류엄)과 함께한 연구시축 백여편이 있다.(년보 1735/47세조)
> ○ 權萬, 李光庭, 權以鎭, 安鍊石, 李柱天, 吳㴢昌, 李達中 ,李象靖, 金

---

18) 이 해에 흉년이 들어 봄부터 菽水의 공양도 잇기 어려워, 조석으로 드린 것은 오직 흰죽 한 그릇 뿐이고, 여러 자손들에게는 나누어 줄 것이 없었다. 이 때 시를 짓기를, "흰 죽을 아침에 드렸는데 벌써 해거름, 여러 자손들 나누어 주는 건 아내의 마음에 맡겼네. 자식을 청산에 묻는 것은 어렵지 않건만, 남들이 금 때문이라 욕할까 두렵네[白粥供朝已午陰 諸孫分與任慈心 不難埋子靑山下 還恐人言欲得金]"이라 함.(년보 1731년 43세조)

應濂, 李範中, 李萬容, 李世澤, 高裕 등과 자리를 같이하여 수창하며 교유하였는데, 洛下吟 몇 권이 있다.(년보 1742/54세조)

○ 이 해 여름과 가을에 한 때의 명공들과 교유하였다. 海村公, 柳儼, 鄭羽良, 李日躋가 공을 불러 南別營水閣에 모여 운을 불러 연구를 지었다. 해촌공이 한 연구를 짓기를, "萬樹蟬聲秋信至"라고 하자 공이 즉시 "一天火色夏雲鏖"라고 하였다. 鏖 자는 자석의 모든 사람들이 어려운 운자로 여겼는데, 공은 생각하지도 않고 즉시 응하였지만 조금의 부착흔도 없자, 모두들 붓을 놓으며 칭찬하였다.(년보 1742/54세, 일기 6월10일조에 상세함)

○ 공이 부득이 서울에 가 泮邸에 잠시 머물면서 날마다 이름난 사람들과 唱和하였다. 槎川 李秉淵은 문장으로 도성[轂下]에서 이름을 떨쳤는데, 공의 이름을 듣고 공의 私藁를 구하여 보고는 붉은 글씨로 책의 끝에 적었는데, 공의 문장이 過重하다고 평가하였다.(년보 1746/58세)

○ "九州無大被 十月有練裙"의 구절로 일본통신사로 가는 제술관에 선발됨. 해촌공이 증별시를 줌.(년보 1747/59세)

○ 李象靖에게 贈別序를 줌(년보 1752/64세)

○ 任珽, 尹光毅, 崔成大, 申維翰이 滄溟의 운을 차운한 시를 보았다. 이들은 모두 당세의 문인들인데, 작품은 당시사람들과 크게 다르지 않았으며, 調格도 논할 것이 없었다. 이에 명실상부하기란 예로부터 어려운 것인 줄 알겠다. 나도 화답하여 아울러 기록한다(행은공일록, 5월7일조)

○ 오후에 筆洞으로 향하여 兪承旨 父子를 보았는데, 승지공이 지난번에 보냈던 長律을 꺼내어 서너 차례 읽고 크게 추천하고 장려하며 "신유한의 위에 나온 것이 몇 층인데 아직도 문장의 능력을 인정받지 못하여 곤궁함이 이런 지경이니 어찌 애석하지 않은가?" 說書가 "출신한 지 오래지 않아 이와 같습니다. 그러나 끝내 聲譽의 무거움이 어찌 다만 신유한에 그치겠습니까?"라고 하였다.(해은공일록, 5월22일조)

교유시들은 대부분 특수한 행사, 일상적 교류에서 이루어지는 순수한 교유가 목적이 며 내용 또한 그 일에 걸맞은 일상적이고 상투적인 것이 많다. 그 밖에 자신의 문학적 역량을 자랑하고 인정받아 명예나 벼슬을 구하는 방편이 되기도 하였다. 이런 대표적인 시가 趙文命에게 올린 <一百韻上趙修撰>란 작품이다. 그 밖의 작품을 살펴보면, <與潤甫諸君約甘露寺>, <桃渚柳丈茅齋二首>, <鄭判官(忠彦)贈之一律次韻答之>, <次積翠軒詩韻旣題二首>, <兪城主壽辰探韻得星字>, <奉餞趙巡相歸京>, <敬次金都事酬家大人韻奉呈>, <次柳判決事養慵窩韻> 등 이루 헤아릴 수 없이 많다.

南別營水閣에서 창수한 시 한 편을 살펴보자.

덕망 있는 사람 시를 지으며 자부함이 높고　　舊德新詩自與高
명성은 모두 업중의 무리들일세　　聲名共是鄴中曺
맑은 밤에 이같이 추천으로 올라왔고　　淸霄若許吹噓上
겹겹의 보루는 오히려 갑마가 무찌르네　　重壘猶能甲馬鏖
영각의 공훈은 화상을 쳐다보고　　㺯閣功勳瞻畫像
붕정의 조소는 취호에 이르네　　鵬程嘲笑到吹毫
술통 앞에 솔 그림자 불어 보내니　　樽前一送風松影
갓이 떨어져도 의기는 호방하네　　墮落冠巾意氣豪

이 시는 남별영수각에서 이판 조현명, 참판 류엄, 승지 이일제, 참의 정우량 등과 시회에서 연구를 지을 때의 작품이다. 행은유고에는 창수한 연구 작품과 모인 사람들이 지은 시들이 함께 수록되어 있다. 이때의 전말이 일기에 자세히 기록 되어 있는데 다음과 같다.

…상략 이판(조현명)께서 "오늘 시회가 있으니 그대도 가세."하며 옷을 입었다. 내가 "지난달 모임에서 저 같은 白衣가 끼어서 불편하지 않았습니까?"하자 이판께서 "잔말 말고 나와 함께 가세."라고 하며 그대로 일어나 평교를 탔고, 나도 말을 탄 뒤 筆洞에서 義溪洞 남영에 도착하니 水閣 위에 자리가 마련되었다. 참판 류엄도 와있었는데, 인하여 운자를 이어 두 편을 지었다. 승지 이일제도 왔고, 참의 정우량이 마지막에 도착하였다. 서로 정답게 술을 마시며 자리가 낭자 하였다. 번갈아 가며 창화하여 날이 저물었는데, 정참의가 "정선달이 强韻을 꺼내어 우리를 이 같이 고생시켰으니 마땅히 벌을 주어야 겠습니다."하자 류참판과 이승지가 같은 소리로 "그대 말이 옳소. '鏖' 자를 벌주어야 하오." 이판께서 "'罰鏖' 라고 이름하는 것이 좋겠소."하고 술을 불러 각각 권하였다. 내가 사양할 수 없어 연달아 넉 잔을 마시고 크게 취하였다.…하략[19]

인용문에서 알 수 있듯이 당시 시회에 정석유도 참석하였는데, 연구를 지을 때 정석유가 '鏖' 자 운으로 시를 지었는데, 이 운자가 어려워 다른 사람들은 각기 한 수씩만 완성하고 그만 두었고, 정석유는 연달아 6수를 지었다. 그래서 마지막에 벌주를 연달아 마시게 되었다. 이 때 지었던 연구 시집을 정석유가 가져오려 하였는데, 정우량과 이일제가 먼저 가져가 베끼고 난 뒤에 가져가라고 하면서 정석유의 부자형제가 시에 명성이 있는 것을 칭찬하기도 하였다.[20]

시에서도 드러난 것처럼 작자는 유명 인사들의 시회에 참석한 것을 영광으로 여기지만 자신의 호방한 기운을 그대로 드러내고 있다. 이

---

19) 『행은공일록』 6월10일조 참조.

20) 정석유 부자에 대한 칭찬은 李達中의 『遠志軒文集』 <挽鄭進士 弘鎰>에도 보이는데, "父子文章白雪高"라고 하였다.

처럼 정석유는 벼슬이 없는 신분임에도 당대의 저명한 인사들의 시회에 초대받을 정도로 시재를 인정받고 있었다.

반면 상대로부터 시를 받기도 하는데, 정석유가 만년에 일본통신사로 가는 제술관에 선발 되었을 때 柳儼 · 權萬 · 李象靖[21] 등 많은 사람에게 시를 받았다 그 중 두 편을 살펴보자.

일 만권의 책을 읽어	讀書一萬卷
가슴 가득 풍뢰가 요동치네	滿腹風雷喧
갈구하며 동해에 서게 되었으니	喝駈東海立
부상의 뿌리를 흔들어 뽑아버리게	撼拔扶桑根[22]

이 시는 류엄이 준 것으로, 그동안 갈고 닦았던 능력을 마음껏 펼치라는 격려의 내용이다. 다음은 권만이 축하와 당부를 하는 내용이다.

10년 동안 칼을 노래하며[23] 세속에서 늙었는데	十年彈鋏老風塵
남쪽 고을의 정중진을 누가 알았던가	誰識南州鄭仲珍
동해의 파도는 3만리이니	東海波濤三萬里
노 젓는 소리 돛 그림자 나루로 통하네	櫓聲帆影是通津[24]

---

21) 『大山先生文集』卷之一, <鄭主簿 錫儒 方以著述官赴日本要一詩贈別得五言律一篇> : 五山曾此役 萬里又斯人 出日扶桑國 枯槎析木津 王靈播四極 辭命仗孤臣 醯瓮平生恨 離筵酒一巡

22) 년보 59세조.

23) 탄협(彈鋏) : 좀 더 나은 대우를 받기를 원하며 자신의 불우한 처지를 호소하는 일종의 희망가로, 전국 시대 제(齊) 나라 풍훤(馮諼)이 손잡이를 노끈[蒯緱]으로 감은 칼을 두드리며 맹상군(孟嘗君)에게 처우 개선을 요구했던 고사가 있다.《史記 卷75》

24) 『江左先生文集』 卷之四, <送鄭仲珍 錫儒 使日本>

"…원컨대, 중진은 風檣陣馬의 능력으로 보이지 말고 순순연히 忠信篤敬으로 素行의 도로 삼을 것이요, 김문충공의 자기를 바르게 하여 남을 바로 잡아라는 것으로 사신가는 여러 사람을 도와 스스로 욕되게 하여 임금을 명을 욕되게 하지 않도록 하는 것이 종사관의 책임일 것이다."[25]는 긴 서문과 함께 보낸 시이다.

10여 년 동안 서울에 머물며 미관말직[太常主簿]에 있다가 제술관으로 선발된 것을 축하면서도 문장의 능력으로 뽐내지 말고 충신독경하는 자세로 사신을 잘 보필하라는 당부의 내용이다.

정석유는 양반 사대부 이외에 醫官이나 승려들과도 교류하였는데, 다음은 楓溪老師에게 준 시이다.

밝은 달은 하늘에 물은 병에 가득한데	月明在天水盈甁
달은 차고 물은 맑으며 마음은 깨어있네	月寒水淸心猿醒
사람들은 시를 논하다 묘구를 얻었다 하지만	人道論詩新得妙
자신은 이치를 탐구하여 오래전에 신령에 통하였다하네	自言探理舊通靈
대모화상의 기봉은 대적할 이가 없어 드러내지 않았고[26]	大茅鋒未無當露

25) 願仲珍勿示以風檣陣馬之能 恂恂然以忠信篤敬爲素行之道 而以金文忠所以正己正物者 贊奉使諸公 無自辱以辱君命 是從事之責也

26) 해동역사(海東繹史) 제32권, 석지(釋志), 명승(名僧)편에 귀종(歸宗) 상 선사(常禪師)의 법사에 신라 대모화상(大茅和尙)이 있다. 대모화상이 설법을 하러 당(堂)에올라가서 말하기를, "부처님의 스승을 알고자 하면 무명(無明)의 마음속에서 알아차려야 할 것이며, 상주(常住)하여 마르지 않는 성품을 알고자 하면 만물(萬物)이 변천하는 속에서 알아차리리라." 하였다. 승이 묻기를, "어떤 것이 대모화상의 경계입니까?" 하니, 선사가 이르기를, "기봉(機鋒)을 드러내지 않겠노라." 하였다. 승이 말하기를, "어찌하여 기봉을 드러내지 않습니까?" 하니, 선사가 이르기를, "맞설 자가 없기 때문이다." 하였다.

어지러운 돌들도 머리를 끄덕이며 강연하는 법을 듣네[27]　亂石頭生講法聽

재계가 끝나면 어찌 푸른 물에 임할 필요 있으랴　齋罷何須臨碧水

가슴 속에 절로 세심경이 있으니　胸中自有洗心經[28]

조선 후기의 선승인 명찰(明詧)은 문학에도 뛰어났는데, 작자는 명찰에게 몇 편의 시를 지어 보냈다. 작자는 명찰의 문학적 재능이 뛰어난 것도 인정하지만 이치를 깊이 깨달은 것에 무게를 두고 있다.

이처럼 정석유는 당대의 고관에서부터 시인, 의원, 승려 등에 이르기 까지 폭 넓은 교유를 맺고 있으며, 진솔한 마음을 드러내기도 하고, 탁월한 시재를 뽐내기도 하여 문장가로 명성을 드러내었다.

3) 영물시

정석유는 기행하면서 견문한 대상에 대하여 읊은 시가 많다. <東萊雜詠>, <甘露寺雨中記所見>, <水落山>, <不知菴>, <觀魚臺> 등 많은 작품이 있다. 그 밖에 기이한 물건들이나 일상적 생활에서 사용되는 사소한 물건에 대해서도 시로 표현해내고 있다. 시의 소재가 된 것들을 살펴보면, <趙丈以座中長物命題請賦七絶>에서 素几, 眼燈, 倭

---

27) 진(晉)나라 고승 축도생(竺道生)이 호구산(虎丘山)에서 돌멩이들을 제자로 삼아 한 곳에 모아 놓고는 《涅槃經》을 강의하다가, 성불(成佛)할 수 없다고 인정해 온 천제(闡提)까지도 불성이 있다고 하면서 "이것이 부처의 본회(本懷)와 부합되는냐?"라고 물어보자, 돌멩이들이 모두 고개를 끄덕였다는 이야기가 있다. 《蓮社高賢傳 道生法師》

28) 『杏隱遺稿』 권11, <奉贈楓溪老師>, 3쪽

劍, 畵金屛, 斑竹杖, 千里鏡, 石鏡 등이 있고, <十一絶爲趙公丈賦之>에 보이는 琉璃瓶, 筆筒, 西洋國墨畵軟障子, 虎頭枕, 眼境, 碁局, 投壺, 紙, 筆, 墨, 硯 등이 있다. 그 중 몇 수를 살펴보자.

㉠
다섯 마디 당기면 한 마디 같은데　　五節相抽一節如
쌀알 속의 세계가 귤 속[29]에 있네　　粟中世界橘中居
접으면 사방 한 촌, 펴면 천리가 보이니　　卷能方寸舒千里
축지법을 썼다던 장방[30]이 모두 헛된 것이 아닐세　　縮地長房儘不虛[31]

㉡
몇 줄 그어 음양의 이치 바둑에 깃드니　　數畫陰陽理寓碁
가로세로 19홉 줄에 갈림길이 생겼네　　縱橫十九有分岐
거듭된 관문에 험한 곳 마련하여 함정을 파놓았으니　　重關設險開坑坎
바둑돌 놓을 때 진중하게 위험을 막아야하리　　珍重防危下子時[32]

㉠은 다섯 마디로 접히는 千里鏡을 읊은 것인데, 작자의 눈에 아주 작은 물건이나 먼 거리 까지 보이는 천리경은 신기한 물건이었던 같다. 장방이 사용하였다던 축지법이 바로 이 물건이라는 놀라움이 보인다. ㉡은 바둑을 읊은 것으로, 19줄 속에 펼쳐지는 승부의 세계가

29) 옛날에 파공(巴邛) 사람이 자기 집 뜰에 있는 큰 귤나무의 열매를 따서 쪼개 보니, 그 안에서 두 노인이 바둑을 두면서 즐거워하고 있었다는 고사에서 온 말이다.

30) 동한(東漢)의 비장방(費長房)이 천 리의 지맥을 축소하여 눈앞에 있게 하였다가 다시 풀어 원상태로 복귀시키곤 하였다는 전설이 있다.《神仙傳 卷5 壺公》

31) 『洛下集』, <千里鏡>

32) 『洛下集』, <碁局>

한 수만에 결정되는 것이기에 장고하여 신중하게 바둑돌을 놓아야 한다는 것이다. 천리경이나 바둑의 특성을 그대로 묘사해 내고 있다.

다음은 부산 해운대 근처에 있는 五六島에 대하여 지은 것이다.

괴이하도다 바다 속 섬이여	恠底海中島
어찌하여 오륙도로 불렸는가	胡爲五六名
여러 봉우리는 함께 모여 우뚝한데	群峦叢屹立
하나만 형세가 아래에서 버티고 있네	一嶼勢低撑
썰물이 되면 여섯 개가 되고	水落重三出
만조가 되면 다섯 개가 되네	潮生半十成
물결 따라 수시로 숨었다 나타나니	隨波時隱見
기이하여 붓으로 설명하기 어렵구나!	奇異筆難評[33]

오륙도의 이름이 유래한 것을 알 수 있으며, 때로 나타났다가 사라지는 것과 바위의 색깔 등은 勝景 가운데 더욱 승경이라는 긴 서문과 함께 이 시가 실려 있다. 이 동래는 작자의 본관이기도 하여 시조묘를 배알하고 동래의 여러 곳을 기행하며 동래에 대하여 여러 편의 시를 남기고 있기도 하다.

4) 기타(客愁, 安分, 說理)

그 밖에 정석유의 시에서 살펴 볼 수 있는 것은 오랜 나그네 생활에서 느낀 객수, 안분지족의 삶에 대한 동경, 학문을 통한 내면의 성찰

33) 『洛下集』, <五六島>

등을 들 수 있다.

㉠

고향엔 오늘 저녁이 추석인데　　故園今夕是秋夕
멀리 강촌에 있어 쓸쓸하게 되었네　　遠在江村坐寂寥
시 · 서가 있어 짝하며 견딜 만하지만　　賴有詩書堪作伴
수레와 말로 방문하며 서로 맞이할 이 전혀 없네　　絶無車馬過相邀
사람들이 천리 밖의 달을 볼 것이니　　人看明月一千里
뜻은 송문 앞의 몇 번째 다리에 있네　　意在松門第幾橋
당위엔 기뻐하며 형제들 모였을 것인데　　堂上歡娛兄弟集
둘러 앉아 응당 멀리 있는 이 한 몸 염려하리　　重圍應念一身遙[34]

㉡

차가운 등불 가물 그려 잠 못 드니　　寒燈明滅照無眠
홀로 빈 집에 앉아 푸른 하늘을 헤아리네　　獨坐空齋數碧天
구월에 옷을 입었는데 지금 10월이요　　九月援衣今十月
작년에 객살이 하였고 올해도 나그네 신세 일세　　去年爲客又今年
우관은 몸을 의탁할 곳이 아니요　　郵官不是資身地
재상의 인끈이 부곽전[35]과 어떠한가?　　相印何如負郭田
돌아가려해도 갈 수 없어 슬프기만 한데　　欲歸未得徒怊悵
세속에서 비로소 옷을 떨친 현인을 깨닫겠네　　紅塵始覺拂衣賢[36]

---

34) 『杏隱遺稿』 권11, <秋夕有懷一首>,7쪽

35) 부곽전(負郭田) : 전국 시대 때의 소진(蘇秦)은 집이 가난하여 고향을 떠나 육국(六國)의 왕을 유세(遊說)하다가 육국의 정승이 되었다. 고향에 다니러 와서 탄식하기를, "내가 성밀 논[負郭田] 수경(數頃)만 있었더라면 어찌 육국 정승의 인(印)을 찰 필요가 있었겠느냐." 하였다.

36) 『杏隱遺稿』 권11, <羈愁>, 11쪽

㉢

서울에서 객살이 한 번의 꿈 같은데	旅食京華一夢回
가을 향기 나는 바위의 계수나무 옛 산에 심겼네	秋香巖桂故山栽
마음은 흐르는 물처럼 머물기 어렵고	心如逝水流難住
수심은 검은 구름 같이 응겨 풀리지 않네	愁似頑雲結未開
쓸쓸히 휘몰아치는 비바람 차마 듣노라니	忍聽蕭森風雨急
아득히 세모의 슬픔 견딜 수 없네	不堪綿邈歲時哀
가난 때문에 5말의 봉록 진실로 우스우니	爲貧五斗眞還笑
돌아간들 내 어찌 굶어서 죽으랴	歸去吾何餓死哉[37]

작자는 부모님 봉양을 위해 10여 년간 서울에서 생활하면서 벼슬을 구하고 있다. 위의 시 모두 나그네 살이에서 느낀 고향에 대한 향수를 드러내고 있는 작품이다. ㉠은 추석 때 지은 것으로, 고향에서는 형제들 단란하게 모였을 것인데, 가지 못하는 작자의 서글픈 마음도 있지만 도리어 가족들이 자신을 걱정할 것이 더욱 마음을 아프게 한다. 실제 작자는 효자로도 칭송받았다. 년보에서 살펴본 것처럼 정석유의 효성에 대하여 도내의 유생들이 소를 올린 내용이 있다. ㉡은 벼슬 때문에 위해 고향으로 돌아가지 못하는 심정을 토로하고 있는 것이며, ㉢은 "돌아간들 내 어찌 굶어서 죽으랴"라는 언표에서 벼슬을 그만두겠다는 굳은 의지가 보이지만 도리어 몇 말의 곡식을 위해 벼슬하지 않을 수 없었던 작자가 더욱 초라하고 애처롭게만 느껴진다.

다음은 50세 때 지은 시로, 안분지족의 삶을 동경하는 마음이 나타나 있다.

---

37) 『杏隱遺稿』 권13, <旅懷>, 29쪽

무오년은 내 나이 50인데　戊午年爲五十年
그 사이 사변에 일들도 많았지　其間事變便多端
빈궁이 이르는 곳에 자주 귀신을 만났고　貧窮到處頻遭鬼
공리가 올 때 몇 번이나 청전을 사모하였던가?　功利來時幾慕氊
재앙은 복전에 있으니 탐락하기 쉽고　禍在福田貪樂易
험함은 평지에서 생기니 가기가 어렵네　險生平地着行難
비로소 천명은 애초에 정해져 있는 줄 알겠으니　始知天命從初定
몸을 닦고 자연에 맡김만 못하네　莫若修身任自然[38]

지난 50년 동안 사변도 많았고, 가난을 벗어나려 공명도 탐하였다. 그러나 벼슬도 실력이나 마음 같이 따라 주지 않아 좌절의 연속이다. 이러한 삶에 회의가 생기지 않을 수 없는 처지이다. 그러나 현실을 벗어날 수 없으니, 천명이 애초에 정해져 있어 수신하며 자연에 맡기는 것이 낫다는 것으로 스스로 위안을 하고 있다. 작자의 언표대로 몸을 닦으며 자연에 삶을 맡길 수 없었고, 다만 동경에 그치고 만다. 이 외에도 〈感吟〉 등 몇 편의 시에서 위와 같은 정조를 느낄 수 있다.

다음은 자신의 학문에 대한 성찰과 이를 통한 깨달음을 표현한 것으로 보이는 작품이다.

여린 새싹 그림자 빈 뜰에 선명하더니　嫩綠印空庭
섬돌에서 점점 마루로 올라오네　自砌上堂轉
반우[39]의 속에서 이해해야 하니　理會反隅中

---

38) 『杏隱遺稿』 권11, 〈五十年吟〉, 46쪽

39) 반우(反隅) : 한 가지를 일러 주면 그와 유사한 것은 미루어 안다는 뜻으로, 《논어》 〈술이(述而)〉에 "한 모퉁이를 들어 일러 주었는데 세 모퉁이를 반증하여 알지 못하면 더 이상 말해 주지 않는다.[擧一隅 不以三隅反 則不復也]"고 하였다.

마치 실지를 밟는 것이 있는 듯하네　　有如實地踐[40]

매화의 그림자가 섬돌에서에서 마루 위로 옮겨가는 모습을 보고 학문의 下學上達에 비유하고 있다. 한 가지 이치를 미루어 전체를 알아야 하듯이 실제의 이치를 터득해야한다는 자신에 학문 방법에 대한 경계라 하겠다. 아래는 위와 같은 학문자세로 직접 터득한 경지를 나타내 보이는 작품이다.

한 이가 승제하니 오묘함 다함이 없고　　一理乘除妙莫窮
건곤이 순행하여 절로 포괄하네　　乾行坤順自包籠
각각으로 나뉜 만물은 꿰뚫기 어려우니　　彙分物象應難貫
내 마음에 체험하면 진실로 쉽게 통한다네　　體驗吾心固易通
도는 잠시도 떨어지지 않으니 어찌 멀리 있으리　　道不暫離寧有遠
사람들 비록 시작은 잘하지만 끝을 맺는 이 드무네　　人雖善始鮮能終
몸을 닦고 다시 조존의 노력을 더하고　　躬修更着操存力
솔개와 물고기가 날고뛰는 가운데를 보아야 하리　　請看鳶魚飛躍中[41]

조선전기 사림파 학자들이 보인 心性修養의 차원에서 볼 수 있는 투철한 도학자적 자세를 견지하였다고는 할 수 없지만, 存心養性의 공으로 鳶飛魚躍의 경지를 추구하는 모습을 느낄 수 있다. 특히 정석유는 61세에 벼슬에서 물러나 고향으로 돌아왔을 때, 簞瓢도 자주 비었으나 가난 때문에 자신의 뜻을 꺾지 않았으며, 만년에 『心經』을 좋

40) 『洛下集』<敬次家大人梅影韻>
41) 『杏隱遺稿』권11,<感興>,41쪽

아하여 아침부터 밤까지 탐독하였던 것으로 보아 내면적 수양에 노력한 사실을 알 수 있다.

4. 맺음말

이상의 논의를 요약하는 것으로 결론을 대신하고자 한다.

정석유는 문장을 자기의 책임으로 여기고 문학에 침잠하여 문장은 한유의 波瀾을 얻었으며, "老益遒健 筆路從意 未易句讀"라는 평가를 얻었으며, 시 평생 과거를 통하여 벼슬을 구하였으나 현실에 막혀 察訪으로 마쳤다.

문학적 바탕은 진한이전의 문장에 근본하였는데, 특히 서경을 중시하였고, 시는 두보의 율시와 장률을 탐독하였다.

문학적 재능이 뛰어나 殿策書法에 가장 뛰어난 인물로 평가되기도 하였으며, 만년에 일본사신행렬에 書狀官으로 뽑혔으나 병으로 직분을 수행하지 못하였다.

당대의 명사 및 고관대작에서부터 醫官 승려 등에 이르기까지 폭넓은 교유를 통하여 문장가로 이름을 떨쳤으며, 부모님에 대한 효성이 지극하여 고을의 유생들이 소를 올려 정려를 청하기도 하였다. 또한 諸末 牧使의 혼령과 문답한 내용을 右參贊 元景夏, 巡相 鄭益河에게 올려 諸牧使의 묘소를 찾고 명예를 회복해 주도록 하였으며, 직접 제문과 諸牧使謌七言古詩를 짓기도 하였다.

시세계의 특징으로는, 두보의 장률에 영향을 받아 장편시를 많이 지었으며, 또 連作詩가 많다. 폭넓은 교유의 소산인 次韻詩, 贈與詩 내지 酬酌詩가 많은 분량을 차지한다. 내용적 측면에서는 도적이나 질병으로 인한 혼란한 실정과 위정자의 위선 및 부패상, 그것으로 인한 농가의 피폐한 현실을 고발하고 있다. 기행과정에서 견문한 대상, 기이한 물건들이나 일상적 생활에서 사용되는 사소한 물건들에 대해서도 작품으로 형상화해 내고 있으며, 객살 이에서 생긴 고향에 대한 향수, 안분지족의 삶을 동경하며, 자신의 내면수양의 경지를 표현내기도 하였다.

참고문헌

『洛下集』, 계명대학교 동산도서관 소장.

『杏隱遺稿』, 한국학중앙연구원장서각소장.

『杏隱公年譜』, 한국학중앙연구원장서각소장.

『杏隱公日記錄』, 한국학중앙연구원장서각소장.

『大山先生文集』, 한국문집총간.

『江左先生文集』, 한국문집총간.

『遠志軒文集』, 국립중앙도서관소장.

『계명대학교동산도서관소장 선본고서해제집1』, 계명대학교한국학연구원편,2008.

이우성, 『息山全書』 序, 려강출판사, 1993.

金南馨, 「우헌 정언유의 생애와 시세계」, 『대동한문학』 제28집, 대동한문학회, 2008.

두와(蠹窩) 최흥벽(崔興璧)의 문학세계와 문학론

김영숙 (대구한의대학교)

두와(蠹窩) 최흥벽(崔興璧)의 문학세계와 문학론

김 영 숙 (대구한의대학교)

1. 서언

최흥벽은(1739~1812)은 18세기 영남의 달성 · 고령의 문인이었다. 많은 저술과 특기할 만한 작품이 전하는데도 불구하고 아직까지 연구가 되어 있지 않아 한문학사는 물론 문학통사, 유학사 등에 등재되지 않았다. 최흥벽은 백불암 최흥원의 고제로서 학문의 영향을 크게 입었으며, 대산 이상정에게도 수학했다. 대산과 백불암은 당시 '嶺中三老'[1]에 포함되는 학자임에도 도학자 유학자로 분류되어 문학사에는 거명이 되지 않았다. 문학사 서술의 관점이 순수문학에서 출발했고, 도학자의 문학이 제대로 정립이 되지 않아, 도학자의 문학은 철학에 우선해서 다루어지기 어려운 위치여서 나타난 결과라 볼 수 있

1) 鄭宗魯.『立齋先生別集』권7《附錄》.「墓碣銘」(鄭元善) …時 大山李先生百弗庵崔公南野朴公 俱以道義文學 稱嶺中三老…

다. 이상정은 갈암 이현일과 밀암 이재의 학통을 이어 '소퇴계'라는 별명을 얻을 만큼 퇴계학에 심취했었고, 최흥원도 이상정과의 친밀한 학문적 교유가 있었다. 따라서 일찍이 이상정과 최흥원의 생애와 학문에 대한 연구가 있었다. 필자도 이에 대한 연구를 한 바 있다.[2)] 이들의 학문을 이은 최흥벽은 팔공산 아래의 칠계, 해안을 중심으로한 달성과 고산급문제자들의 중심지였던 안동 일직, 정종로와의 교유관계지였던 상주, 처가 외가와의 세의 및 이거로 인해 교류가 빈번했던 성주 · 고령 지역이 주된 학문활동의 무대가 되었다.

이렇게 볼 때 최흥벽은 위로는 백불암 · 대산의 영향을 입었고, 교우로는 소산 이광정, 입재 정종로 등과 교유가 깊었기에 그의 문학은 도학자의 문학의 범주에 들 것으로 예상이 된다. 그러나 학문이 성숙된 이후 만년에는 고령에 우거하면서 제자과 강학하며 영남 우도의 학자들과 더욱 교유가 활발했고 佔畢齋와 寒岡의 영향을 입었다고도 보아진다. 가정이 빈한하면서도 수차에 걸쳐 과거 응시를 했다가 거듭되는 실패로 번민의 세월을 보내야했고 이를 문학작품으로 승화시켰을 수도 있다. 고문풍의 작품이 많고 소재와 주제에는 도학[3)]의 면모

---

2) 졸고. 1998.「大山 李象靖 시의 성격과 연원」.『대동한문학』10. 대동한문학회; 졸고. 2001.「百弗庵 崔興遠의 시의 도학문학적 양상과 특성 」.『한국의 철학』29. 경북대학교 퇴계연구소 .

3) 도학의 개념은 중국에서부터 폭넓게 사용되다가 송대에 이르러 정주학을 기본으로 하는 것으로 정립이 되어『송사』열전에「도학」이 입전될 정도였으나 그 명확한 개념은 조선 이이의「東湖問答」(『栗谷全書』卷15,《雜著》)에 다음과 같이 분명하게 나타나 있다. 본고에서는 이 개념에 따른다. "道學은 格物 · 致知로써 善을 밝히고, 誠意 · 正心으로 몸을 닦아, 자신에게 쌓으면 天德이 되고, 政事에 베풀면 王道가 되는 것이다." (…夫道學者 格治以明乎善 誠正以修其身 蘊諸躬則爲天道 施之政則爲王道…)

가 보이는 것도 있고, 사설이 긴 작품도 많아 그 실상을 고찰해 볼 필요가 있다.

최흥벽이 학계에 널리 소개되지 않았기에 '문학세계와 문학론'에 대해 다룬다. 문학 전반은 너무 광범하기에 시를 중심으로 하고, 산문은 개괄적으로 전개하여 전체적인 성격을 드러내는데 주안을 둔다.

2. 생애

최흥벽의 문집인 『蠹窩文集』에는 부록이 있다. 부록엔 한 살 위의 밀접한 교유자였던 鄭宗魯(1738~1816)가 찬한 최흥벽의 행장과 재종증손인 崔著述이 찬한 문집 발문이 있어서 최흥벽의 생애를 대강 알 수가 있다. 최흥벽이 1807년 직접 찬술한 유사 형식의 「明發錄」이 자세하다. 이 두 편을 참고로하여 생애를 서술하기로 한다.

최응벽의 자는 士敎며 호는 蠹窩이고 본관은 慶州이다.

최씨는 계림의 사량부에서 나왔다. 신라 초에 蘇伐都利라는 분이 있어 처음으로 성을 얻게 되었다. 고려 말에 大元帥 崔鄲이 이성계의 개국을 도와 벼슬이 병조판서에 이르렀다. 시조 최치원으로부터 12세가 되며 謚號가 匡靖이기에, 鄲의 직계 후손들을 광정공파라 부른다. 광정공의 2대를 지나 현감 崔孟淵에 이르러 달성부의 해안현에 이주하면서부터 그 후손들이 해안현 일대에 세거하게 되었다. 5대를 지나 현령 崔誠에 이르러 임진왜란에 창의한 공로로 병조 참판에 추증되었는데, 참판의 종질 東峻이 行義로 천거되어 典牲署奉事에 제수

되니 蠹窩의 5대조이다. 최흥벽의 가계는 시조 최치원에서 18세 宗潤까지 계속 만집으로 내려오다가 19세인 종윤의 아들 訥, 誼 형제를 두게 되었지만 맏이인 눌의 세아들이 무후하여 의가 사실상 적통을 잇게 되었다. 20세 東峻에 이르러 재종인 東嵲(최흥벽의 5대조, 칠계파)과 분파되었으며 21세 柱南, 挺南 등 여러 형제가 출생하였는데, 정남이 최흥벽의 고조이다. 이로부터 광정공파의 冑孫家에서 支孫家가 되었다.

증조는 慶源, 조는 壽崗이다. 考는 師錫이니 참판공의 현손인 壽天의 넷째 아들로서 壽岡의 후사가 됐다. 지극한 행실이 있었고 호는 樂水이다. 妣는 현풍곽씨이니 兵曹 員外 郭壽龜의 손자인 在三의 셋째 따님으로 女士의 풍모가 있었다.

최흥벽은 1739년 8월 19일 달성 해안에서 태어났다. 어려서부터 헌걸차고 당당하며 두 눈이 밝게 빛나니 보는 사람들이 모두 평범한 아이가 아니라고 칭찬하였다. 최흥벽의 부친은 아들을 교육하기 위해 남다른 정성을 쏟았다. 제일 먼저는 郭尙垕에게 입학시켰으나 곽공이 얼마 되지 않아 졸하자, 漆溪의 족형들과 함께 공부를 시키려고 찾아 갔다. 그러나 나이가 어려 근학에 어려움이 있어 손을 잡고 귀가했다 11세가 되자 부친은 아들을 데리고 족형인 백불암 최흥원(1705~1786)에게 취학시켰으나 백불암이 최흥벽의 의지를 시험해 보고자 취학을 긍정하지도 부정하지도 않았다. 스승이자 족형인 최흥원과는 12촌 사이로 멀지 않는 친척이었다 처음 몇 달간은 매일 아침 부자가 함께 갔다가 함께 돌아오곤 하여 마침내 허락을 받았다. 문리가 뛰어나 1년 내에 통감, 소학, 대학, 논어, 맹자를 다 읽었다고 한다. 1755년 16세에 고령의 매호 오씨댁으로 혼인했다. 配는 高敞吳氏로 舍人吳

李垕의 딸인데 竹牖 吳澐의 후손이다. 1757년 가을 감영에서 백일장을 실시함에 응시하여 참방을 했다. 19세에 정시에 나아가려 할 때 스승의 저지를 받게 되자 글을 올려 자신의 뜻을 말하길 "서울은 삼백년이나 基業을 공고히 해온 곳이니 가만히 서울의 풍광을 보고서 가슴을 넓히고자 합니다. 그렇게 한 뒤 바야흐로 각고의 노력으로 학문을 하더라도 늦지 않을 것이니 어찌 여러 사람들처럼 한결같이 분망한 일이라 하겠습니까?" 하였다. 20세 때는 동화사 약사전에서 글을 읽었다.[4] 1759년 20세 때 부친과 백불암의 명으로 대산 이상정(1710~1781)에게 수학했으며, 后山 李宗洙(1722~1794)와 川沙 金宗德(1724~1797) 등 안동, 의성의 선비들을 방문하고 돌아왔다.

1741년부터 1769년까지는 전염병, 흉년 등으로 많은 어려움을 보낸 시기이다. 특히 전염병으로 집을 떠나 우거를 자주했고, 임시거처를 마련하기도 했으며, 1765년에는 자신의 장남을 병으로 잃기도 했다. 1761년부터 1781년까지 20년간 춘추의 정시. 대소과, 회시로 천리를 다닌 것이 30여회나 되어 가정이 극빈해졌다. 끝내 성공을 못해 종신토록 아픔을 이기지 못하였다. 1762년 국가에 변고(사도세자 폐위 · 참살사건)가 있어 여러날 동안 통읍하며 학업을 폐했다. 1770년 경상감영에서 유형원의 『磻溪隧錄』을 간행할 때 도내의 명유들과 함께 교정에 참여했다. 1771년 가을 백불암 선생의 병을 간호할 때 병이 조금 나아지자 백불암이 손수 써놓았던 『심경』한 부를 최흥벽에게 주니 거동할 때마다 항상 몸에 지니고 다녔다. 1773년

4) 崔興壁.『蠹窩文集』.「自識」. "…己卯秋 余讀書 桐華藥師殿…"

대소의 향시에는 여러번 합격했으나, 그 후 회시는 득이 되지 못한다고 생각했다.

1774년부터 부친은 이거할 생각이 있었으나 여의치 못해 더 머무르다가 1778년 겨울 고령의 미숭산 아래 최흥벽의 처족이 있는 부근으로 이거했다. 1783년 가을 郭世翰과 응시한 會試에서 실패하고 돌아왔다. 1784년 가을 大科 庭試에 응했으나 실패했다. 이후 모친의 만류로 과거를 폐했다.

1802년 주자의 사창법을 依倣한 향약을 개설하여 실시했다. 산사에서 독서하기도 했는데, 대학, 중용, 심경, 근사록, 주서절요, 성리대전 등을 주로 읽으면서 도학에 열중했다. 理氣는 성정의 큰 근본이고 학문의 큰 頭路라 하여 학문에서 반드시 이를 힘써야 함을 강조했다. 특히 주자와 퇴계의 문집을 좋아해 학문에 절실한 것을 뽑아 '心學淵源抄節通編' 을 편찬하려 했으나 완성하지 못하고 졸했다. 가전하던 일상사와 언어, 용모, 음식, 기호에 대한 자세한 내용을 기록하여 『明發錄』이라 한 것이 문집에 포함되어 있다. 선조인 參判公, 持憲公, 憂樂齋 등 3인의 임란창의 내용을 기록한 『三忠錄』이 있었으나 전하지 않는다.

만년에는 靈川(高靈) 에 우거하면서 십수년간 문학을 창도했는데, 급문제자 가운데는 대소과에 오른 사람이 7, 8인이나 되었다. 관직에 있지 않으면서도 時政의 闕失이나 백성들의 곤궁함을 듣고는 한숨을 쉬었으며, 常平法, 社倉法을 논해서 이해에 따른 조목을 자세하고 구체적으로 했다. 고령은 대가야 땅으로 산수가 유명하고 신라, 고려 ,조선에 이르기까지 대문장가가 배출된 곳이라 인정하고, 은거자였던 崔致遠과 李仁老, 朴誾, 申維翰을 대표적인 인물로 서술하기도 했다.

1812년 1월 19일에 졸했으며, 묘소는 고령현 반룡사 동쪽에 있었으나 후에 대구의 팔공산 부근으로 이장했다.

아들 廷鎭(1769~1817)은 자가 儒瑞, 號가 拙守齋다. 부친이 이루지 못한 꿈인 문과에 급제한 후 承文院正字, 成均館典籍을 역임했고, 通訓大夫에 올라 太史令에 임명되었으나 48세로 早卒했다. 문집이 있었다고 기록되어 있으나 家傳 文集은 없다. 문한이 끊기는 듯 하다가 최흥벽의 6세손 薰敎에 이르러 문한이 발흥되었다. 그의 문집인 『東山文集』 5권 10책이 간행되어 세상에 전한다.

교유한 文人으로는 집안인 칠계의 경주최씨, 스승인 이상정의 한산이씨, 외가인 현풍곽씨, 처가인 고창오씨, 기타 世誼가 있어온 여러 집안의 선비들이었다. 李光靖, 崔宇鎭, 李逑靖, 柳瀾, 崔興之, 崔恒鎭, 徐逑孝, 吳光顯, 崔興漸, 郭漢一, 安濟重, 孫秉魯, 文再愽, 金崇默, 安景漸, 李熙, 金重祚, 郭禎垕, 吳顯敞, 郭垕, 郭日柱, 孫思奭, 李經祿, 李東汲, 李鼎五, 崔興東, 崔興岦, 崔濼, 河鎭伯, 李天慶, 都尙旭, 柳象經, 李天慶, 鄭輝祖, 李聖哉, 尹光紹, 李光庭, 李秉烈, 盧國寬, 李壽完, 郭崇敬, 李晦根, 吳慶益, 郭溟翰, 鄭煒, 鄭宗魯, 李堣, 姜錫龜, 郭宗傳, 李鼎揆, 李陽彦, 吳顯忠, 吳應瑞, 安德文, 李東璧, 安景濟, 吳厚相, 蔡必勳, 朴砥國, 李廈運, 盧擢, 安沃, 尹東野, 朴敏國, 金龍燦, 徐季脩, 尹光顔, 金重祚, 朴文國, 金埪, 李陽柱, 林濟遠, 李鼎秉, 李九, 郭必勳, 李載延, 朴旨瑞, 吳司重, 河鎭永, 柳尙臣, 安弘器, 郭世翰, 李秉運, 李鍊, 文正儒, 郭宇寧 등과 시문으로 교유했다. 이 가운데서도 李光靖, 李東汲,

鄭宗魯, 金埅, 鄭煒, 蔡必勳, 崔興岦이 널리 알려진 문인 학자들이다.[5)]

위에 든 교유자들은 당시 영남 좌우도의 학자들이다. 이는 청년기의 스승이 좌도의 인물이고 성장과 수학지가 달성(해안)이었지만 장 · 노년기를 우도인 고령에서 보냈기에 좌우도의 학자들과 다양하게 교유했기 때문이다.

최흥벽의 학문적 성격은 어떤 것일까? 행장에 다음과 같은 말이 있다.

> "…항상 생각하기를 '덕을 향상시키고 학업을 닦는 절차로 『대학』만한 것이 없으며, 향하여 바라보는 준칙은 오로지 중용에 있다. 敬이란 한 글자는 또 聖學에 있어 始終을 관통하는 요체이다.' 하면서 문을 닫고 침잠하여 일찍이 하루도 손에서 놓은 적이 없었다. 『심경』, 『근사록』, 『주자서절요』, 『성리대전』 등의 책을 번갈아 읽어 그 歸趣를 다하였고, 반드시 자신에게 돌이켜서 체험하는 것을 힘쓸 일로 삼아, 고인의 경지에 이르기를 구한 뒤에야 그만 두었다.…"[6)]

이것은 최흥벽의 학문이 도학 중심이라는 것으로 하나의 단서가 될 수 있는 말이다. 스승이 도학자이고 읽은 책이 도학서로 일관되어 있기에 그런 생각이 가능하다. 문장은 고문을 따르려 힘썼으며, 말세의

---

5) 李光庭의 『訥隱文集』, 李光靖, 李東汲의 『晩覺齋文集』, 鄭宗魯의 『立齋文集』, 金埅의 『龜窩集』 (8권 4책), 鄭煒의 『芝厓集』 (7권 4책), 채필훈의 『琴窩集』 (3권 1책), 족형인 崔興岦(喘翁集 3권 1책)이 널리 알려진 저술이다

6) 정종로. 「행장」"…常以爲進修節次 莫如大學 向望準的 專在中庸 而敬之一字 又是聖學始終之要 杜門沈潛 未嘗一日釋手 邐迤讀心經近思錄朱書節要性理大全等書 以極其歸趣 而必以反躬體驗爲務 求至於古人閫域而後已焉…"

진부한 모습이 없도록 하니 일시의 선비들이 간혹 전하며 외우기도 했다. 程朱의 학문을 터득함에 의리를 근본으로 하되, 체제는 다르게 하기를 힘썼다. 경서 외에도 典故, 星經, 圭臬, 蓍策, 兵法 등에도 박학했고, 禮書에도 밝아 의심이 나는 곳이나 절도가 바뀐 곳을 명확하게 규명했다.

최흥벽은 선배들로부터 영남의 퇴계를 "閩中의 주자" 라고 들었으며, 퇴계를 존숭했다. 그러면서 퇴계학맥의 학자들과 교유를 하고 싶었지만 지리적으로 멀어 할 수 없는 것을 안타깝게 생각했다.

> "내가 일찍이 선배들에게 들으니 우리 영남에서 퇴도부자는 바로 '민중의 주자' 라고 했다. 학문하는 사람으로 누가 우러러 믿지 않겠는가, 생각해보니 낙동강 남쪽은 풍류와 습속이 나란하지 못하고, 북쪽은 늘상 뛰어난 재주와 두드러진 행동을 하는 이가 있어도, 대부분 행동으로 나타내지 못하고 익혀도 살필 수 없는 것을 면하지 못하지만 퇴계학맥의 학문법으로 검속하면 여러 가지 길이 있다. 그 사이에 교유하면서 옛집의 문헌을 다 얻어서 같고 다른 것을 살피려 했으나 할 수 없었다. … 또 북쪽은 수백리를 달려서 묘소를 참배하고 사당을 첨앙할 수 있으나 아래쪽은 강도하던 유허를 보면서 상상하고 느끼기를 아침저녁으로 만나는 것 같이 해야 된다. 땅이 멀고 세월이 뒤가 아니었다면 퇴계를 높이는 것을 잘 알아서 지행 · 체용의 학문을 체득할 수 있었을 것이다."[7]

7) 崔興璧.『蠹窩先生文集』「跋朴西溪文集」"余嘗聞之先輩 吾嶺於退老夫子 卽考亭之閩中也 爲學者 孰不尊信 惟大江之南 風流俗習 不竝 以北 迬迬有高才卓行 而率不免於行不著習不察 律之 以陶山法門 多有所逕庭矣 每欲一遊其間 盡得故家文獻 以徵其同異而未能也…況又北走數百餘里 拜丘墓 瞻祠宇 下而遍觀於講道之遺墟 想象感慨 如有朝暮遇者乎 不以地之遠 世之後 而能知尊退老 有以得乎知行體用之學…"

퇴계를 사모하며 도학에 정진한 최흥벽의 학문 경향을 알 수 있는 글이다. 많은 저작을 하였다고 생각되나 현전하는 것으로는 『두와문집』(목활자본) 17권 8책이다.

『두와문집』에는 詩 188題 351首, 疏 3편, 書73편, 雜著 2편, 序 23편, 記 19편, 跋 18편, 上樑文 4편, 祝文14편, 祭文 11편, 哀辭 3편, 遺事 5편, 行狀 10편, 傳 3편, 碑誌碣 5편, 卞誣錄 1편이 실려 있다. 시를 351수나 지었으면 문학성이 풍부한 辭賦를 남기게 마련인데 최흥벽은 일반의 사부는 짓지 않고 애사 3편을 지었다. 애사를 지은 것을 보면 사부를 지을 능력은 있었지만 사부에 대한 취향이 없었다고 하겠다. 사부가 한 편도 없는 것은 스승인 최흥원과 이상정이 사부를 짓지 않았고 李滉, 柳成龍, 鄭逑, 李玄逸, 등이 사부를 짓지 않았으며, 교유가 잦았던 정종로 등 영남의 도학자들이 사부를 많이 짓지 않는 분위기의 환경과의 관계가 있었다고 여겨진다. 특히 칠계 집안의 최흥원, 崔興岦 등이 가학 전수에서 사부를 주요시하지 않은 것도 하나의 요인이 될 수 있다.

3. 시의 세계

앞의 생애를 통해 최흥벽의 학문이 도학 중심이 되고 문학도 도학 중심이 됨을 추측할 수 있었지만 시는 일반적인 형식과 내용에 따라 연구되는 것이 우선이기에 이 글에서도 형식과 내용을 우선해서 다룬다. 도학적 내용이 각 작품에 용해되어 있기에 일반적 형식과 내용을 전개하면서 도학적인 면을 언급하기로 한다. '人心道心', '四端七情'과 같이 도학의 핵심을 시제로 제시한 시는 처음부터 끝까지 도학을 형상하고 있지만 이런 경우는 적다. 대부분 일반적인 시제와 표현으로 시인의 서정을 형상하면서 부분적으로 도학적인 면을 응축하거나 혼융된 모습으로 형상하고 있다. 따라서 일반적인 형식과 내용에 따라 살펴보기로 한다.

시의 형식별 양상을 보기로 한다. 5언4구 1수, 5언6구 1수, 5언8구 9수, 5언12구 1수, 5언16구 3수, 5언20구 2수, 5언24구 1수, 5언30구 2수, 7언4구 137수, 7언8구 175수, 7언12구 1수, 7언 24구 2수, 7언60구 1수, 7언98구 1수, 장단구 4수(7언위주 장단구 94구, 7언위주 장단구 56구)로 나타난다. 5언, 7언이 주조를 이루지만 장단구와 절구 율시를 벗어난 작품도 많아 흥미롭다. 작가의 시작 태도가 구법, 편법에서 매우 다양했음을 보여준다. 351수의 작품 가운데서 5언시가 20수이고 327수가 모두 7언시 또는 7언 위주 장단구, 기타 4수라는 점은 작가의 7언구 선호도가 두드러진 것을 보여준다. 이것은 작가가 호흡이 길고 촉급한 율조를 좋아했으며, 느낌을 구체적이며 사실적인 표현으로 드러내려는 시적 형상의 한 특성으로 보인다.

내용별 양상을 보기로 한다. 최흥벽 시의 내용은 차운시 57제, 술회시[8] 52제, 만사 43제, 수창시 3제, 증여시 18제, 영물시 6제, 서경시 1제, 제영시 4제, 설리시 2제, 의작 2제, 「碓樂」, 「屐屩歌」 등 악부시 2

8) 술회시에는 「客中述懷」와 같은 名實이 相符한 것만 다루어야 하지만, 순수 서정에 가까운 「偶吟」, 「月夜」, 「苦夜」, 「冬至」와 같은 시도 포함시켰다.

제 등으로 차운, 술회, 만사가 중심을 이룬다.

차운시에서는 「次少陵立春韻與諸君共賦」, 「次東坡墨妙亭韻題竹牖敬庵遺墨帖」, 「冬至次邵子韻」, 「次邵子安樂窩韻」, 「敬次朱夫子十二辰詩韻」, 「次邵畢齋先生韻」, 「檜原書院謹次寒岡先生韻」, 「謹次愚伏鄭先生愚谷二十詠韻」 등은 작가 보다 훨신 오래 전 중국과 조선의 큰 학자와 시인들의 작품을 차운한 것으로 작품수가 적지만 의미가 심장한 것이 대부분이다. 많은 작품이 대부분 동시대 인물의 작품을 차운한 것으로 교유간의 정의를 읊은 것이다. 스승인 최흥원이 羅豫章의 시에 차운한 작품을 최흥벽이 다시 차운한 작품을 본다.

講罷邀朋坐石臺　공부 마치고 친구 맞아 돌대에 앉았는데,
氷潭月出灑襟開　얼음 못에 달이 뜨니 맑은 가슴 확 트입니다.
白首心期流水在　흰 머리 되도록 서로 생각함을 흐르는 물은 알테니,
歲寒他日抱經來　추운 겨울 다른 날 경서 안고 오겠습니다.

이 시는 문집의 편차로 볼 때, 17세쯤 지은 것으로 보인다. 시를 본 백불암은 달력 가운데 시를 쓰고 그 끝에 "머리를 돌려 뜻을 세운 것을 충분히 볼 수 있으니, 늘그막에 종유하는 것이 어찌 즐겁지 아니한가? 다만 제군들이 간혹 배와 입이 잡히고 빼앗길까 걱정이 된다."[9]라고 적었다. 이것으로 보아 백불암이 최흥벽을 장래가 촉망된다고 여겼음을 알 수 있다.

---

9) 『蠹窩文集』 권1. 장1 「敬次漆溪先生次寄羅豫章韻」의 註 "先生書此詩於曆中 又書其末曰 足可見回頭立志 晩景從遊 豈不樂哉 惟恐諸君 或爲口腹拘奪也"

「次李進汝東汲人道心吟」2수와 「又次四七吟」은 차운시이지만 실제 내용은 심학에 대한 설리의 도학시이다. 李東汲(1738~1811)은 최흥벽과 거의 같은 나이로 칠곡에 살면서 최흥원과 이상정 문하에서 학문을 연마한 사람이다.[10] 최흥벽은 물론, 정종로 등과 도의지교를 한 사람으로 『朱門書類』를 만드는 등 도학을 많이 공부한 사람이다. 앞의 작품 제 1수를 다룬다. 이에 앞서 이동급의 원운 「人道吟」[11]을 보기로 한다.

古聖傳心著壁經	옛 성인 마음 전함이 벽속에서 나온 경전에 나타나 있으니,
一心胡異道人名	한 마음인데 어찌 도심 · 인심으로 이름을 다르게 했을까?
原於性命全天理	성명에 근원하여 천리를 온전히 하며,
發以形私入欲情	形氣의 사사로움에서 나와 욕정으로 들어가게 된다.
幾在安危分善惡	안위가 있어서 선악을 구분하게 되며,
覺因操舍有昏明	잡느냐 놓치느냐로 인해서 혼명이 있음을 알게 된다.
如從存養探其要	존양을 좇아서 그 요체를 찾을려 할 것 같으면,
敬字工夫可一精	敬 공부하면 惟一 惟精이 가능하리라.

『書經』「大禹謨」의 내용을 주자가 중용 서문에 설명하였는데 그 내

10) 이동급의 자는 進汝, 호는 晩覺齋, 본관은 廣州, 10여세에 소학과 사서를 통했다고 한다. 주자대전을 분류하여 주문서류를 만들어 伊洛書堂에서 동지를 모아 강마했다. 鹿峯精舍를 중수하여 경의를 강론하고 향약을 만들어 주민 교화에 힘썼다. 『만각재집』 6권 3책이 전한다.

11) 이동급, 『만각재문집』 권1, 장33에는 최흥벽이 차운한 원운시 「人道吟」 1수와 「四七吟」 1수가 있다.

용을 시로 형상한 것이다. 수련에서는 순임금이 우임금에게 전수해 준 전심법에서 한마음을 인심과 도심으로 달리 한 까닭에 의문을 던진 후 함련에서는 도심이 성명의 올바른 것에서 근원해서 천리가 온전해지게 되는 것이고 인심은 형기의 사사로움에서 나와서 욕정으로 들어가게 됨을 시로 형상한 것이다. 경련에서도 도심에는 안정됨이 있고 인심에는 위태로움이 있어서 선악으로 구분되고, 본심을 잡으면 현명하게 되고 잡지 못하면 혼몽해짐을 지각하게 된다고 했다. 미련에서는 존심과 양성으로 요체를 찾으려고 할 것 같으면 경공부를 통해서 유일, 유정이 가능하다고 보았다. 주자는 精은 두 가지의 사이를 살펴 섞이지 않게 하는 것이요, 一은 본심의 올바름을 지켜 잃지 않게 하는 것이라 했기에, 이동급의 생각은 중용 서문에 나타난 주자의 생각과 일치한다.

이를 차운한 최흥벽의 시를 본다.

三聖傳心立大經 세 성인의 전하는 마음 큰 글로 세웠는데
如何拈出兩般名 어찌하여 두가지 양상의 이름 따냈을까?
有形易感先交處 형기가 있기에 쉽게 먼저 교감되는 곳을 느낄 수 있지만,
無眹難看眞出情 빌미가 없으니 옳게 정이 생기는 것을 보기 어려왜라.
拖去泥沙珠豈揀 진흙 모래 파내어 진주를 어찌 찾겠는가?
磨來塵垢鑑纔明 디끌 때 갈아내니 거울이 겨우 밝게 되네.
也知十六言中旨 오로지 열여섯자 말의 뜻에
先下工夫只在精 먼저 할 공부가 다만 精에 있는 줄 알리라.

三聖은 여러 사람을 지칭하지만 여기서는 『書經』의 人心 · 道心과

관련된 내용이기에 堯 · 舜 · 禹를 의미한다. 세 성인이 전심을 대경으로 밝혀 놓았는데 어째서 두 가지 양상의 이름 즉 인심과 도심을 따냈는가 의문을 가지고 있다. 인심은 형기의 사에서 나와서 선교처를 쉽게 느낄 수 있지만 도심은 미묘해서 빌미가 없어 참으로 정이 나오는 것을 보기가 어렵다고 했다. 경련에서는 도심을 진흙 속의 진주와 티끌과 때로 덮인 거울에 비유하여 찾아내기 어려움을 나타낸 것이다. 인심과 도심이 섞인 현상을 비유를 통해 시로 형상한 부분으로 앞의 이동급과 표현이 다르다. 결과적으로 함련과 경련은 주자의 중용 서문 "형체를 가지고 있지 않은 이가 없으므로 비록 上智라도 인심이 없지 않고 또한 이 성을 가지고 있지 않은 이가 없으므로 비록 下愚라도 도심이 없지 않으니, 이 두 가지가 마음의 사이에 섞여서 다스릴 바를 알지 못하면 위태로운 것이 더욱 위태로와지고 은미한 것이 더욱 은미해져서 천리의 공변됨이 끝내 인욕의 사사로움을 이기지 못할 것이다."[12]를 응축과 비유로서 형상한 것이다. 이 점은 앞의 이동급의 작품에서도 마찬가지이다. 미련은 결론인데, 십육언의 요지를 알려면 정을 알아야 한다고 강조했다. 십육언은 서경의 "人心惟危 道心惟微 惟精惟一 允執厥中"을 지칭한 것이다. 이것으로 볼 때 두 사람의 인심도심설은 주자의 학설을 수용한 것으로 상호 일치하나 표현을 달리한 것으로 볼 수 있다.

「次河子椎八菊詩韻」은 병서문을 붙여 시를 지은 동기를 설명하고

12) 中庸章句序, "…人莫不有是形 故雖上智 不能無人心 亦莫不有是性 故雖下愚 不能無道心 二者 雜於方寸之間 而不知所以治之 則危者愈危 微者愈微 而天理之公 卒無以勝夫人慾之私矣…"

원운과 제목을 달리하여 8수를 지은 것이다. 「丈夫菊」, 「處士菊」, 「月令菊」, 「本草菊」, 「北門菊」, 「南海菊」, 幾畦菊」, 「郡圃菊」으로 국화의 모습과 특성을 읊은 것인데 차운시이면서 영물시의 성격을 지닌 작품이다.

술회시는 작가가 대상을 보고 일어나는 생각을 읊었기에 사람을 매개로 한 차운시와 그 성격이 다르다. 술회시를 우음, 즉사와 같은 하위로 분류를 할 수 있겠으나 본고가 시의 분류 목적이 아니기에 광범한 술회의 범주에 넣었다.

「客中述懷」, 「北遊數月而歸作此以述懷」가 대표적인 술회시이다. 뒤의 작품을 본다. 최흥벽은 부친과, 족형이면서 스승인 최흥원의 권유로 안동 이상정에게 배움을 청하러 갔다가 돌아와서 생각을 읊은 것이다. 7언 98구의 거편이기에 전편을 다 인용하지 못한다.

冬十一月歲己卯 기묘년 11월에
崔子北向花州行 최자는 북쪽 안동으로 갔네.
朔風慄烈天氣肅 북풍은 매섭고 천기는 숙살한데,
公山落木多寒聲 팔공산의 잎은 지고 차가운 소리 많네.
匹馬東上凌城嶺 말타고 동쪽 찬 성고개를 오르니.
嶺上斗絶靑天橫 고개 위는 끊어지고 푸른 하늘만 가로 있네.

서두부분이다. 20세인 1759년 11월에 안동군 일직면 소호리에 있는 이상정을 찾아가는 행로를 그림을 보듯 자세하게 나타냈다. 해안에서 말을 타고 팔공산을 넘어 안동으로 향하는, 험한 고갯길 주위의 겨울 풍광은 고행의 산길과 더불어 쓸쓸한 시정을 불러 일으킨다. 마치 유명한 악부시 「行路難」을 보는 것 같다. 뒷부분에 생략된 7구부터 46구까지에는 안동 일직까지 가며 느낀 생각을 쓴 것이다. 신천을 건너 화산을 거쳐 가는 산과 굽은 길, 韶州(의성)로 진입, 소주와 虞舜의 상징, 오동과 죽실, 봉황과 韶樂을 연상시켜 韶州, 聞韶의 지명을 상상해서 읊었다. 소호에 가까이 가면서 대산 이상정의 본관과 소호의 세거, 팽수정 마을을 거쳐 절을 지나 동네에 이르는 주위 광경을 읊었다. 이어서 선생을 뵙자 기뻐하는 모습, 멀리서 온 친구들의 환영, 程子와 같은 가르침을 받은 제자들의 모습과 담화, 진성현의 李公과 경학에 대한 토론 등을 정겨운 시로 형상했다.

揭來湖上拜先生　소호에 돌아와 선생을 뵈오니,
諄諄誨語開爽靈　신신 당부 하신 말씀 영혼을 열리게 했네.
寥寥四壁圖書在　넓은 네 벽엔 책들이 있고,
蕭灑衡門晝常扃　깨끗한 대문엔 낮에도 항상 빗장쳤네.
龜潭之水靑如藍　거북 못물 푸르기 쪽빛 같은데,
跳波下瀨環玦鳴　물결은 솟구쳐 흘러내리며 구슬 울리는 소리 내네.

47구부터 52구로 가운데 부분이다. 대산으로부터 직접 이야기를 듣고 감화를 받은 모습을 인상적으로 형상했다. 대문을 衡門이라 하여 은자가 사는 집으로 표현했고, 龜潭을 나타낸 것으로 보아 대산이 제자들을 가르치던 곳이 지금의 고산서원 일대였던 것으로 보인다. 이어지는 53구부터 78구까지 시는 생략했다. 생략한 부분에는 산승의 배몰기, 호수가의 백로와 갈매기, 강위의 누대, 야설과 풍우, 눈 위의 아름다움, 歲暮의 客愁와 思鄕, 풍속의 차이 등이 이어지는 시상으로 표현했다. 일직을 떠나 의성의 川沙村과 서애 유성룡, 산천의 기상과 성현의 출생 등에 대하여 수 개월간의 遊方을 회상하며 시로 읊었다. 돌아와서의 술회를 본다.

歸來各在天一涯 돌아오니 각각 하늘 한 끝에 있는데,
相望落落如晨星 서로 바라보고 떨어진 게 새벽별 같네.
先生送我何所戒 선생께서 날 보내며 무었을 경계하셨나?
黃卷中間道自明 책 속에 도학이 절로 밝혀져 있다 하셨네.
但恐烏頭餘力盡 단지 검은 머리 남은 힘 다할 때까지,
並與故步歸娍媧 옛걸음으로 온전하게 돌아가지 못할까 걱정되네.
人生渾從醉裏過 인생은 혼몽히 취한 가운데 지나가니,
蘧蘧千日何時醒 여유있는 많은 나날 언제 깨어날까?
光陰倏忽似壑蛇 세월은 구릉뱀처럼 빨리 지나가고,
世事侵尋同浮萍 세상일 점점 나아가는게 부평초 같네.
窮廬他日獨悲歎 궁벽한 초가에서 다른 날 홀로 슬퍼 탄식하며,
不堪時時空淚零 때때로 흐르는 눈물 견디지 못하겠지.
冥途擿塡揔可憐 저승길에 던져지게 되면 다 가련한 일이리니,
須趂康莊勤喚惺 나아가는 길에 큰 마음으로 부지런히 깨어있게 하리.
終身事業九牛毛 평생토록 공부해도 정말 적은데,
名利區區等絜瓶 명예와 이익 생각하여 병눈금 재듯하겠나.
獨抱詩書惜寸陰 홀로 시서를 안고 짧은 시간도 아껴,
手不閒兮口不停 손도 한가히 하지 말고 입도 정지하지 말아야지.
勸君莫向別處走 그대에게 권하노니 별다른 곳으로 달리지 말고,
朝聞夕死猶爲榮 아침에 도 들으면 저녁에 죽어도 영광으로 여기세.

9구부터 98구까지의 끝부분이다. 달성의 해안으로 돌아와 생각하니 서로가 마치 하늘의 끝에 있는 것처럼 멀리 떨어져 그리움이 더한

다는 서정이다 .새벽별의 비유는 가까웠던 곳에서 멀리 떨어진 곳의 시공적 비유이지만, 대산이 새벽별처럼 높고 빛나서 사모의 정이 더하다는 것이다. 대산으로부터의 가르침을 되새기고, 나아가야 할 앞길에 대한 작가의 다짐이다. 대산의 가르침의 영향이 위대함을 보여주는 부분이다. 85구와 86구는 당시 21세의 청년 최흥벽으로서 청년답지 않은 노년같은 생각을 지녔음을 보여준다. 86구와 92구의 '깨어있음(醒)'은 최흥벽의 생애와 학문에서 중요한 의미를 지니는 글자이다. 대산으로부터 학문하는 법을 전수 받고 와서 술회한 것이기에 이 醒은 敬공부의 '恒惺惺法'과 상통하는 것으로 볼 수 있다. 87구와 88구에서도 '세월이 뱀처럼 빨리 지나가고, 세상살이 부평초 같다'는 비유는 흔한 말이지만 이 시에서는 전후의 싯구와 조응이 뛰어나 작가의 시적 형상을 잘 보여주는 기능을 한다. 93구부터 96구까지는 작가의 학문에 대한 계획과 각오인데, 특히 96구의 표현은 더 이상 근면할 수 없는 최선의 구체적 행동이다. 97구와 98구는 논어「里仁」편을 끌어와 도학을 공부해야 한다는 결론을 맺었다. '그대'란 막연한 대상에게 말하는 '勸道歌'처럼 들리도록 형상했지만 작가가 21세의 청년기였던 점을 감안해 보면 스승인 대산이 작가에게 권면한 내용을 상징적으로 보여주는 것으로도 이해된다. 도학적 사유가 깊게 배어 있는 작품이다.

우연히 읊조린다는「偶吟」2수가 전하는데 만년에 지은 것을 본다.

> 拙計平生少僝功 어리석은 계책으로 평생 공 이룬 것 적지만,
> 年來占地僅容弓 새해되어 땅을 마련해 겨우 활을 쏠 수 있겠네.

門無五柳殊陶令　문에는 다섯그루 버드나무 없으니 도연명과 다르고,
庭有三槐似晉公　뜰에는 세 그루 괴화나무 있으니 晉公과 비슷하네.
濃密端宜遮暑日　짙고 빽빽할 땐 마땅히 해를 가릴 수 있겠고,
蕭森猶可納涼風　가지 적은 숲일 때도 서늘바람 들이겠지.
悠然獨坐酬間事　유연히 홀로 앉아 세간사를 수작하니,
數朶榴花照眼紅　두세 송이 석류 꽃이 눈을 붉게 비추네.

평생 공부해도 이룬 공이 적다고 하여 자신의 능력이 모자람을 한탄했다. 그러나 새해가 되어 땅을 차지해 활쏘기가 가능하다고 했다. 함련에서는 진나라 도연명과 송나라 王祐[13)]를 내세워 도연명과는 다르지만 왕우와는 비슷하다고 했다. 여기서는 작가의 삶의 지향을 솔직하게 드러냈다고 하겠다. 도연명처럼 벼슬을 하다가 그만두고 집가에 버드나무를 심고 자연 속에 사는 은둔 처사적 삶이 아니라 왕우처럼 세 그루의 괴나무를 심고 자신은 이루지 못했지만 자기 자손에게는 큰 벼슬하는 사람이 태어나게 하고 싶은 소원을 강하게 드러냈다. 과거에 여러번 낙방을 하고 자연에 묻혀 가난한 삶을 살았지만 자손의 큰 벼슬을 바라는, 소원을 지닌 솔직한 삶의 지향을 보이고 있다. 경련은 삼괴가 자란 후의 모습을 상상해서 그린 것이다. 미련은 현재의 자신의 처지와 생활을 노래하면서 석류꽃에 눈길을 주고 있다. 밤에 정회를 읊은 작품이 몇 수 있다. 「月夜」, 「苦夜」, 「除夕」, 「除夜」

13) 왕우는 송나라 초기의 直臣으로 벼슬이 兵部侍郎에 이르고 晉國公에 추봉되었다. 일찍이 자기 뜰에 괴나무 세 그루를 심으면서 말하길 “내 자손 가운데 반드시 삼공이 되는 자가 있을 것이다.” 하더니 과연 뒤에 그의 아들 王旦 이 眞宗 연간 18년 동안 재상을 지내게 되었다.

등인데, 자아의 내면세계가 잘 드러나 있고 과거의 회상과 앞으로의 다짐을 형상한 것이 대부분이다. 조용한 밤이기에 자아만이 느끼고 생각하는 시간과 공간이 제시되고 있어 정회의 모습을 잘 보여주고 있다.「月夜」를 본다.

閑居無日不唫呻 조용히 살며 날마다 읊조리지 않은 날 없이,
黃卷中間對聖人 책 속에서 성인을 대하네.
古木霜多都骨氣 고목엔 서리 많아 모두 앙상한 기운,
寒天月上培精神 찬하늘에 달이 떠서 정신을 북돋우네.
衾如鐵冷方思義 이불이 쇠처럼 차가운 데서는 義를 생각하고,
座近爐薰却驗仁 자리가 따뜻한 화로 가까운 데서는 仁을 체험하네.
老去工夫無別處 늙어가도록 했는 공부 특별한 곳 없으니,
且將餘日檢吾身 남은 나날엔 내 몸 검속하리.

달밤에 조용히 생각하며 자신의 공부를 되돌아보고 반성하며 여생을 보내려는 마음을 표현한 작품이다. 수련은 시 읊고 독서하는 선비의 일상으로 시상을 일으킨 것이다. 시 읊지 않는 날이 없다는 것에서도, 책 속에서 성인을 만나는 것도 일상이지만, 달뜨는 조용한 밤이기에 오늘 따라 한 층 더한 느낌이다. 함련은 겨울의 달뜨는 밤에 밖의 환경을 보고 느낀 술회다. 고목, 서리, 골기는 달빛에 드러난 외물이지만 작가가 늙어가며 되돌아 본 자신의 모습과 조응된 것이다. 경련은 달뜨는 밤 안에서의 자신의 모습이다. 빈한한 생활 중에도 인의를 생각하는 작가의 사상과 의식이 함융되어 있다. 미련에서는 작가의 학문에 대한 반성과 여생에 대한 각오이다. 달뜨는 밤에 외적으로 느낀, 밝은 달로 인한 야경의 아름다움과 같은 서정이 아니라 내면으로 조

용히 생각하며 학문을 하며 성찰하고 자신을 검속하는 도학자적 사유를 보여주는 도학적 시로 볼 수 있다.

작가의 삶의 환경과 생각을 잘 드러낸 「山居」를 본다.

移家深入峽 깊은 산골짜기에 집을 옮기니,
非避世人知 세상사람 알까 피한 것 아니라오.
泉近何須僕 샘이 가까워 종도 필요 없고,
山圍不用籬 산이 에워싸 울타리도 소용없네.
親朋稀見到 친구들도 드물게 찾아오니,
書帙足忘饑 책으로 배고픔 잊기 충분하네.
自笑謀生拙 옹졸한 삶을 도모한 것 우습고,
閑居底事爲 한가롭게 사는데 무슨 일 할까
數重屋上蓋 두세겹 이은 지붕은
昨夜風吹之 어제밤 바람이 불어졌혔네.
簷缺看星好 처마는 이지러져 별보기 좋고,
窓虛納日宜 창은 뚫어져 햇볕 들어오기 알맞네.
殘燈孤倚壁 새벽 등불에 외로이 벽에 기대 있다가,
寒雪暗隨帷 찬눈에 어두워 장막을 따라 앉네.
中有忘機客 이 가운데 있는 욕심버린 나그네는
苦吟子美詩 괴로이 두보 시를 읊조리네.

많지 않은 5언시이다. 산골짜기로 이사한 뒤 빈한한 삶을 살면서도 낙도하는 시인으로서의 모습이 잘 그려져 있다. 고령 처족이 있는 곳으로 이사한 뒤에 지은 작품으로 보이는데, 생활이 가장 어려울 때라 그 정황이 여러 곳에 나타나 있다. 세상을 피해 산골로 간 것이 아님을 강조하여 산거에 대한 취향을 드러내고 있으며. 친구들이 드물게 찾아와도 책을 벗삼아 배고픔을 잊을 수 있다는 데서 빈한한 선비로서의 모습을 여러 가지로 상상하게 한다. 옹졸한 삶을 도모한 것을 생각하니 스스로 웃음이 나온다는 것은 선인들이 많이 쓴 관용구처럼 들리지만 앞에서 다룬 작가의 생애를 통틀어 볼 때 최흥벽은 가소로운 삶으로 여겨졌을 것으로 보인다. 후반부의 簷缺, 窓虛, 寒雪, 苦吟은 모두 비개한 시풍과 관련된 단어들로서 貧寒의 苦生을 의미한다. 마지막에 두보시를 언급한 것에서 두보시의 영향을 받았다는 점이 인정된다. 문집에는 「次少陵立春韻與諸君共賦」가 있어 차운시로서의 모습을 찾을 수 있다.

영물시라 할 수 있는 것에는 「雪」, 「見杏花初發」, 「吟蛩」, 「看雪」, 「後圃新笋」이 있는데, 「雪」을 본다.

天際紛紛落仍斜 하늘 끝에 어지러이 떨어지다 비껴치더니,
初從南北眼前遮 처음엔 남북으로 내리다가 눈 앞을 가리네.
過江和雨飜成水 강 위에선 비와 어울려 물을 이루고,
度樹因風乍作花 나무를 지나다간 바람 때문에 눈꽃이 되었네.
光愛透窓欹枕久 빛이 좋아 투사한 창 앞에 베개에 오래 의지하고,
寒嫌砭骨擁爐多 추위 싫어 약한 몸으로 화로불 많이 쬐네.
朝來日出琉璃界 아침되어 해가 솟으니 유리세계로 보이는데,
別樣江山取次賒 특별한 모양의 강산을 취하고도 남는구나.

눈을 읊은 시인데 하늘에서 내리는 움직이는 雪에 초점을 맞추었다. 수련에서는 시점을 하늘 가로 멀리 두면서 먼 공간에서 눈이 분분하면서 비끼다가 차츰 가까이 내리는 광경을 최대한 사실적으로 묘사하려고 애썼다. 함련에서는 강과 나무에 쌓이는 모습을 그렸는데, 비와 조화되어 물로 변하는 모습, 바람 때문에 나무에서는 꽃으로 변한

모습을 조응시켜 형상했다. 경련에서는 시상을 변전시켜 방안에서의 시적 자아의 모습을 나타내 영물이 아닌, 외물에 의한 내면의 변화 또는 밖에 의한 안의 변화로 변전시켰다. 미련에서는 눈 온 뒤의 새로운 모습과 감흥이다. 아침 해가 눈 위를 비친 유리의 모습과 특별한 강산을 취한 감흥은 눈의 아름다움을 재음미하게 한다. "먼 하늘→강과 나무→ 작가 →새로운 강산"으로 시점을 바꾸어 가며 나타나는 현상을 통해 사물의 이치를 살피고 있다. 영물시지만 경련에서는 술회의 변전을 했고 미련에서는 세계(눈)와 자아(작가)의 합일이 이루어지는 모습을 보여주고 있다. 사물의 이치를 설명하거나 드러내는 것이 아니라 시의 음미를 통해 스스로 터득토록 형상한 작품이다.

악부시는 「碓樂」과 「屐屧歌」 두 편이다.「대악」을 본다. 대악은 삼국사기 열전 '백결선생'의 사화를 수용한 작품이다. 열전은 다음과 같다.

> "신라 백결 선생은 어떠한 인물인지 알 수 없지만 자비왕 때 사람이다. 狼山 아래 사는데 집이 몹시 가난해 백군데를 꿰맨 옷이 메추리를 달아 놓은 것 같은 것을 입었기에 당시 사람들이 東里 백결선생이라 불렀다. 일찍이 榮啓期의 사람됨을 사모하여 거문고를 가지고 다니면서 무릇 喜怒悲歡 불평한 심사는 모두 거문고로 풀어 버렸다. 세모가 되자 이웃집에서 곡식 방아를 찧으니 그 아내가 방아 소리를 듣고 말하길 '남은 다 곡식이 있어서 방아를 찧는데 우리는 없으니 어떻게 겨울을 난단 말이오.' 했다. 선생은 하늘을 우러러 탄식하며 '무릇 죽고 사는 것은 명이 있고, 부귀는 하늘에 매인 것이오. 오게 되면 막을 수도 없고 간다 해도 좇아 갈 수 없는데, 그대는 왜 슬퍼하오. 내가 그대를 위해 방아 소리를 내어 위안해 주겠소.' 하고 거문고를 퉁기어 방아 소리를 내니

세상이 그 곡조를 전하여 이름을 대악이라 하였다."[14]

이러한 사화를 수용하여 악부시를 지었기에 최흥벽의 대악은 영사악부이다. 이런 악부시를 지은 사람들이 여럿 있다. 金宗直, 李衡祥, 李 瀷, 李福休, 李裕元, 李學逵. 金養根, 姜浚欽, 등이 모두 '백결선생전'을 수용하여 악부시로 짓고 제목을 대악이라 했다.[15] 최흥벽은 이 가운데서 김종직의 작품을 보고 작품을 쓴 것으로 보인다.[16] 위에 열거한 여러 사람들의 작품은 중편의 장단구인데,[17] 최흥벽은 94구의 장편 장단구로 외형면에서 현격한 차이를 보이고 있다.

이 작품은 7언이 주조를 이룬 장단 94구라는 장편의 악부시이다. 형식적으로 보편적이지 않은 특성을 지녔다. 보편적이라 해서 좋지 않은 것이 아니고 특수한 것이라해서 반드시 좋은 것은 아니다. 특수

---

14) 『三國史記』《列傳》「百結先生」"新羅百結先生 不知何許人 慈悲王時人 居狼山下 家極貧 衣百結若懸鶉 時人號爲東里百結先生 常慕榮啓期之爲人 以琴自隨 凡喜怒悲歡不平之事 皆以琴宣之 歲將暮 隣里舂粟 其妻聞杵聲曰 人皆有粟舂之 我獨無焉 何以卒歲 先生仰天歎曰 夫死生有命 富貴在天 其來也 不可拒 其往也 不可追 汝何傷乎 吾爲汝作杵聲以慰之 乃鼓琴作杵聲 世傳之 名爲碓樂

15) 이학규의 영남악부에는 「舂杵樂」이라 되어 있다.

16) 최흥벽의 「대악」에는 소서문 형태의 사화가 병기되어 있지 않다. 다만 두와문집에 김종직의 시를 차운한 시가 두 편이 실려 있고, 만년에 고령에 살면서 가까운 점필재의 종택을 방문하고 문집을 읽었을 수 있기 때문이다.

17) 김종직(1431~1492)의 《동도악부》「대악」은 잡언17구, 이형상(1653~1733)의 《차점필재동도악부》「대악」은 잡언 16구, 이익((1681~1763)의 《해동악부》「대악」은 잡언 20구, 김양근(1734~1799)의 《동방고악부》「대악」은 잡언 22구, 강준흠(1768~1833)의 《해동악부》「대악」은 잡언 25구, 이학규(1770~1835)의 《영남악부》「碓杵樂」은 잡언 15구, 이복휴(1729~1800)의 《해동악부》「대악곡」은 잡언 20구, 이유원(1814~1888)의 《해동악부》「대악」은 7언4구, 최현달(1867~1942)의 《차점필재집중운》「次碓樂」은 잡언 16구이다.

한 것은 보편적이지 않기에 많은 관심의 대상이 된다. 우선 7언이 주조를 이룬 장단 94구의 장편이라는 특성을 지녔다. 최흥벽과 거의 동대 또는 후대에서 여러 장편의 악부시가 창작이 되었지만 7언이 주조를 이룬 경우가 없다. 조선시대 장편 악부시는 대부분 5언제언이다. 이광사의 「破鏡合」이 5언228구이고 박치복의 「報恩錦」은 5언264구의 장편이다.[18] 일반 장편 한시도 대부분 5언제언이다. 한국최고의 장편시[19]라는 任叔英의 「述懷」도 5언 716운 1432구로 5언제언이며, 이규보의 「次韻吳東閣世文呈誥院諸學士三百韻」도 5언으로 302운 604구이다. 중국 악부시의 최장편으로 전하는 「焦仲卿妻」(一名 孔雀東南飛)도 5언 장편이다. 이에 비하면 94구는 긴 것이 못되지만 7언 주조의 장단구로 볼 때 특수한 형식이라 하겠다.

둘째 특성은 94구에 47개의 운을 달았는데도 '隊'운의 一韻到底偶句脚韻法으로 압운한 것이다. 대부분 여타의 장편 악부시에서는 환운, 통운의 운법을 쓰고 있기 때문이다. 운자는 懟, 配, 碎, 碓, 在, 愛, 輩, 內, 咳, 悔, 耒, 誶, 戴, 耐, 擂, 袋, 珮, 晦, 痗, 磑, 溉, 賽, 昧, 慨, 態, 靉, 代, 礙, 對, 菜, 闠, 埭, 背, 瀣, 穢, 喙, 貸, 吠, 徠, 襶, 黛, 塞, 隊, 載, 酹, 逮, 塊인데 거성 隊운에 속하는 128자 중 48자를 운으로 활용했다. 3분의 1이상을 隊운을 쓰면서 환 · 통운을 하지 않은 것을 보면 용운의 능력이 탁월했고 시작에서 압운구의 표현과 구성력이 남달랐음

18) 이광사의 「파경합」은 『동국악부』에 실려 있고, 박치복의 「보은금」은 『대동속악부』에 실려 있다.

19) 金相洪. 1989. 『韓國漢詩論과 實學派文學』 - 世界 最長 漢詩 任叔英의 「述懷」硏究- 계명문화사. 168쪽.

을 지적할 수 있다.

셋째 7언을 기본으로 한 장단구인데 長은 7언에 수식, 보충어를 첨가했고 短은 일반의 7언구법을 사용한 점이다. 장구만을 뽑아 그 예를 찾아 보기로 한다. 첨가된 부분은 괄호로 묶는다. 첨가된 부분은 관점에 따라 다르게 묶을 수 있다. 어떻게 하든 7언에 첨가된 구법이 된다.

1구 我杵(不是)秦巷丞相思	2구 我歌(不是)漢宮太后懟
3구 (君不見孟光)親操井臼猶齊眉	5구 (又不見)金谷水砧三千所
10구 (惟有)一張古桐壁上在	18구 (上有)癯鶴聲如老人咳
30구 (四隣)砧聲喧喧雷門擂	39구 (儂家)元無一斗可舂粟
50구 (何須)戚戚空作可憐態	51구 (不義)富貴於我何所有
52구 (等閒)視之渺若浮雲靉	63구 (殷殷)恰似幽泉落水簾
64구 (鞱鞱)宛如急瀧下石埭	65구 (初疑)仙女洗臼天台頂
66구 (更訝)玉兎搗藥金蝦背	74구 (且莫學)盧人顏鄉從人貸
86구 (流入)長安萬戶紅粉隊	

9언구가 가장 많은데 7언의 앞이나 중간에 2언을 첨가시켜 내용을 더 구체적이고 사실적으로 표현했다. 일반적으로 5언시에 수식, 첨가를 하여 7언이 되는 과정과 같은 양상을 보이고 있다. 실제 작품을 본다 서두 부분을 보기로 한다.

我杵不是秦巷丞相思	내 절구소리는 진나라 저자거리에서 승상을 생각하는 게 아니고,
我歌不是漢宮太后懟	내 노래도 한나라 궁궐의 태후의 고달픔을 나타낸 것 아니네.

君不見 孟光親操井臼猶齊眉 그대는 보지 못했나요! 맹광이 직접 물 긷고 절구질해도 부부가 서로 공경했고,
伯鸞有此賢匹配 백란에게도 이런 훌륭한 배필이 있었음을,
又不見 金谷水砧三千所 또 보지 못했나요! 금곡의 물절구 삼천곳이나 되었어도
一朝同隨綠珠碎 하루 아침에 녹주를 따라 부서진 것을
天寒歲暮狼山宅 추운 날씨 섣달 낭산댁엔,
何事先生琴作碓 무슨 일로 선생께서는 거문고를 절구로 삼았으며,
先生家貧衣百結 선생은 집이 가난해 옷을 백곳이나 기웠을까?
惟有一張古桐壁上在 오직 한 장의 오래된 오동나무가 벽위에 있었는데,
徽以扶桑新絲好 해뜨는 곳 새실로 보기 좋게 휘장했고,
鼓以昭文古調愛 옛곡조 문양내어 사랑하며 두드렸다네.
帶索行吟琴自隨 새끼 띠하고 다니며 읊조림에 거문고라 지니고 다니니,
千年啓期同爲輩 천년의 榮啓期와 같은 무리되었다네.

서두 부분이다. 1구에서 6구까지는 시적 화자가 자술하며 그대에게 영탄의 방법으로, 반문하는 방법으로 시적 형상을 했다. 시적 화자인 '나'는 백결선생이다. 작가가 백결선생을 대신해서 백결선생과 부인의 입장을 강조하고 있다. 진나라 승상은 百里奚이다. 백리해의 옛 아내가 품삯일을 하며 정승이 된 남편을 생각했다는 고사를 시로 형상했고 둘째구는 한나라 궁궐에서 밀려나 고생을 하며 怨歌를 부른 班婕好 이야기를 시로 형상했다. 3, 4구는 악부시에서 주로 쓰이는 '군불견'이란 영탄의 관용구를 활용해 노래시로서의 맛을 나타내고 내용을 강조해서 듣거나 보는 사람에게 호소하고 있다. 제 3·4구는 가

난해도 공경하며 잘 살았던 맹광과 백란을 언급했다.[20] 관용구 군불견을 제외해도 9언의 장구로 강조와 특수를 함께 보여주는 형상이다. 가난하게 살았던 양홍과 그의 처 맹광이 좋은 배필이었다는 사실과 진나라 石崇의 애첩 綠珠가 영화를 누리다가 아루 아침에 망한 사실을 노래했다. 양홍과 맹광을 시에 나타낸 것은 김종직이 처음이었는데, 최흥벽도 이를 수용했고, 영계기는 백결선생전에 나오는 인물이기에 최흥벽이 이를 수용했다. 7구부터 14구까지는 백결선생전의 내용을 바탕으로 창작과 수용을 조화롭게 형상했다.

다음 15 · 16구는 '平生不平事 盡向蹠越散/ 世間何物 可以嬰吾心胸內'로 전체 압운법으로 볼 때 이를 두 구로 보아야 한다. 그렇게 되면 너무 긴 장구가 되어 구 사이에 讀를 넣어 호흡을 조절해야 한다. 이것은 일반의 시에서는 보기드문 형식이고, 악부시에도 드문 경우이다.[21] 작가의 시도적인 표현 방법으로 기존의 형식을 뛰어 넘는 새로운 형식을 추구하려는 작가의 의도가 담겨 있다고 하겠다. 19구부터 24구를 본다.

先生只得琴中趣 선생은 다만 거문고 취향을 지녔지만,
妻子飢寒還不悔 처와 자식들 춥고 배고파도 후회하지 않았다네.
鹿門未把德公耟 녹문산 속에서도 龐德公은 쟁기를 잡지 않았고,
滕郊未負許行耒 등땅의 들에서도 許行은 다비를 지지 않았다네.
山妻亦解先生意 산 속에 사는 아내 선생의 의도 이해해,

20) 孟光은 한 나라 梁鴻의 처이고 伯鸞은 梁鴻의 字이다.

21) 조선 후기 영사악부 가운데서 이광사의 「해동악부」와 김수민의 「기동악부」에 이런 장구가 간혹 보인다.

不曾庭中立而誶 일찍이 뜰 가운데 서 있으며 꾸짖지 않았다네.

백결선생이 평소 거문고를 좋아했고 가난한 삶을 살면서도 후회하지 않았고 아내도 이해했다고 노래한 부분이다. 작가 최흥벽은 열전에 백결선생이라 했기에 시로 형상하는데도 '선생'이란 말을 여러곳에 그대로 노출시켰다. 한나라 때 녹문산 속에서 은사로 지내면서도 쟁기를 잡지 않은 방덕공과 등땅의 들에 살면서도 농사 짓지 않은 허행의 삶을 긍정하면서 백결 선생의 삶을 이 사람들에게 견주었다. 가난하면서도 지조를 지킨 은자와 더불어 포양하였다. 이 부분은 완전히 작가의 생각이고 백결선생에 대한 작가의 포폄의식이 투영된 것이다.

이 뒤 25구부터 86구까지를 생략했다. 작가의 무한한 상상력으로 가난한 가정생활의 모습을 구체적으로 형상했다. 가난한 아내의 옷차림. 거문의 화락, 피부와 배의 위축, 사방에서 들리는 방아소리, 기장방아, 벼방아, 부귀한 여성의 차림과 외모, 섣달 그믐의 노래와 방아소리, 이웃집과 백결 선생과의 대비, 집집마다 쌓인 섣달 그믐의 물자, 백결선생의 생활 신조, 부운 같은 부귀, 거문고로 방아 소리 내기, 거문고 연주의 상상, 范冉의 청빈한 생활, 상상되는 다양한 방아소리, 달 속의 선녀와 토끼 방아, 북두성과 남기성, 송 徂徠山 의 石介에 견준 백결선생, 가난 속에서도 배부른 가족 등 작가가 상상한 백결선생의 생각과 생활 모습을 도도하게 그리며 시공을 초월하여 입체적이면서 역동적으로 형상했다. 끝부분인 87구부터 94구를 본다.

一曲遺譜留樂府 한곡조 악보 올려 악부로 남겼으니,

東都古俗傳千載 경주의 옛풍속 천년토록 전해지네.
我亦百結先生流 나 또한 백결 선생 같이,
無琴只向詩神酹 거문고 없어도 詩神이 내리도록 술잔 드리네.
歲時行樂殊今古 설날의 즐기는 행사 옛과 지금이 달라,
觀風採俗嗟不逮 풍습을 살피고 세속을 찾아내도 미치지 못하네.
獨依西山一把茅 홀로 서산에 의지해 띠풀 잡고서
口出商聲喧大塊 입으로 소리내어 대지를 시끄럽게 하네.

87구와 88구에서 삼국사기의 백결선생전이 점필재의 동도악부로 전해짐을 노래하고, 이어서는 작가 최흥벽의 생각을 말한 것이다. 89구의 '我'는 처음 부분과 달리 작가 자신이다. 작가도 백결선생과 같은 무리인데 거문고가 없어 강신술 드려 시신을 맞아 시로서 노래하고 즐기겠다는 것이다. 당시의 세시 풍습이 옛과 다름을 한탄하면서 마지막 두 구에서 외롭고 쓸쓸한 생활로 쌓인 감정을 격정적으로 분출했다. 외롭고 가난한 생활은 그렇지 않은 사람들과 상대적이다. 해가 지는 서산은 작가의 만년을 상징적으로 나타낸 것이다.

이 시는 시적 자아의 모습이 여러 형태로 변모한다.

처음에는 작가가 백결선생으로 바뀌어 백결선생의 입장에서 '我'로 노래하다가 7구부터는 다시 작가의 입장으로 돌아와 '선생'을 노래하며 선생의 행위를 서술했다. 16구에서는 다시 '吾' 로 , 19구에 이르러 다시 '선생'으로, 38구에서는 '아'로, 47구에서는 '선생'으로 48구에서 '아'로 77구에서는 '선생'으로, 89구에서부터 '아'로 바뀐다. 89구의 '아'는 작가의 자칭이다. 후대의 악부시들이 작가의 순수 서정보다는 타인의 입장에서 노래한 경우가 많기에 이것이 특별한 성격은 아니다. 다만 실제 작가가 시적 자아인 백결선생이 되었다가 다시 작가로 개입하는 등 다양하고 역동적인 모습을 보인 점이 하나의 특성이라 하겠다.

「扊扅歌」는 중국의 고악곡인데 최흥벽이 동일 제목으로 의작한 것이다.

중국의 염이가는 금곡의 이름이다. 百里奚가 초나라에서 남의 염소를 기르며 지낼 때 秦繆公이 그가 어질다는 소문을 듣고 그의 주인에게 몸값을 주고 백리해를 정승으로 발탁한 뒤 잔치를 열었는데, 마침 백리해의 옛 아내가 정승이 근무하는 관아에서 삯일을 하다가 옛 남편임을 알아채고 거문고를 타며 불렀다는 노래라고 전한다. 그러나 염이가의 노래 가사는 『압부시집』[22]에는 전하지 않는다.

최흥벽의 「염이가」는 7언을 주조로 한 장단 56구의 거편이다. 君不見, 又不見, 嗚呼와 같은 관용구를 쓴 부분이 7언을 초과했다. 따라서 사실상 7言齊言詩로 간주된다. 압운은 歌운의 운자인 婆, 柯, 羅, 靴, 歌, 阿, 跎, 摩, 何, 鍋, 窠, 扅, 河, 磨, 沱, 拖, 荷, 過, 那, 眡, 他, 多, 波, 魔, 皤, 娥, 俄, 蛾로 一韻到底 偶句脚韻法을 따랐다. 표현방식은 앞에서 다룬 대악 또는 일반 악부시에서의 방식을 따르면서 새롭고 자유로운 형식을 창작했다. 전해지고 있는 사화가 매우 문학적[23]이기에

---

22) 郭茂倩, 『樂府詩集』100권의 《琴曲歌辭》 편에 扊扅歌의 가사는 실려 있지 않다.

23) 문학적이란 것은 주인공 백리해가 염소를 기르는 천한 일을 하다가 어질다는 소문으로 정승이 된 부분도 사실적이기 보다 소설적이고, 과거 고생하며 살았던 아내가 이별한 후 그 정승의 관아에서 삯일을 하게 된 것에 문학적 요소가 다분히 있고 이 사화가 전해지면서 허구적 요소가 개입할 여지가 많기 때문에 쓴 말이다.

이를 최대한 활용한 작품이다. 시적 자아는 妾또는 我 로 나타냈고 세계라 할 수 있는 대상을 그대(君)로 나타내, 자아(我)와 세계(君)의 관계를 역동적으로 형상했다. 실제로는 我(백리해의 아내)와 君(백리해)의 실제 관계를 시로 형상함에 我(백리해의 아내를 대신한 작가)와 君(백리해)의 관계로 설정한 我의 일반적인 서술이다. 君에 대한 표현도 사화에 입각한 我의 표현이다. '序詞(서사)－노래 제1闋 － 노래 제2결 － 노래 제 3결' 로 구성하였는데 각 闋을 시작할 때마다 '嗚呼' 라는 탄사를 붙여 전체를 한탄조로 형상했다. 과거의 '나 : 그대' 는 가난하고 평범한 사람으로 균형 맞는 조응이었는데, 지금의 '나(삯일꾼) : 그대(승상)' 는 불균형의 관계이다. '가난(천민) : 부귀(승상)' 의 부조화로 이루어진 신세 한탄의 관계이다. 3결에서는 "이 노래는 원가인데 다른 것 말하는 게 아니라 백년해로하자고 3년간이나 약속했는데 무슨 일로 나를 잊었느냐"[24]고 원망과 한탄이 섞인 가락으로 노래했다.

악부시 두 편은 가난한 현실 속에 어려움을 극복하고 살아가는 남성의 가장(백결선생)과 버림 받은 여성의 모습(백리해의 아내)을 긍정적으로 그린 것으로, 작가의 가난에 대한 현실 인식이 함께 투영된 작품이다.

이상 몇 편의 작품에 나타난 시적 형상화의 특성을 위의 몇 가지로 정리할 수 있다

---

24) 최홍벽, 위의책「扊扅歌」"…嗚呼我歌兮歌三闋 歌是怨歌非他言 百年偕老三年約 何事如今忘我多 …"

최흥벽은 5언시보다 7언시 취향을 지녔다. 그 중에서도 7언율시에 더 많은 취향을 지녔다. 장편시 취향을 지녔음을 지적할 수 있으며, 응축보다는 사실적 묘사를 중시한 표현력을 지녔고 악부시를 통해 새로운 경향을 추구하는 시도를 했다. 부분적이긴 하지만 도학시적인 면이 강하게 형상되는 면도 지녔음을 찾을 수 있었다. 전체적으로 悲慨한 시풍을 지녔는데 이것은 가난한 삶과 科擧에 대한 좌절, 번민 등이 혼합된 작가의식이 형상된 것이라 보여진다.

이 밖에 중국시인의 작품을 본받은 「擬山谷體」, 「效鮑明遠數詩體」는 중국 작품과 비겨 연구를 할 수 있는 것으로 최흥벽의 시적 수용양상을 고찰 할 수 있는 작품이다. 만사도 43제나 되는데, 대부분 교유자들의 죽음을 슬퍼하며 아쉬운 정을 노래한 것이다. 특히 「輓吳姨兄光顯」은 7언 60구 30운의 장편인데 고인과 생시의 간절했던 정을 노래한 작품으로, 최흥벽의 시세계에서 한 영역을 차지하는 대표작이라 하겠다.

哀辭는 죽음을 애통해하는 글이기에 哀文이라고도 하며, 애통하게 죽은 사람을 위해 글로서 슬픔을 나타낸다. 조선 후기에 와서는 誄文, 祭文과 형식이 조금씩 넘나들며 죽음에 대한 슬픔을 나타낸 운문이란 상호 유사점을 지니기도 한다. 애사는 일반적으로 일찍 죽어 매우 애통한 슬픔을 나타낸 특성을 지닌다. 사부형식을 지닌 경우도 많아 '辭'에 포함시키기도 한다.[25] 최흥벽은 「郭德能哀辭」, 「族姪東溪

25) 『蠹窩文集』에는 '哀辭'라고 한 별도의 문류에 포함시켰고, 『濯纓文集』 등에는 哀辭를 '辭'에 포함시켰다.

處士哀辭」, 「族姪進士仲久哀詞」 3편을 남겼다. 「郭德能哀辭」는 7언 64구, 32운의 장편시이고 나머지 2편은 장단구의 사부체이다. 형식으로 보아 시편에 편입할 수도 있는 것이지만 표현이 애사에 치중되어 있다.

「郭德能(必寧)哀辭」를 본다. 앞부분에는 서문격인 설명문을 쓰고, 후반부에 本辭인 장편시를 지었다.

서문에서는 작가가 50년이 되도록 절친해서 의기를 주고 받을 사람이 몇 사람 뿐이고 후배들 중 뛰어나서 상접할 젊은 친구를 다 합해도 많지 않은데, 포산의 곽 덕능이 그 한 사람이라 서술했다. 덕능은 나이 겨우 43세로 애석하게 죽었기에 예부터 종유했던 情誼를 시로 쓴다고 소회를 밝혔다. 곽덕능은 작가의 외척으로 보이며 작가는 그를 매우 아깝게 여겼던 점이 글 속에 잘 나타나 있다.

형식은 7언 장편이지만, 대부분의 평측이 근체시 형식에 일치하며, 평성 尤운의 一韻到底格이다. 64구 32운인데 秋, 區, 儔, 劉, 流, 疇, 柔, 浮, 籌, 謀, 侯, 騮, 愁, 遊, 酬, 瘳, 由, 呦, 留, 漚, 樓, 尤, 頭, 遒, 脩, 州, 舟, 羞, 歐, 洲, 謳의 운자를 써서 叶韻도 하지 않았다. 尤운에는 通韻을 한 예가 없는 韻目으로, 압운 능력과 시의 표현력이 뛰어나지 않으면 장편을 짓기가 쉽지 않은데, 최흥벽은 이를 잘 驅使했다. 전체 64구를 內 · 外구가 對仗이 되도록 표현한 점도 작품의 한 특성이 된다. 어떤 구는 的對에 가까울 정도의 대장이 되는가 하면 관대한 대장이 되도록 표현한 경우도 있다. 촉급한 호흡으로 호한한 시상을 전개하면서 다양한 소재와 비유, 상징, 상상법을 동원해 비개한 풍격을 드러내 보이고 있다. 보기 드문 장편으로 앞에서 언급한 악부시와 함께 애사의 대표작이라 하겠다.

내용을 보기로 한다.

서두부분에서는 바람에 쓸쓸히 들려오는 죽지가, 가을비에 울리는 패옥 소리, 崑崙山 신선, 碧尼의 大賢을 소재로 선택해 죽은 곽덕능의 영혼을 비유적, 상징적으로 나타냈다. 쓸쓸하고 무거우며 어두운 분위기를 설정해서 애사의 표현적 특성을 드러냈다.

후한의 郭太, 송의 張鎡의 언행을 통해 곽덕능의 언행을 비유적으로 나타냈고, 屈原, 賈誼의 詞와 曹操, 劉備의 문장에 곽덕능을 비유적으로 포양했다. 이어서 高陽의 재사들과 吳會의 신진들에 비유하기도 했다. 이어서 전개되는 시는 곽덕능의 생전의 위상, 성장, 언행 등을 투영했다. 작품을 본다.

… (전략) …
金階近惹爐薰細　찬란한 계단엔 향로 향기 은은하고,
玉卣高擎酒味柔　높이 바친 옥술잔엔 술맛도 부드럽네.
蘭蕙滕香春不老　난초 혜초 고운 향기 봄처럼 늙지 않고,
芙蓉抽朶水同浮　부용 꽃송이 물 위에 떠있네.
從敎善慶呈萊舞　善을 쌓은 慶事에 老萊子옷 입고 춤을 추고,
好把榮光替海籌　영광을 잘 잡도록 바꿔가며 빌었네.
問舍求田寧子意　집 짓고, 밭 구하기 어찌 그대 뜻이겠나,
採山釣水爲親謀　나물캐고 낚시질함을 친히 도모했네.

이 부분은 곽덕능의 생시의 생활을 상상해서 시적 형상한 것이다. 앞은 젊은 시절 꿈의 성취와 환상적 표현으로 볼 수 있겠고, 뒤는 부모에게 효도하며 안빈낙도하는 실제 생활의 모습을 그린 것이다. 고

인이 생시에 겪고, 보고, 생각했던 점을 작가가 대신해서 나타내야 하기에 망인의 생각과 상당한 차이가 있다. 사실 보다는 애통한 마음을 잘 형상해야 하는 것이 애사의 본질이기에 이에 초점을 맞추어 표현한 것으로 보인다.

…(중략)…
銀甁綆短人誰汲 은병의 짧은 끈을 누가 잡아 물 길으리,
鐵杵磨成志未酬 쇠공이 갈았어도 그 뜻에 화답할 이 없네.
痛矣百神何不佑 애통하구나! 뭇신이여, 어찌 도와주지 않습니까,
嗟乎一疾竟難瘳 아! 한 번의 병도 끝내 고치기 어려웠다네.
其如鳧脛添無奈 마치 오리다리 더해줘도 어찌 할 수 없는 것 같으나,
只此猿腸斷有由 원숭이 창자 끊길 땐 이유가 있으리라.
兩世同歸行慘憺 부자가 함께 돌아가니 행차가 슬픈데,
三兒相抱響咿呦 세 아들 서로 안고 울부짖는 소리나네.
鴒原聲切雙飛急 애절한 소리의 두 마리 할미새 급히 날다가,
鸞鏡光昏隻影留 거울 빛은 어두운데 외짝 그림자만 남아 있네.
四十光陰如掣電 사십년 세월이 번개치듯 지나가고,
三千世界等飄漚 수많은 세상일은 날리는 거품 같네.
人間竟漏黃金榜 인간 세상에선 끝내 殿試及第 못했지만,
天上應題白玉樓 하늘의 백옥루에서 응제하리라.
仁者夭乎將莫詰 어진 사람이 요절했다 힐난하지 마세요,
文而窮也更誰尤 글공부로 다해짐을 누가 허물하겠소.
追惟往事餘靑眼 지난 일 미루어 생각하니 가까움 충분하고,
獨立斜暉但白頭 비낀 해에 홀로 서니 머리만 희어졌네.
…(하략)…

후반부로 곽덕능이 죽은 뒤의 애통함을 시로 형상한 부분이다. 곽덕능의 죽음으로 깊은 곳의 샘물도 길을 수 없다고 했고, 절차탁마의

공을 이루었어도 이에 화답할 사람이 없음을 안타까와 했다. 병에 걸린 곽덕능을 구해주지 않는다고 여러 신들을 원망하고 서운해하면서도 타고난 죽음의 운명을 어찌 할 수 없다고 하여 짧은 인생을 인정할 수 밖에 없음을 드러냈다. 1년 차이로 거의 함께 죽은 곽덕능 부자의 슬픔, 아들이 울부짖는 곡소리의 핍진한 표현에서 애사의 절정을 보여준다. '청원'은 만사에 흔히 등장하는 단어이지만 '만경'의 '척영'과 함께 부부의 슬픔을 더욱 곡진하게 상징적으로 보여주고 있다. 40년의 세월이 빨리 지나고 세상의 많은 일들이 나부끼는 거픔 같다는 표현은 여러 가지가 있겠지만 작가는 '掣電'과 '飄漚'에 견주었다. 작가가 곽덕능을 매우 잘 알기에 망자의 생애를 대신 읊고 있는 셈이다. 이런 점은 哀辭, 輓詞의 한 특성이라 하겠다.

과거를 준비했던 망인이 생원, 진사만 합격하고 전시급제를 하지 못하고 죽은 데 대한 애통함도 천상에서 옥황상제 앞에서 응제할 것이라 상상했다. 황금방과 백옥루의 상징적 의미는 천상과 지상을 이어주는 초현실의 승화이다. '仁者壽'라 한 말을 생각하면서 요절한 사람을 힐난하지 말라 했다. 학문으로 마친 생애는 허물할 수 없음을 강조하면서 망인을 위로하고 있다. 지난 일을 생각하니 더욱 가깝게 느껴져 靑眼으로 보게 되며, 비낀 해빛에 홀로 서서 생각하는 흰머리의 사람은 작가로서, 망인과의 거리와 상념, 상망, 외로움의 심상을 나타냈다.

생략한 끝부분은 일반적인 애사의 종결부분과 유사하다. 작가는 芝焚蕙歎의 심정으로 薤露歌를 읊는다고 해 고인과의 정의를 남다르게 나타냈다. 살아있는 사람과 죽은 사람의 관계를 나타내는 것은 살아 있는 사람의 몫임을 보여주는 것이다.

4. 산문의 세계

최흥벽은 이러한 시외에도 다양한 문체별 산문을 남겼다. 疏는 寒岡 鄭逑와 旅軒 張顯光을 陞廡해달라는「請寒岡旅軒兩先生陞廡疏」, 江湖 金叔滋의 시호를 내려 달라는「江湖金先生請諡疏」, 임란 의병장으로 크게 활약한 松庵 金沔의 시호와 서원의 사액을 청한「松庵金先生請諡請額疏」3편인데, 최흥벽이 강마하던 곳과 가까운 칠곡, 선산, 성주, 고령 등 영남우도의 인물을 포양코자 하는 작가의 의도로 보여진다. 아울러 인물의 업적과 활동을 객관적이고 논리적으로 서술하며 간절한 청원의 마음을 작품에서 드러내고 있다.

上疏文은 문체의 유형에서 奏啓의 범주에 넣기도 하고[26] 奏疏의 범주에 넣기도 했다.[27] 따라서 상소문은 奏의 기능이 중요하기에, 明皙, 允當, 篤實, 誠意를 기본으로 하고 분석과 소통을 제일로 한다. 강직한 의지라야 임무를 완성할 수 있고, 넓은 식견에 의해서만이 사리를 꿰뚫을 수 있으며, 옛 것을 참작하여 현재를 통어하고 번잡한 것을 다스려 요소를 총괄하는 것이 요체이다.[28] 라고 했으며 후대에 와서도 이를 재인용하면서 중요하게 다루고 있다.[29] 이러한 문장력을 갖추지

---

26) 劉勰『文心雕龍』.「奏啓」

27) 徐師曾.『文體明辯』.「奏疏」

28) 劉勰 위의책. 같은 곳. "夫奏之爲筆 固以明允篤誠爲本 辨析疏通爲首 强志足以成務 博見足以窮理 酌古御今 治繁總要 此其體也"

않으면 짓기 어려운 것이 상소문이다. 상소문 3편은 모두 『문체명변』의 문체적 성격에 맞게 지은 글이다.

「請寒岡旅軒兩先生陞廡疏」는 최흥벽이 주도적으로 작성한 것을 여러 사람과 함께 보완하고 함께 올린 상소문으로 보인다. 송대의 사론가들이 유현 종사시 선유들을 重히 여기면 유학도 重해지고 유학을 輕하게 여기면 유학도 輕해진다는 말을 인용[30]하여 토대를 세운 뒤 儒道는 천지의 대경이요, 儒賢은 국가의 元氣임을 강조하였다. 이어서 鄭逑와 張顯光은 학문이 깊고, 도덕을 잘 갖추어 蔚然히 昭代의 醇儒요, 후학의 宗師로써 마땅히 문묘에 배향이 되어야 하는데, 아직까지 배향되지 못함을 안타까와 했다. 東方의 道統이 이어진 지 오래되어 金宏弼, 鄭汝昌, 趙光祖, 李彦迪으로 이어졌다고 했다.. 李滉은 山南의 夫子요 海東의 考亭으로 당시의 급문제자와 후대의 사숙인들이 많았으며, 東南正脈에는 鄭逑, 張顯光 두 사람이 있을 뿐이라 했다.

정구는 타고난 자품이 호매하고 뜻과 기상이 원대하며 약관에 이황을 사사하여 학문의 중심이 심학과 예학으로 이루어졌음을 강조했다. 가례를 일상의 준칙으로 삼았고, 대학을 공부 절차로 여기며, 궁리로써 그 본성을 다했다고 했다. 居敬으로써 마음을 길러 조예가 깊었고, 실천을 더욱 돈독하게 하였으며, 체용을 겸비했고, 박약을 이루어 학문의 길의 정당함과 계제의 준절함과 규모가 크고, 심법이 정밀하였

29) 徐師曾. 위의 책. 같은곳. "…及論其文則 皆以明允篤誠爲本 辨析疏通爲要 酌古御今治繁總要 此其大體也…"

30) 崔興璧. 『竇窩先生文集』 권3. 「請寒岡旅軒兩先生陞廡疏」"伏以 臣等 謹按宋史氏 論儒賢從祀之美曰 儒先重則 吾道亦重 儒學輕則 吾道亦輕 誠哉言乎… "

다고 강조했다. 백성을 보호하고 학문을 일으키는 학설이 경의를 펴고 군심을 열 수 있다고 주장하였다.

장현광은 덕스런 器局이 두루 두텁고, 마음의 도량이 넓고 컸으며, 간혹 鄭逑를 從遊하여 서로 도움이 되게 했고, 학문됨이 主靜을 근본으로 하고 持敬을 절도로 삼아 靜이 있으면서도 動하도록 하여 내외가 서로 길러지는 것을 살피며, 本體가 선 거운데서도 用이 되게하여 本末이 갖추어지기를 크게 하였다고 강조 했다. 「易學圖說」, 「圖書發揮」, 「易卦總說」 등의 저술을 근거로 하여, 氣象이 커지고 견식이 널리 통달되며 의리가 정하여 깊어지고, 연원이 유통하여 보통 학자가 아님을 주장하였다.

이 두 사람은 학문이 이와 같고 순정한 덕행이 탁월하여 당시에도 예우를 했고 사후에도 포장하였기에 성무에 올릴 것을 청함에 이는 兩賢臣을 사사로이 좋아해서가 아니라 백년 공공의 정론에 의한 것임을 강조했다.

중국의 송대에도 처음 五賢을 從祀하다가 그 뒤로 張栻, 呂祖謙, 司馬光, 邵雍, 楊時, 胡安國, 蔡沈, 眞德秀, 歐陽修, 胡瑗 등이 종사된 예를 들어 정구와 장현광도 陞廡될 수 있도록 청원했다.

이 글은 내용으로 보아 이른 바 동방오현만 인용되고 그 외의 인물을 언급하지 않았기에 동방오현만 종사될 때 지은 것으로 생각된다.

서술방법이 논리적이고, 인용한 인물과 사실이 객관적이다. 이황을 '해동고정' 이라 했고, 정구의 예학과 대학, 장현광의 주정과 지경을 설득력있게 서술한 점, 중국의 예와 인물을 설명한 점이 호소력을 지닌다.

이 글은 여러 개의 단락으로 나뉘어진다. (1) 宋史에서 밝힌 유현종사의 합리성, (2)儒道와 儒賢을 尊崇해야 하는 允當함, (3) 국왕의 치적 (4) 문묘종사의 기능과 鄭逑 · 張賢光의 未從祀의 부당성, (5) 東方五賢의 학맥과 鄭逑 · 張顯光의 학맥 계승, (6) 정구 · 장현광 의 학문의 성격과 독실한 언행, (7) 정구 · 장현광 문묘종사의 당위성, (8) 명나라 潘府의 "論從祀祀典"의 인용과 兩賢臣의 從祀의 논리적 근거. (9) 송 오현종사 후 추가 종사한 예와 윤당성, (10) 兩賢 從祀는 역대 군왕의 덕을 밝히는 것이요, 당대의 문명을 밝히는 것이며, 후세의 영광이 된다고 독실한 마음과 성의를 바탕으로 청원 등 10개의 단락으로 나눌 수 있다.

마지막 부분의 일부를 보기로 한다.

> "…대저 국가가 유현에 대해 輩出하는 것을 성대하게 여기고, 從祀하는 것을 영광으로 여길진대, 옛날부터 그러했거늘 정구 · 장현광은 현신으로 (從祀되면) 뒤섞인 종사의 질서를 세우고, 조선의 여러 현신들이 앉아 있는 뜰에 함께 앉게 한다면 실로 역대 제왕들이 (기운을) 배양한 후덕함을 밝히고, 지금 조정의 文明의 아름다움이 드러나게 되어 오래도록 천하 후세에 빛이 있게 될 것입니다. 전하께서는 어찌 깊이 생각하셔서 빨리 도모하지 않으십니까?…"[31)]

논리 전개의 명석함과 정당함이 드러나 있고 주장의 근거가 타당하

31) 崔興璧, 『蠹窩先生文集』 권3, 「請寒岡旅軒兩先生陞廡疏」 "…大抵 國家之於儒賢 以輩出爲盛 以陞祀爲榮 自古已然 若以鄭張兩賢臣 秩之從祀參錯 聯綴於本朝諸賢侑坐之庭 則實足以昭列聖培養之厚 著當宁文明之休 以永有光於天下後世矣 殿下何不深思而亟圖之也 …"

며 간절한 소망을 제시한 상소문으로 앞에서 제시한 문체적 성격에 맞는 문장이다.

최흥벽이 정구·장현광의 문묘종사를 건의한 이 상소문에는 퇴계제자인 서애 유성룡, 학봉 김성일의 문묘종사가 포함되지 않았다는 점에서 영남 좌도의 학맥이 아닌 우도의 학자들의 陞廡를 건의한 것이어서 주목된다. 이런 영남 우도학문 취향점은 교유관계에서도 나타났다.

학봉·서애가 있었던 안동과는 지리적으로 멀었고 학문의 사승관계가 최흥원, 이상정이었지만 고령으로 이사한 후 만년의 학문이 한강 학맥을 잇는 학자들과 교유를 했고, 한강의 학문을 수용하면서 이 상소문을 지은 것으로 보인다.

73편의 書는 교유자들과 교유의 과정에서 주고 받은 학문적 우의를 바탕으로 주로 학문에 관한 사연을 나타낸 것이다. 족형이자 스승인 최흥원에게 올린 편지와 답장이 모두 학문에 대한 사연인데, 학문을 생각하며 입지, 경공부, 소학 등을 실천하기 위한 것이다. 두번째 스승인 이상정에게 올린 편지도 학문에 대한 문의와 학문에 대한 별지의 사연을 적은 것이다. 魂魄, 虛靈不寐, 養知莫善於寡慾, 喜怒憂懼動于中, 道理之分의 問目별 의문을 질의한 내용과 '仁'에 대한 토론을 적은 것으로 이상정과 최흥벽의 학문수용 과정을 알 수 있다. 이 외에도 박문국이 보낸 상례문목에 대한 답장과 최흥벽의 행장을 쓴 상주의 정종로와의 편지에도 별지까지 붙여 스승의 '언행총록'의 部分刪去에 대한 신중한 입장을 보이고 있다. 문집에 실린 편지 외에도 많은 편지가 있었음을 추측할 수 있다.[32)]

記文도 여러편인데 대부분 서사를 위주로 한 작품이다. 대부분이

후세에 당시 상황을 잊어버리지 않을 목적으로 지은 營建記로서 그 과정을 중시한 사실의 기록에 議論을 첨가한 것이다. 그러나 「農湖泛舟同遊記」, 「黃江赤壁泛舟記」는 영건기가 아닌 山水遊記的인 성격의 기문이다. 「趙氏紫石硯記」, 「海上神篋記」는 벼루와 대상자에 얽힌 사연을 사실적으로 기록하며 의론을 덧보탠 것이다. 「황강적벽범주기」는 매우 사실적이어서 敍事와 描寫가 함께 조화를 이룬 기행문이다.

1741년 봄에 城山 觀水亭의 李士輝를 방문했는데 그때 좌우도의 친지들이 宜陽을 관광한 후 모두 모여 황강의 위아래 암벽이 깎은 듯이 에워서서 마치 푸른 병풍을 친 것 같음을 보고 뱃놀이를 하고 싶어 했다. 절벽의 색깔이 붉고, 푸른 것이 적어 적벽이라 해도 될만해서 명년 1742년이 마침 임술년이기에 7월16일에 야유회를 하기로 했다. 소동파의 적벽부에 맞추어 적벽야유회를 한 내용과 함께한 사람들의 등장, 긴장된 분위기를 역동적으로 서술해 극적인 느낌을 자아내게 한다. 따라서 기행문학의 맛과 멋을 보여준 작품이다. 15일 밤, 친구들과 함께 배를 타고 적벽을 구경하는 모습을 본다.

> "…드디어 일제히 배를 탔다. 배는 세 척이지만 사람이 많아 수용할 수 없을 것 같아 서기도 하고 앉기도 하고, 다리를 수축하고 무릎을 당기고 머리를 조아렸기 때문에 아름다운 흥이 일지 않았다. 달빛은 구름

---

32) 스승인 최흥원에게 올린 편지가 두와문집에는 4편 뿐이지만 백불암문집에는 스승 최흥원이 족제이면서 제자인 최흥벽에게 보낸 편지가 15편이나 실려 있고 2인, 3인에게 공람 형식의 편지도 8편이나 된다. 스승으로부터 편지를 받으면 반드시 답을 해야하는 일반적인 通禮에 비추어 보더라도 실제로는 많은 편지가 있었음을 알 수 있다.

이 가려 빛을 내려 하지 않았다. 모인 사람 중에 퉁소를 가진 이가 없어 특히 흠이었다. 李漢瑞를 시켜 거문고로 대신해도 줄이 늘어나고 괘선이 없어 탈 수가 없었다. 두세 소년을 시켜 사이 사이로 사공이 배를 저어 거슬러 내려가기를 몇 번하니 희미한 적벽이 보이는데 색깔이 마치 그림 같았다. 푸른 등나무와 푸른나무가 위를 가려비치고 있고, 물건너 마을 등불 점점이 별을 단 것 같아 정말 기이한 광경이었다.…"[33]

세 척의 배에 나누어 타고 적벽을 구경하며 보고 듣고 느낀 경물을 생동감있게 표현한 부분이다. 번역문으로서는 이 기문의 표현과 맛을 느끼기 어렵다. '脚瘦膝促' 이나 月色爲陰雲所綴 不肯放輝 '는 우리말로서는 설명이 어려운 표현으로, 작가의 묘사력을 충분히 짐작할 수 있는 부분이다. 배 안이 너무 복잡해서 다리와 무릎을 움추린 모습에서 당시의 상황을 상상하게 하는데, 작가의 경험을 인식하지 않고는 이해할 수 없는 표현이다. 음산한 여러 겹의 구름이 달을 가려 달이 빛을 내기를 싫어한다는 설명으로도 충분하지 못하다. 이런 표현은 곳곳에 보인다. 의성어와 의태어의 적절한 사용으로 눈에 삼삼하고 귀에 쟁쟁하도록 감각적으로 묘사한 산수유기의 한 유형을 보여준 것이다.

序跋文은 가까운 지인의 문집, 시집, 유묵, 잡문에 대한 것으로 많은 편이다. 「奉壽漆溪先生母夫人趙氏序」, 「睦恤宴序」, 「南歸唱酬錄序」,

33) 崔興壁. 『蠹窩文集』 권8. 「黃江赤壁泛舟記」…遂一齊登舟 舟凡三艘而人多 若不能容 或立或坐 脚瘦膝促 頓無佳興 月色爲陰雲所綴 不肯放輝 會中無洞簫者 亦殊可欠 欲使漢瑞以琴替之 而絃濶野缺不能彈 使二三少年 間梢工棹舟 沿洄數回 依微見壁 色如畵圖 蒼藤綠樹 掩映其上 隔水村燈 點點如星懸 儘一奇勝…

「南進堂詩序」, 「吳氏遺墨帖序」, 「玉峰實記序」, 「李通彦遊楓嶽序」, 「懼軒實記序 」, 「洛城閒居序」, 「無忝錄序」, 「東儒心畫序」, 「尹巡相鄕飮酒禮序」, 「邵城聯芳集序」, 「琴灘文集序」, 「專城世碣序」, 「四賢碣帖序」, 「漁隱遺稿序」, 「石浦子遺集序」, 「綾泉遺集序」, 「南皐忠憤詩後序」, 「泉谷新埜同襟錄後序」, 「滄洲文集後序」, 「嶧陽文集後序」에는 贈送을 위해 쓴 경우와 일반적으로 많이 쓴 문집 등의 저술에 대한 첫머리의 글로서, 일의 순서와 사실의 기록을 한 서문이 대부분이다. 「南歸唱酬錄序」와 「萬進堂詩序」는 시평에 관한 부분도 있어 최흥벽의 비평관을 고찰할 수 있는 글이다. 발문 성격의 後序라 한 경우도 몇 편이 있어서 序와 後序의 차이와 跋과 후서의 차이를 문체적 차원에서 고찰할 수 있는 작품이 있다.

「萬進堂詩序」를 본다. 이 작품은 호가 만진당인 포산의 郭瀏의 시집 서문이다. 곽유는 청백리 郭安邦의 칠세손이며 定庵 郭越의 손자이다. 임란 때 창의한 存齋 郭趪이 종조부이며 忘憂堂 郭再祐가 백부이다. 두와는 이 글을 쓰면서 곽유를 중국 嘉興의 高寓公에 견주어 우국의 충정을 노래한 것이 흡사함을 논설했다. 고우공이 숭정 경진(1640) 진사로 명나라가 망할 때(1645) 초야에 묻혀 “오직 전진사는 참담함을 외로운 무덤에 표한다.”는 말을 남기고 분함과 억울함을 호소하다가 죽은 내용을 앞에 서술하고 만력 丁巳(1617)의 조선 진사곽유가 숭정 병자(1636)에 호란이 일어나자 부끄러워 세상에 나아갈 뜻을 끊고 황명기를 저술하고 “어둡고 막힌 곳 사람들의 세상은 어떠한가? 만진당엔 일월이 밝다네.”라고 써붙이고 만진당으로 자호한 뒤 숨어 살다가 세상을 마친 내용을 강한 어조와 격렬한 필치로 대비

적으로 서술했다.[34)]

이어서 곽유는 동국의 한 서생으로 만고 강상의 무거움을 졌었기에 한유가 말한 强仁慕義가 성품에서 나오고, 주자가 말한 하늘과 땅의 經紀가 사람의 타고난 천성을 지키게 한다 는 것을 볼 수 있기에 조선의 열사 뿐만 아니라 천하의 열사라고 포양했다.[35)] 시를 평한 부분을 보기로 한다.

> "…지금 그의 시는 다만 고요하고 슬쓸한 한 구절 뿐이지만. 사람들로 하여금 풍영하게 하면 성운이 비장하고 뜻과 기운이 늠름하고 장렬해서 은연히 바람을 일으키고 샘을 차게하는 생각이 있다. 그것은 元遺山, 謝皐羽의 유음인가? 姚平仲, 張惟孝, 龍可伯, 趙九齡의 율조인가? 높은 충성과 외로운 울분은 우주를 지탱해서 일월과 나란히 할 수 있고, 천지 사이의 기운을 합일할 수 있으니 보기 드문 보배로, 무너져흐르는 물결을 지탱하는 돌기둥과 뜨거운 화염 속의 곤옥과 같은 것이 있으니 어찌 특히 시일 뿐이라 하겠는가!…"[36)]

---

34) 최흥벽. 앞의책.「만진당시서」"嘗觀皇明之末 有嘉興高寓公者 崇禎庚辰進士 逮弘光乙酉 見國家淪喪 自屛於草野 作詩述志曰 '惟將前進士 慘惔表孤墳' 遂呼憤抑 歿而死… 苞山 郭萬進堂先生 嘗以萬曆丁巳 擧本國進士 當崇禎丙子 本國有城下之役 而天下且帝秦矣 則於是乎 先生慨然深恥 無復有當世意 撰次皇明記 因題一句曰 '晦盲否塞人何世 萬進堂中日月明' 遂自號 萬進 隱約而畢世焉…"

35) 최흥벽. 위의 책 같은 곳 "…以七尺微軀 擔萬古綱常之重 …可見 韓子所謂 强仁慕義出於其性者哉 朱夫子所謂天之經 地之紀 爲人之秉彝者哉 然則先生非特爲朝鮮烈士乃天下之烈士也…

36) 최흥벽. 위의책. 같은 곳 "…今其詩 特寂寥一句耳 使人諷之 聲韻悲壯 志氣凜烈 隱然有發風冽泉之思 其元遺山 謝皐羽之遺音乎 其姚平仲 · 張惟孝 · 龍可伯 · 趙九齡之同調乎 其高忠孤憤 可以撑宇宙而騈日月 作一天地間間氣 希寶有如頹波之砥柱 烈炎之崑玉 則特曰詩而已哉…"

이 글은 시평이면서 최흥벽의 詩評觀이 내재된 것이다. 시를 평함에 작품만 보지 않고 작가를 함께 보고 시를 평한 것이다. 곽유의 열사적인 면을 중국의 高寓公과 대비하면서 전반부는 시보다 위인과 행적을 대비적으로 서술했다. 만진당이라 자호한데서 곽유가 明을 생각한 의미를, 고우공이 明을 생각한 것과 유사함을 서술했다. 순수 작품만을 보고 한 비평이 아니라 작가의 의식을 알고 시를 알기에 작가와 작품을 함께 평하는 태도와 관점을 드러냈다. 최흥벽은 곽유의 시를 '聲韻이 悲壯하고 志氣가 凜烈' 하다고 평했다. 나머지 평문은 비유법을 썼다. 이러한 비평법은 오래전부터 전해진 것으로, 시의 운률적인 면과 시인의 생각을 풍격으로 나타낸 것이다. 머리의 글이면서도 본문의 내용을 평하는 성격의 글이기에 서문이면서 평문의 성격을 지닌 서문의 한 유형이다.

跋文도 다양하게 남겼다. 「書釰南精選卷首」는 서문의 성격을 지녔으나 간략하고 중요한 말만 남긴 짧은 글이여서 발문에 편입시킨 것으로 보인다.

잡저편의 「歲寒謾錄」 상 · 하와 「山中問答」 상 · 하는 논설이다. 歲寒謾錄 上은 '心是氣也' 에 대한 논설이고 歲寒謾錄 下는 '動靜' 에 대한 논설이며, 산중문답은 사회의 병폐에 대한 문답설이다. 특히 세한만록은 최흥벽의 심학에 대한 학설로 철학적 의미가 크다. 부분적으로 퇴계가 말한 부분도 인용되어 심학에 대한 수용양상을 살필 수 있는 중요한 자료가 된다.

『두와문집』의 '傳' 에는 소설류에 포함시킬 수 있는 假傳, 托傳, 殊異傳이 아닌, 사서의 列傳 형태인 史傳이 있다. 역사적 실존 인물의 인물전인데, 유인 박씨의 효와 현숙함을 쓴 「朴孺人傳」, 임란시 명나라 장수 시문용의 학문과 활약상을 다룬 「施都司傳」, 성주의 徐鶴의 행록인 「徐鶴傳」 등 3편을 지었다. 이 가운데 시문용에 대한 기록인 「施都司傳」은 史傳으로서의 가치를 지니지만 중요한 부분에서 실제 기록과 차이가 나서 전설이나 이야기를 듣고 적은 傳으로서의 새로운 면모를 보이고 있다. 그 대략은 다음과 같다.

施都司는 명나라 施文用(1572~1623)으로 浙江人이다. 명 神宗 때 무예가 뛰어나 都指揮使司에 뽑혔으며 兵法, 天文, 地理, 醫藥, 卜筮에 두루 통했다. 부친은 兵部侍郎 施允濟이다.

조선에 임진왜란이 일어나자 선조는 西川君 鄭崑壽를 명에 보내 구원을 요청하자, 施允濟는 侍郎으로 兵部尙書 石星에게 조선을 구원할 것을 요청하여 石星이 神宗에게 아뢰어 윤허를 얻어 提督 寧夏侯 李如松에게 남북병 4만명을 이끌고 임진왜란에 참전하게 했다. 이 때 시문용은 25세의 都司官으로 遊擊將軍 藍芳威 휘하의 行營中軍에 있었다. 함께 종군하여 7년간 각지에서 많은 전공을 올렸다. 전쟁이 끝나자, 나중에 조선에 태평기상이 있으리라 생각하고 명에 귀국하지 않고 영남지방 성주에 살 곳을 정하고 동네를 '대명동'이라 했다. 집 뒤에 단을 쌓고 매월 삭망에 분향하고 북향후 네 번씩 절을 했다. 작은 병풍에 절강성의 산천을 그려 좌우에 두고 고향생각을 했다. 선조는 귀국하지 않고 떠돌아 다니는 시문용을 민망히 여겨 첨지중추부사를 제수하였고 星州를 본관으로 하사했다. 후에 영조 때 영성군 박문수가 영남지방에 전해지는 이야기를 조정에 보고해 증직으로 兵曹參判兼同知義禁府事 訓練院 都正을 내리게 했다.

이러한 내용은 조금씩 여러 문헌에 전하기도 하지만 두와의 이 「시도사전」이 가장 자세하고 흥미롭다. 당시 왕에게 왕궁의 위치가 인왕산의 줄기가 뻗어 억만년의 무강한 터를 열었지만 왕궁 후맥이 약해서 토석을 쌓아야 한다는 裨補 풍수설을 건의해 시설한 사건과 당시 요승이 광해군에게 인조 잠저시의 옛집에 왕기가 있기에 큰 건물을 지어야 한다는 말을 해서 신궁을 창건하려고 시문용에게 그 동역을 맡겼다. 인조반정 후 요승은 주살 당하고 施文用도 연루되었으나 원통함을 호소하여 면하게 된 후 20년간 지내다가 계미년(1643)에 졸했다고 되어 있다. 7언 유시로 된 兩朝御製次韻詩, 중국 절강성의 施씨와 문학, 施允濟가 尙書 石星의 마음을 움직인 내용, 施씨 父子의 공적, 『兵學奇正』·『堪輿指南』·『醫卜妙訣』 등의 저서, 보검과 투구 등 병장품이 전해지다가 유실된 점, 시문용의 감회 등이 서술되어 있다.

이러한 전의 내용은 실제 기록으로 전하는 광해군 일기와 상당한 차이가 있다.

시운용이 광해군 당시 정인홍의 추천을 받아 성지, 김일용과 궁궐 및 왕릉 축조사업에 참여하여 많은 업적을 쌓았지만 광해군 정권이 몰락하면서 토목공사를 일으켜 백성들을 가렴하였다는 죄목으로 처형되었다는 사실 기록이 다르게 되어 있는데 이것은 최흥벽이 전을 기술하면서 본 기록과 들은 기록 위주로 작성하였기 때문이라 여겨진다.

이 외에도 上樑文, 祝文, 祭文, 遺事, 行狀, 碑誌 등 문인들이면 누구나 많이 짓게 되는, 의식과 관련된 생활문을 많이 남겨 산문의 다양한 세계를 보여주고 있다.

5. 문학관

앞의 시문을 논하는 장에서도 언급을 했다시피 최흥벽은 고문을 좋은 문장으로 여겼다. 여러 가지 문류의 문장을 저술했고, 다양한 시에 나타난 의상과 표현, 형식은 매우 고문적이다. 이를 뒷받침 하듯이 문장에 대한 생각을 피력한 것이 문집에 실려 있다.

> "내가 예부터 '문장에는 한유가 있다' 고 한데 대해, 정신이 몽롱한 생각이라 슬퍼하였으니, 대개 성인을 만나지 못해서 취해진 것이다. 매우 불행하게 되어, 시기와 세상을 만나지 못한 것 같은데 이르러서는 논할 겨를이 없다. 공자 문도들의 네과목(德行, 政事, 言語, 文學)에 대해 子貢, 子游, 子夏를 '언어와 문학' 으로 일컬었으니, 여기에는 공자의 문장을 들어서 얻은 것이 있기 때문이다. 주나라가 쇠미함을 당해서 기이하고 사악하며 궤이해짐이, 사나움을 넓힌 세 사람(子頹 · 叔帶 · 子朝)보다 심했으니, 문하에 가서 스승으로부터 직접 가르침을 받지 않았기 때문이다. 몇 사람만 시류를 따르지 않아 모범이 되어 단정함을 넓히고 귀착점을 베풀게 되었다. 그래서 끝까지 일관되게 가르침을 듣고 몸소 六藝를 통하여 충분히 네 과목의 반열에 든 사람은 다행히 공자를 만났기 때문이다. 대저 「樂記」, 「檀弓」, 「禮運」, 「大序」(시경) 와 같은 것은 조금 좋은 문장이나 이후부터 문장은 병통이 생기게 되었다. 다만 한 · 당 · 송을 뛰어났다고 말하지만 그간의 유명 문장가는 목을 등지고 서로 바라보는 듯했다. 몇몇 밖에는 모두 醇朴함이 적고 흠이 많다. 『춘추』를 고르다고 여기지만 정의를 위한 싸움이 없다. 저 육조시대와 오대는 철벌레와 철새가 잠시 울다가 잠시 쉬었을 뿐이다. … 아! 성인이 짓지 않음이 오래이다. 이것은 천고 문장의 불행이다. 그 때 여러 사람이 70명의 제자들과 종유한 후에 공자를 만나서 재단하는 바를 받았다면 능히 자공, 자하, 자유와 함께 마루와 방에서 소매를 들어 읍양하며 그칠 줄 모르는 바가 있었을 것이며, 다만 시인이나 풍류인이 아니더라

도 적중하는데 이르렀을 것이다. 또 때를 만나지 못한 것을 불행으로 여긴 사람도 불행의 특수함만 생각하다가 공자를 만나지 못한 불행을 모른다면 슬픈 일이다.…"[37]

이 글은 『石浦子遺集』의 서문 일부이다. 문장론을 전개한 논설이 아니기에 최흥벽의 문장론 전체를 고찰하기에는 한계가 있는 글이다. 그러나 문집의 서문을 쓰면서 導論으로, 문장 일반에 관한 글로서는 보기드문 장문이며 글쓴이의 생각이 강하게 나타난 것이어서 중요하다.

이 글은 1) 韓愈 비판, 2) 성인과 時世와의 만남, 3)공문 사과와 언어 문학 대표 제자, 4) 불우한 시대의 상황, 5)좋은 문장, 6) 당 · 송과 六朝 · 五代의 문장, 7) 성인과 때를 만난 문장의 강조 등으로 나뉘어진다.

한유를 비판했다. 이것은 성인을 만나지 못한 것이기 때문이라 한 것에서 문장의 외면적 표현이나 기술 보다는 내재적 도덕 정신의 함양이 있어야 된다는 것으로 이해된다. 따라서 이 문제는 성인을 만나

37) 최흥벽. 『두와선생문집』 권7 장30. 「石浦子遺集序」 "余於自古文章有韓公 悲醉鄉之意 盖不遇聖人 以取栽焉 爲甚不幸 至如時世之不遇 則有不暇論也 孔門四科 子貢子游子夏 以言語文學稱 此有聞於夫子之文章而得之矣 當周之衰 奇袤詭異 甚於洪猛之三子者 苟不及門而親炙 幾何不流而爲儀 衍莊列歸乎 而乃能終聞一貫 身通六藝 優入四科之列者 以其幸而遇夫子也 夫樂記檀弓禮運大序等篇 是何等好文章 自是以後文章遂病矣 惟漢唐宋 最稱爲傑然 其間 以文章名家者 可謂項背相望 然二三者外 皆少醇多疵 均之春秋 無義戰 彼六朝也 五季也 候蟲時鳥之乍鳴乍息耳 … 嗟夫 聖人之不作也久矣 此千古文章之不幸也 夫向使彼諸家 從七十子後 遇吾夫子 而受其所以裁之焉 則其能與端木卜言氏 抗袂揖讓於堂室之間 有不可知已 不但爲詞人韻士 而止的矣 方且自以不遇於時 爲不幸而人亦從以不幸之殊 不知不遇夫子之爲不幸也 則可哀哉…"

고 성인의 시세를 만나는 것이 중요한 것으로 연결된다. 성인을 만나지 못하고 그러한 시세를 만나지 못한 불우한 시대에는 좋은 문장이 될 수 없다고 했다. 예로 공자 문인들의 네 과목 중 언어, 문학을 대표하는 제자들을 들어 이 언어와 문학을 문장의 범주에 넣어 이들의 문장을 모범으로 여겼으나 실제는 논어 등에 나오는 언어와 시경 서문을 통하여 추론할 수 밖에 없다. 주나라가 쇠미하여 三子가 황실을 어지럽히고 득세를 할 때를 만난 것은 매우 불우한 것이며 그때의 문장은 기이하고 사악하고 詭異한 문장이 된다고 하면서도 극히 일부는 인정했다. 성인의 시대에서 지어진 문장이라야 훌륭한 것이라고 강조하면서, 성인의 문하에서 수학한 것을 중시했다. 공문 사과의 대표적 제자들은 공자를 만나 공자의 문하에서 수학했기 때문이며, 자득하거나 生而知之 하는 것은 어렵기 때문에 스승 문하에서 수학하지 않는 것은 인정하지 않았다.

좋은 문장으로서는 「樂記」, 「檀弓」, 「禮運」, 「大序」를 들었다. 주지하다시피 앞의 세 편은 『禮記』의 편명이다. 「大序」는 『詩經』 子夏의 서문이다. 결과적으로 예기와 시경서문을 훌륭한 문장으로 인정한 셈이고 그 후부터는 문장에 병통이 생기게 되었다고 하여 좋은 문장으로 인정하지 않았다. 소위 문학사에서 명문장으로 인정되어 있는 한 · 당 · 송대까지 언급해가면서 몇 몇 사람을 제외하고는 순박함이 적고 흠이 많다고 평설했다.

이 부분은 일반적인 문장론으로 보면 많은 논란의 소지가 있는 곳이다. 관점이 공자와 같은 聖人의 문장관으로 보면 최흥벽의 주장이 옳다. 순박함이 적다고 지적한 것은 순박함이 많아야 좋은 문장이란 것이다. 흠(疵)이 많다는 것은 순박함과 아울러 성인의 도덕성, 도학성이 적다는 것으로 이해된다. 『춘추』에는 정의를 위한 싸움이 없다고 하면서 역사서의 문제점과 역사서로서의 문장을 언급했다. 성인이 지은 문장이 없음을 한탄하면서 천고의 불행이라 했다. 공자를 만나지 못하고 때를 만나지 못함을 안타깝게 여기면서 성인과 성인 시대의 문장이 가장 훌륭하다고 재삼 강조했다.

이 글은 결과적으로 성인과 성인의 시대(聖代)를 배경으로 하여, 성인의 말을 듣고 배운 내용을 도덕적으로 나타낸 문장이 옳은 문장이란 관점을 구체적이면서 강하게 재삼 강조한 것이다. 구체적인 주장에 따른 전거를 제시하면서 논리적으로 전개한 논설이라 하겠다. 글쓴이가 이렇게 강하게 주장을 하고 자신의 관점을 분명하게 드러낼 수 있었던 것은 이를 뒷받침할 수 있는 배경이 있을 것으로 보인다. 그것은 도학을 중시한 조선 유학사회와 특히 퇴계를 중심으로 한 영남학맥을 이룬 학자들의 사상, 스승인 최흥원, 이상정의 가르침의 바탕에서 형성된 것으로 생각된다.

최흥벽은 문장 표현론에 대해서도 남긴 글이 있다.

> "사람이 문에 대해서 어찌 구차하다고 여길 수 있겠는가. 문에는 두 길이 있으니 서술과 비흥이 이것이다. 예부터 문인들은 항상 한 쪽으로 치우칠까봐 걱정을 했으니 이 두 가지를 겸해서 잘 되도록 하는 것은 진실로 어렵다고 생각했다. 가령 겸하더라도 궤이하지 않도록 해서 도를 나타냄에 世敎를 돕고 民彝를 돈독하게 함이 있도록 하는 것을 더욱 어렵게 여겼다. 무릇 둘 사이에 가득차서 크게는 하늘과 사람의 근원이 되고 작게는 사물의 번성함이 되고, 밝으면 예악의 실제가 되며, 그윽하면 귀신의 연고가 된다. 문을 함에 있어서는 반드시 이로 말미암아 나아간

후라야 서술, 비흥의 과목을 논할 수 가 있다.…"[38]

이 글은 문의 표현 방법에 대해 서술한 것이다. 두 길인 서술과 비풍은 시경 六義중 삼위인 '興 · 比 · 賦'를 나타낸 것으로, 흥과 비를 '비흥'이라 함께 쓰고, 직설적으로 나타내는 賦를 '서술'이라 쓴 것으로 생각된다. 여기서 말한 문은 운문과 산문을 두루 포괄하는 의미로 쓰였다. 주지하다시피 흥법은 먼저 다른 사물을 말해서 나타내고자 하는 바를 일으키는 것이고 비는 비유법을 말하며 서술은 직설법이다. 시와 산문의 표현법에 차이를 두지 않았다는 점은 중요한 의미를 지니며 관점에 따라 많은 논란을 일으킬 수 있는 문제다. 이러한 논설을 보더라도 최흥벽은 문장론이나 시론에 있어서 뚜렷한 소신을 지니고 있었고 주장이 강하며 상당한 문제의식을 소유하고 있었다.

서술과 비흥이 치우치지 않게 조화를 이루는 것이 중요하며 도에 저촉되지 않고 세교에 도움이 되고 백성들의 도리를 돈독하게 해야 된다는 주장에서는 표현만이 아닌 내용까지도 포함시켜 서술했다. 뒷부분에서는 문의 전개에서 '大 →천인의 原, 細 →사물의 繁, 明 →예악의 實, 幽 →귀신의 故'를 설명했다. 크게는 천인의 원리를 나타낼 수 있어야 하고 가늘게는 사물이 번성하는 모습까지 나타낼 수 있어야 하며, 예악의 형식보다 내실까지 분명하게 밝힐 수 있어야 하고, 귀

---

38) 최흥벽. 위의책. 「憎州文集後序」. "人之於文 豈可苟焉爲之哉 文有二塗 敍述比興 是已 自古摻觚家 恒患於偏勝 兼是二者 而能焉固難 假使 兼之而能不詭 遇於道 有以裨世敎 而敦民彝者 爲尤難矣 凡盈於兩間 而大而爲天人之原 細而爲事物之繁 明而爲k禮樂之實 幽而爲鬼神之故 爲文而必由是而出然後 方可與論於敍述比興科…"

신이 인연하여 알 수 있도록 그윽한 면을 드러내야 한다는 것으로 설명할 수 있을 것이다. 이런 과정을 거쳐야 서술과 비흥의 科程에 들어갈 수 있다고 구체적인 방법까지 서술했다.

이것은 시론과 연결된다. 시에 대한 견해를 보도록 한다. 시의 원론이나 시론의 유형, 시론의 사적인 전개 등에 대한 글은 문집에 없다. 「策題」의 일부분으로 『濂洛風雅』의 성운 · 체제가 주나라의 풍아와 합당해서 이름을 그렇게 붙였는가? 성정에서 나와서 언어로 나타냄에 (周代)풍아의 의미를 지니고 있는가? 라는 문제[39]에 대한 답이 있다.

> "…대저 예로부터 시를 말하는 자는 모두 風雅를 조종으로 여기는 사람이니, 대개 거기에는 성정의 올바름이 나타나 있고, 자연적으로 느낌이 일어난 것이 있고, 징계의 기미가 나타나 있기 때문이다. 정주학자들이 수천년 뒤에 우뚝하게 일어나 연원이 바르고 크며, 학문이 순수하여 뜻을 말하는 사이에 나타난 것이 평담하면서도 잡념없이 화평하고, 순정하면서도 심후하여 온화한 모습에 모두 도덕의 꽃다운 모습이 나타나 있다. 그래서 위로 (주대의) 풍아가 끊어졌던 한을 잇게 되는 까닭이 있으니 진실로 漢唐 이래의 여러 유명 작가들이 비슷함을 체득한 것은 아니다. 학문의 모범이 되고 풍속 교화의 도움이 되는 것이 어찌 적다고 할 수 있겠는가.…"[40]

---

39) 최흥벽.『두와선생문집』.「책제」 권9. 장29 "問 '濂洛風雅' 其聲韻體製 果皆合於周之風雅 而名之歟 抑出於性情 發於言語者 有能得風雅之意者歟…"

40) 최흥벽. 위의책. 장31.「…大抵 自古言詩者 皆以風雅爲宗者 盖以其發於性情之正 而自然有感發懲創之機緘也 濂洛群賢 崛起於數千載之後 淵源正大 學問純粹 其形於言志之間 平澹而冲和 純正而深厚 藹然 皆道德英華之發見 而有以上接風雅之絶響 則固非漢唐以來 諸名家之所可得以彷彿也 其爲學之規模 風化之羽翼者 曷可少哉…"

정주학파의 시를 모아 편찬한 『濂洛風雅』가 주대의 풍아에 합당하고 연원이 닿으며, 성정에서 나와서 언어로 발해지는 것이 고대 풍아의 의미를 지니어 계승되었음을 설명하였다. 시경 대서에 나타난 시론이 주자의 시전 서문에 계승되는데 이를 최흥벽도 수용 · 계승한 것임을 알 수 있다. 漢 · 唐이래 유명작가들의 시론이나 작품은 정주학자의 시론과 다른 것을 강조했다. 이것은 앞에서 다룬 문장론의 관점과도 일치된다.

이 글 뒤에도 우리 나라에도 풍아의 교화가 정주의 학문으로 넘쳐나서 그 유풍과 여운이 지금까지도 이어지고 조선에서 간행한 『청구풍아』는 중국의 풍아에 부끄럽지 않다고 했다. 시경의 주남 소남의 교화을 외우고 정주의 책을 읽으면 풍속이 아름다와지고 칭송의 소리가 나겠지만 그렇지 않고 수식을 좋아하는 자들이 자연을 읊은 작품으로, 교일한 생각에서 지어진 작품에는 愛民 · 濟物의 뜻이 없고, 궁고한 속에서 지어진 작품에는 安分 · 樂道의 뜻이 없다고 하여 이를 경계하면서 시에는 애국제민. 안분낙도의 뜻이 보여야 한다고 했다. 최흥벽이 좋지 않게 여긴 시인의 창작태도, 心態, 素材, 詩風으로는 儷黃媲白, 月露之習, 粧靑飾朱, 花鳥之愁, 驕逸, 窮苦之中, 偏滯, 放曠, 悲愁憂歎, 不平, 發揚蹈厲, 爲奇 등을 열거했다. 이러한 것들이 작용하여 지어진 작품은 정자 · 주자 등의 기상과 의취와는 한점 반개의 유사점도 없다고 강하게 비판했다. 반면에 충화 평담 순정 순후한 시풍이 되도록 힘쓰면 濂洛群賢의 뜻을 얻을 수 있다고 했다.[41] 따라서 이러한

41) 최흥벽. 위의책. 같은 곳. "惟我東方風雅之化 洋溢於上 濂洛之學 昭明于下 遺風餘韻

시풍을 추구하는 시론을 지녔다고 하겠다.

최흥벽의 이러한 문장론과 시론은 조선 유학사회의 배경위에 형성되었으며 후기 여러 문인, 학자들의 문학론과 유사한 점이 많지만 서술방법과 주장의 특징에서 개별성을 인정할 수 있다. 앞으로의 연구에서는 이러한 문장론과 시론이 실제 작품에서 어떻게 형성되었는 지 살피고자 한다.

6. 결어

蠹窩 崔興璧은 18세기 달성 해안에서 태어나 백불암 崔興遠과 대산 李象靖의 학문을 계승한 학자로, 친가인 달성(漆溪)의 경주최씨, 외가인 현풍곽씨, 처가인 고창 오씨를 중심으로 달성 · 고령 안동의 일직(소호) · 성주 · 칠곡 · 상주(우산)의 학자들과 교유를 했다. 그 중 대표적인 학자는 李光庭, 李光靖, 鄭宗魯, 李東汲, 金竑, 鄭煒, 蔡必勳, 崔興岦 등이다. 어려서부터 도학을 수학했고 젊은 시절 과거에 뜻을 두었으나 실패한 후 安貧樂道하며 도학에 전념하여 『心學淵源抄節通編』, 『三忠錄』과 『蠹窩文集』 17권 8책을 저술했으나 문집만 현전

式至于今 則夫所謂靑邱風雅之名 可以無愧於周宋二代矣 宜其人誦周召之化家 讀程朱之書 風俗日美 頌聲日昨 而卒未也 儷黃媲白者 徒尙月露之習 粧靑飾朱者 謾供花鳥之愁 而發於驕逸之餘者 頓無愛民濟物之志 發於窮苦之中者 亦無安分樂道 或過於偏滯者 有之 或主於放曠者 有之 或悲愁憂歎 不得其平者 有之 或發揚蹈厲 自以爲奇者 有之 比之於濂洛群賢之氣象意趣 未有一點半箇之有似者 何故歟 如欲一返於沖和平澹純正深厚 能得濂洛群賢之意 …”

한다.

『두와문집』에는 詩 188題 351首, 疏 3편, 書73편, 雜著 2편, 序 23편, 記 19편, 跋 18편, 上樑文 4편, 祝文14편, 祭文 11편, 哀辭 3편, 遺事 5편, 行狀 10편, 傳 3편, 碑誌碣 5편, 卞誣錄 1편이 실려 있다.

시를 형식별로 보면 5언이 20수이고 나머지가 7언 또는 7언 위주 장단구로 7언구 선호도가 두드러진다. 내용은 차운시 57제, 술회시 52제, 만사 43제, 수창시 3제, 증여시 18제, 영물시 6제, 서경시 1제, 제영시 4제, 설리시 2제, 의작 2제, 「碓樂」, 「扊扅歌」 등 악부시 2제 등으로 차운, 술회, 만사가 중심을 이룬다.

「次李進汝東汲人道心吟」 2수와 「又次四七吟」은 대표적 설리시로서 도학시인데 대산, 백불암으로부터 전수받은 심학의 이해 체계를 보여준 작품으로 중요하며, 「北遊數月而歸作此以述懷」도 대산문하에서 수학한 후 도학의 수학태도와 의식을 술회한 작품이다. 그 이외의 술회시에서도 외롭고 빈한한 삶을 살면서 수신과 학문을 하는 정신세계를 읊었다. 악부시 「碓樂」과 「扊扅歌」 두 편은 작가가 백결선생과 백리해의 아내 입장에서 빈한한 삶을 살면서 겪은 온갖 풍상을 핍진하게 그린 장편시이다. 작가의 가난한 삶에 대한 현실 인식을 두 작품의 주인공을 통해 보여주고 있다.

산문은 疏, 書, 雜著, 序, 記, 上樑文, 祝文, 祭文, 哀辭, 遺事, 行狀, 傳, 碑誌 등 문체별로 다양한 산문 작품을 많이 남겼으며 작가는 이를 통해 더불어 사는 대인관계에서의 삶의 양상과 생각을 드러내고 있다. 문체별로 작가의 사상 감정, 의식, 가치관념이 함융된 의론 부분이 있어, 산문의 문체별 일반적 성격과 특성을 살필 수 있다. 「請寒岡旅軒

兩先生陞廡疏」, 「黃江赤壁泛舟記」, 「萬進堂詩序」, 「施都司傳」은 각 문체적 특성에 입각한 문체별 대표 작품으로, 작가의 개별적인 산문 구성의 변별성을 지니고 있다. 특히 작가의 변모된 문체관을 고찰할 수 있는 작품도 있어 앞으로 연구를 할 수 있는 여지가 많다.

최흥벽은 성인이나 성인의 시대를 만나 지어진 문장이 좋고 악인이나 난세에 지어진 문장은 좋지 않다고 여긴 문장관을 지녔으며,「樂記」, 「檀弓」, 「禮運」, 「大序」를 좋은 문장으로 제시했다. 시는 주대의 풍아적 전통을 이은 도학적 시관을 지녀 『염락풍아』를 중시했고 도덕적이고 세교적인 문학적 기능을 중시했다. 따라서 이러한 문장론과 시론을 통해 볼 때 최흥벽은 도학적 문학론을 주장하고 실천한 문인이요 학자라는 위상을 지니게 되었다.

최흥벽의 학문적 성격은 특이한 면을 보인다. 청년기엔 大山(안동)과 百弗庵(달성)의 영남좌도의 도학을 이었지만 고령으로 이거하여 장 · 노년기를 영남 우도인 고령 · 성주에서 보내면서 寒岡 鄭逑의 학맥을 이은 학자들과 깊은 교유를 했고 고령출신 인물을 포양하고 우도의 제현을 문묘에 배향하라는 상소를 한 것으로 보아 좌도학맥과 우도학맥이 융합된 것이라 하겠다. 이점은 최흥벽의 학문전반과 18세기 영남 좌 · 우도의 학문의 성격을 연구한 후라야 분명히 드러날 것이다.

참고문헌

郭茂倩.『樂府詩集』. 金富軾 외『삼국사기』.

金相洪. 1989.『韓國漢詩論과 實學派文學』-世界 最長 漢詩 任叔英의「述懷」研究- 계명문화사.

金榮淑. 1998.「大山 李象靖 시의 성격과 연원」.『대동한문학』10. 대동한문학회.

金榮淑. 2001.「百弗庵 崔興遠의 시의 도학문학적 양상과 특성 」.『한국의 철학』29. 경북대학교 퇴계연구소.

金宗直.《東都樂府》, 李衡祥《次佔畢齋東都樂府》, 李瀷《海東樂府》, 金養根《東方古樂府》, 姜浚欽《海東樂府》, 李學逵《嶺南樂府》, 李福休《海東樂府》, 李裕元《海東樂府》, 崔鉉達《次佔畢齋集中韻》.

李光庭.『訥隱文集』, 李東汲『晩覺齋文集』, 鄭宗魯『立齋文集』, 金㙆『龜窩集』, 鄭煒『芝厓集』, 蔡必勳『琴窩集』, 崔興岦,『喘翁集』.

李　珥.『栗谷全書』卷15《雜著》「東湖問答」.

鄭宗魯.『立齋先生別集』권7《附錄》,「墓碣銘」(정원선) .

崔興壁.『蠹窩文集』1~17권 (계명대학교 소장본).

칠곡 광주이씨 李元禎家의 정치적 위상과 학문적 성격
- 李元禎·李聃命을 중심으로 -

김학수 (한국학중앙연구원)

칠곡 광주이씨 李元禎家의 정치적 위상과 학문적 성격

- 李元禎 · 李聃命을 중심으로 -

김 학 수 (한국학중앙연구원)

1. 머리말

정치사상사적 관점에 볼 때, 조선후기, 특히 17세기는 커다란 변화의 시기였다. 전형적인 사림정치기에[1] 속했던 이 시기는 1623년 인조반정을 기점으로 서인정권의 초석이 마련됨으로써 그 대척점에 있었던 남인들의 정치적 영향력은 크게 약화되어 갔다. 이런 정황은 인조반정 이후 남인집권이 숙종 초기 두 차례에 지나지 않았던 엄연한 역사적 사실에서도 확인할 수 있다. 또한 이 시기는 조선의 사상계가 '畿湖'와 '嶺南' 양대 학파 체제로 편입되어 가는 현상이 뚜렷해졌

1) 이성무는 조선시대의 정치사를 ① 士大夫정치시대(국초~단종), ② 勳臣정치시대(세조~명종), ③ 士林정치시대(선조~경종), ④ 蕩平정치시대(영조~정조), ⑤ 外戚勢道정치시대(순조 이후) 등 크게 5시대로 구분한 바 있다. 이성무. 1998.『조선왕조사』1-2. 동방미디어.

다. 정파의 모집단으로 기능했던 학파의 속성을 고려할 때, '西人=畿湖學派', '南人=嶺南學派'라는 정치학문적 등식관계도 이 때부터 분명해지기 시작했던 것이다.

본고에서 다루고자하는 광주이씨 이원정가는 17세기 남인 영남학파의 핵심에 있었다. 15세기 후반 妻鄕을 따라 칠곡에 낙남한 광주이씨는 영남 유수의 명가들과 혼맥·학맥을 형성하며 족적 기반을 확대하며 사회적 기반을 강화시켜 나갔다. 특히, 李潤雨⇒李道長⇒李元禎·元祿⇒聃命·漢命 4대 6인의 정치·학문적 활약은 광주이씨가 客班으로서의 색채를 일소하고[2] 남인 영남학파의 맹주로 발돋움하는 밑거름이 되었다. 특히, 이원정가는 뛰어난 治産 능력에 바탕한 田庄의 확대, 낙동강의 水運을 활용한 상업 활동을 통해 풍부한 경제력까지 보유하게 됨으로써 학문·사환·재력을 두루 갖춘 명족으로 도약할 수 있었다.

한편 류성룡 이후 영남 출신의 정승은 광해조의 鄭仁弘과 고종조의 柳厚祚 두 사람 뿐이고, 그나마 이조판서를 지낸 사람도 鄭經世·李元禎·李玄逸 등 3인에 지나지 않는다는 사실은 칠곡 광주이씨의 정치적 위상과 관련하여 시사하는 바가 매우 크다. 조목·유성룡·김성

---

2) 조선후기 영남학파의 핵심 가문 중에는 外鄕·妻鄕을 따라 낙남한 경우가 많았다. 영남학파의 도통과 관계가 깊은 집안에 한정할 때, 진성이씨 李滉 가문, 창녕조씨 曺植 가문, 풍산류씨 柳成龍 가문, 의성김씨 金誠一 가문, 인동장씨 張顯光 가문, 안동장씨 張興孝 가문 등은 영남의 토성 사족이고, 서흥김씨 金宏弼 가문, 여주이씨 李彦迪 가문, 청주정씨 鄭逑 가문, 진주정씨 鄭經世 가문, 재령이씨 李玄逸 가문, 한산이씨 李象靖 가문 등은 15~16세기 객반으로서 영남에 정착하여 도학상의 지위를 획득하였다. 광주이씨 이원정가는 후자의 전형적인 예가 된다.

일 · 정구를 중심으로 편제되어 있었던 17세기 영남학파의 상황을 고려할 때, 정경세는 풍산 · 상주권의 서애학맥, 이원정은 성주 · 칠곡권의 한려학맥, 이현일은 안동 · 영해권의 학봉학맥의 정치적 수장이자 대변자였음을 뜻한다. 이원정이 현종~숙종조 성주 · 칠곡권 한강학맥의 영수로 부상할 수 있었던 것은 기호 · 영남 양 학파와 학연을 맺었으면서도 '岡門高弟'로의 입지가 탄탄했던 이윤우의 학문적 기반을 물려받았기 때문이었다. 여기에 더해 경향의 남인 명가, 특히 근기남인과의 통혼에 바탕한 굳건한 인적 연계망은 이원정 · 담명 부자가 여느 영남 남인과는 달리 중앙의 정계에서 실세 또는 主論者로서 구실하는 동력으로 작용하였다.

지금까지 칠곡 광주이씨 일가에 대해서는 경제사,[3] 향촌사회사[4] 분야의 연구를 비롯하여 이윤우, 이도장, 이원정, 이담명 · 한명, 이만운 등 이 집안에서 배출된 주요 인물들에 대한 인물사적 분석이 있었다.[5] 김건태의 연구는 경제기반의 확충과 운용의 실상을 매우 정미하게 분석함으로써 이원정가의 경제적 존재양태를 이해하는데 크게 참조가

3) 김건태. 2004.『조선시대 양반가의 농업경영』. 역사비평사.

4) 정순우. 2004.「조선후기 성주 · 칠곡 지역 사족의 성립과정과 변화 양상」.『남명학파와 영남우도의 사림』. 예문서원.

5) 김문택. 2009.「숙종대 이원정의 정치활동과 피화」.『역사와 실학』. 역사실학회; 박인호. 2007.「묵헌 이만운의 학문세계」.『조선시대 광주이씨의 삶과 학문』. 한국역사문화연구원; 이근호. 2007.「17세기 후반 이담명 · 이한명의 정치활동과 경세론」.『조선시대 광주이씨의 삶과 학문』. 한국역사문화연구원; 조준호, 2007.「낙촌 이도장의 생애와 정치 활동」.『조선시대 광주이씨의 삶과 학문』. 한국역사문화연구원; 정호훈. 2007.「17세기 이원정 · 이담명 부자의 정치 기반과 활동」.『조선의 명가 광주이씨–불굴과 휼민의 정치』. 서울역사박물관.

되고, 인물사적 연구는 개인의 정치 활동과 학문 및 경세론 등을 조명한 것인데, 특히, 정호훈의 논고는 본고 작성에 크게 도움이 되었다. 본고는 크게 세가지 관점에서 연구를 진행하였다.

첫째, 17세기 광주이씨의 문벌적 기반의 성격이다. 문벌은 기본적으로 사환에 바탕하여 형성되지만 '學統'과 '婚脈' 그리고 경제력이 뒷받침될 때 더욱 견고해지는 속성이 있다. 이런 관점에서 볼 때, 광주이씨는 이러한 조건들을 모두 갖추고 있었는데, 본고에서는 그 세세한 면모와 양상을 추적해 보기로 한다.

둘째, 광주이씨의 정치적 역할과 위상의 문제이다. 이원정 · 담명 부자가 현종~숙종조 영남남인의 핵심으로 활동했음은 주지의 사실이지만 지금까지 이들이 근기남인에 필적하는 정치적인 영향력을 행사할 수 있었던 힘의 원천은 어디에 있었고, 또 이들의 역할이 17세기 정치사에서 어떤 의미를 가지는가에 대한 설명은 부족했는데, 본고에서는 이 점에 보다 천착하기로 한다.

셋째, 학문적 성격의 문제이다. 광주이씨는 출처에 있어 '處(물러남)'보다는 '出(나아감)'을 지향했고, 학문 경향에 있어서도 성리학에 대한 이론적 탐색보다는 經世論的 실천성을 강조했는데, 본고에서는 이를 관료지향적 체질과 寒岡學의 實用 · 實務的 學風과의 접목이라는 측면에서 살펴보고자 한다.

2. 이원정가의 문벌적 기반

1) 寒旅學의 계승

고려말 이래 줄곧 서울 일대에 기반을 두고 사환에 종사했던 광주이씨 일파가 칠곡에 입향한 것은 이원정의 6대조 李摯 때였다. 이지의 성주 정착은 단순히 거주지의 이동을 넘어 향후 자손들의 정치·학문적 행보에 중요한 영향을 미쳤다. 아들 德符는 신천강씨 康仲珍의 딸과, 손자 遵慶은 선산김씨 金就成의 딸과 혼인하였는데, 이러한 통혼은 훈구파의 핵심 갈래였던 광주이씨가 영남사림파 속으로 편입되어 가는 과정으로 해석할 수 있다.

김종직의 생질이자 문인이었던 康伯珍·仲珍 형제는[6] 한 때 상주권을 중심으로 확산세를 보였던 李延慶[灘叟]·盧守愼[穌齋]학맥의 형성에 중요한 영향을 미쳤던 인물이고, 박영의 고제 김취성은 아우 金就文과 함께 道學論을 주창하며[7] 松堂學派를 이끈 대표적 학자였다.[8]

성주 정착 직후부터 본격화 된 灘叟·穌齋學脈, 松堂學脈과의 통혼

---

6) 沈喜壽.『一松集』卷8. <康舟川墓誌銘幷序 >.

7) 설석규. 2009.「16세기 도학의 대두와 김취문의 정치적 역할」.『조선사연구』18. 조선사연구회.

8) 김취문 가문은 아들 대에 영남학파와 기호학파로 분립하게 되는데, 西厓·旅軒學統을 이은 장자 金宗武 계열은 남인 영남학파, 牛溪學統을 이은 차자 金宗儒 계열은 서인 기호학파로 활동하였다. 특기할 것은 남인 영남학파든 서인 기호학파든 두 가계 모두 사족적 기반이 확고했다는 점이다. 특히 김종유 계열은 17세기 중엽부터 尤庵學統을 계승하며 영남내 노론의 핵심가문으로 활약했다. 김학수. 2010.「조선후기 영남지역 사족가문의 學派·政派的 분화와 그 존재양상」.『韓國史學報』38. 高麗史學會.

은 경제적 지원에 아울러 사회 · 학문적 기반의 확대 과정임에 분명했다. 물론 소재학맥과 송당학맥은 17세기 이후 정경세 · 장현광의 학문적 성장으로 인해 각기 愚伏學派와 旅軒學派 속으로 흡수됨으로써[9] 독자적인 학파로 발전하지는 못했지만 낙남 이후 3~4대에 걸쳐 혼맥을 통해 착실히 다져진 사회적 기반은 이윤우를 비롯한 후손들이 영남사림의 주류로 성장하는 밑거름이 되었다.[10]

칠곡 광주이씨가 '門戶'를 형성하며 영남의 사림사회에서 강력한 영향력을 행사하기 시작한 것은 이윤우 대였다. 남명 · 퇴계 양문의 고제 정구의 문인이었던 이윤우는 전후 30년을 한강문하에서 수학했고, 정구 사후에는 문집의 간행, 신도비 및 원우의 건립 등 각종 추양사업을 이끄는 과정에서 '岡門高弟'로서의 위상을 확고히 했다.[11] 숙종~영조조 남인계의 대표적 학자였던 李萬敷는 17세기 영남학파를

9) 김학수. 2008.「17세기 영남학파 연구」. 한국학대학원 박사학위논문(미간행).

10) 1624년 4월 이윤우가 선산 들성[坪城]으로 가서 외증조 金就成의 묘소를 참배하고 치제했던 것도 연원의식의 표출로 해석된다.(李潤雨,『石潭集』.「年譜」<甲子> (1624) "往善山坪城 祭眞樂堂金先生墓")

11) 필자는「寒岡(鄭逑)神道碑銘 改定論議와 그 의미」(2007.『조선시대사학보』42. 조선시대사학회)에서 이윤우의 사승과 관련하여 '栗谷門人說'을 제기한 바 있다. '율곡문인설'은 이이의『栗谷全書』나 이윤우의『石潭集』에서는 확인되지 않지만 이윤우가 신흠에게 '寒岡神道碑銘'을 청탁할 때 自述한 내용이 신흠의 아들 申翊聖, 손자 申炅을 거쳐 외손자인 박세채 대에 이르러 문자화 되었다.(朴世采.『南溪集』卷57. <記少時所聞>. "申兄用晦言李公潤雨 栗谷門人也 受學最久 及先生歿 又去事寒岡公 後謂人曰 當陪侍先生時 如入春風之室 不能一日而離其座 余亦自不知其何也 雖愚蒙之輩 一承顔色 莫不誠悅而心服焉"; 朴世采,『南溪集』卷68, <跋寒岡先生甲申手帖> "因記少時內兄平山申用晦爲余說故石潭李公潤雨之言曰 寒岡甚敬栗谷 晩歲猶然 常以後事自擬 及其碑文至自漢師 寒岡亟取而讀之 再三披玩 徐曰叔獻道德 豈容如是泛論已也 憮然久之 蓋李公始事李先生於首陽 後從鄭先生卒業 爲請碑文於外王父象村公 其所自述如此")

月川(조목) · 西厓(유성룡) · 鶴峯(김성일) · 寒岡(정구)門派의 4대 구도로 구분하였고,[12] 장현광을 한강문파의 계승자로 설정하였지만 한강학파의 결속과 확산에 있어 장현광에 비견되는 존재가 바로 이윤우였던 것이다.[13]

'義理로는 師生이고, 情으로는 父子'[14]라는 표현처럼 이윤우에게 정구는 '師父'였고, 이윤우에 대한 정구의 기대도 그만큼 특별했다. 1616년 경성판관의 임기를 마치고 환향한 이윤우는 泗上을 왕래하며 정구와 더불어 강학하며 학문에 침잠하였고, 이 과정에서 정구는 그와의 토론을 통해 자신의 學說을 完定하는 등 학문적으로 크게 신뢰했다.[15]

> 6월 泗上에서 한강 선생께 인사를 드리고 이곳에 머물면서 강학했다. 정선생께서는 선생을 특별히 敬重하게 대하여 문하 諸生들 중에 가장 촉망을 받았다. 선생(이윤우)께서 鏡城에서 돌아오기 전에 정선생께서 편지를 보내 '예전의 붕우들은 거의 다 조락했고, 앞으로 상종할 이는 오직 당신 뿐입니다.' 고 했고,…또 이르기를, '항상 그대가 고인의 책에 힘을 기울이고, 眞髓를 함양하여 근본을 두텁게 한다고 생각했는데, 지금 보내온 편지를 보니, 과연 거침없이 진취되는 것을 볼 수 있어 내가 기대하는 바에 더욱 부응하고 있으니 매우 위로가 됩니다.' 고 했다.[16]

---

12) 李萬敷. 『息山集』 卷18. <退陶淵源筆帖跋>. "今江右上遊之論 主西厓而及于愚伏 星山以下之論 主寒岡而及于旅軒 永嘉一帶 並稱厓鶴 而宣城人最尊月川 故陶山配食 惟月川一人而已"

13) 한강학파의 형성과 이윤우의 역할에 대해서는 김학수. 2010. 「조선중기 寒岡學派의 등장과 전개」. 『한국학논집』 40. 계명대학교 한국학연구원.

14) 李潤雨. 『石潭集』 卷1. <寒岡先生輓> "義定師生分 情同父子親"

15) 李潤雨. 『石潭集』. 「年譜」. <丙辰>. "六月拜鄭先生于泗上 因留講學 自是無復有意進就 日侍鄭先生于泗上 鄭先生纂述群書 未嘗不與之相確而折衷焉"

16) 李潤雨. 『石潭集』. 「實記」.

이런 가운데 1617년 7월에 이루어진 정구의 '蓬山浴行'은 이윤우가 한강문하의 고제로 인식되는 결정적인 계기가 되었다. 당시 이윤우는 출발(7월20일)에서 환가(9월4일)에 이르는 전과정을 시종하였고, 45일의 일정을 일기 형식으로 기록한 「蓬山浴行錄」을 남겼다.[17) 이 때 정구는 제자들과 더불어 『五先生禮說分類』의 중요 부분인 「李先生禮疑答問」의 大目과 「五服沿革圖」를 講定하는 한편 이윤우에게 명하여 이를 淨寫케 하였는데,[18) 이는 이윤우를 자신의 首門으로 인정하는 정구의 은미한 뜻이 내포된 것으로 해석할 수 있다.

사실 정구 학문의 본령이 예학에 있었고,[19) 『오선생예설분류』와 『오복연혁도』는 정구 예학의 정수였던 바, 이들 저술의 강정 및 편간을 이윤우에게 위임했던 것은 그에 대한 정구의 기대가 그만큼 컸음을 반증한다.[20) 특히 『오선생예설분류』는 봉산욕행 이전인 鏡城 판관 재임시에 이미 成書를 부탁받은 바 있었고,[21) 욕행 두 해 뒤인 1619

17) 李潤雨. 『石潭集』 卷4. <蓬山浴行錄>. <蓬山浴行錄>은 『석담집』 수록본과 『한강전서』 수록본이 있다. 후자는 전자를 저본으로 하여 당시 동행했던 일부 문인들의 기록을 참작, 부기한 것일 뿐 내용상의 큰 차이는 없다.

18) 李潤雨. 『石潭集』 卷4. <蓬山浴行錄>. "七月二十七日 先生命潤雨 寫退溪李先生禮疑答問大目…八月初三日 先生講定五服沿革圖及李先生禮疑答問題目…八月初八日 先生命潤雨寫五服沿革圖"

19) 고영진. 1995. 『조선중기 예학사상사』. 한길사.

20) 이윤우는 1628년 담양부사에 부임하면서 『오선생예설분류』와 『오복연혁도』의 간행에 착수하였고, 이듬해인 1629년 전라감사 李聖求, 나주목사 辛啓榮, 광산현감 李惟達, 순천현감 姜大進, 무안현감 金轃, 후임 감사로 부임한 權泰一의 협조를 바탕으로 간행함으로써 숙원사업을 완료하게 된다.(李潤雨. 『石潭集』 卷3. <五先生禮說跋> 및 <五服沿革圖跋>)

21) 李潤雨. 『石潭集』 卷2. <上寒岡先生>. "禮說至今未得爲成書 實吾儕士友之過 爲之慨嘆也"

년에도 사상으로 가서 講定 및 淨寫 작업을 주도하는[22] 등 이윤우는 정구 생전에 이미 주요 저술의 편간을 전담하다시피 했고, 원고 또한 그가 직접 관리하면서 간역을 지휘했던 것이다.

이후 그는 1620년 정월 초5일 정구가 사상의 持敬齋에서 78세를 일기로 고종하자 護喪이 되어 師門의 치상을 주관하는[23] 한편 정구의 川谷書院 追享,[24] 檜淵書院의 건립,[25] 『오선생예설분류』의 교정 및 간행작업[26] 등 추양사업에 매진했다. 아울러 그는 인조반정 이후 입조해서는 정구의 증직 · 증시 및 『오선생예설분류』의 간행을 청하는[27] 등 종횡무진으로 활동한 결과 1625년 6월 정구에게 文穆의 시호가 내려지게 되었다.[28]

장현광은 이윤우를 정구의 학문을 발휘시킨 '愷悌君子'로 평가한 바 있고,[29] 최항경은 '가장 가까이서 한강의 微言을 들은 인물로 칭송

---

22) 李潤雨.『石潭集』.「年譜」. <己未>. "往泗上 講定五先生禮說 以禮說校正淨寫事 出文通諭同門諸子"

23) 李潤雨.『石潭集』卷4. <泗濱護喪錄>. "初五日 吾與以直叔發侍側 先生各呼三人之字 縷縷言說而皆不得省矣 未時扶起而坐 命着冠 俄而就寢 酉時屬纊擧哀 諸友以潤雨爲護喪 分定諸執事"

24) 李潤雨.『石潭集』卷3. <呈方伯文>(寒岡先生川谷書院從祀時 代星州士林作). "學問之醇正 造詣之精深 論議之正當 去就之明白 五賢之後一人而已"

25) 李潤雨.『石潭集』.「年譜」. <壬戌>. "建鄭先生祠于檜淵"

26) 李潤雨.『石潭集』.「年譜」. <庚申>. "校正禮說" ; <辛酉>(1621) "再校禮說" ; 卷2, <答孫幾道> "所敎禮說 固欲傳書廣布 以與同志者共之 而第未得校正 近與諸友 方謀讎校 待其畢校後 取去傳寫如何"

27) 『인조실록』 권3. 1년 10월 14일(경자). ; 李潤雨.『石潭集』卷3.「筵說」<癸亥 10月16日>. ;『인조실록』권7. 인조2년 10월 13일(갑오). ; 李潤雨.『石潭集』卷3.「筵說」. <甲子12月25日>.

28) 『인조실록』 권9. 인조 3년 6월 2일(무인).

한'[30] 바 있는데, 이는 이윤우 당대에 이미 주변의 사우들로부터도 '岡門高弟'로 인정받았음을 뜻한다. 1664년(현종5) 泗陽書院 이봉,[31] 1677년(숙종3)의 회연서원 종향은[32] 이런 인식의 구체적 표현이었다. 영남에 소재한 정구의 주향처 5개소[檜淵 · 冠山 · 檜原 · 泗陽 · 道林] 가운데 2개소에 이윤우가 종향된 점은 매우 주목할만한 사실이다. 특히 한강학파의 본산인 회연서원 종향은 이윤우의 한강학파 내에서의 지위, 나아가 칠곡 광주이씨의 사회 · 학문적 위상과 관련하여 많은 것을 시사한다.

이윤우가 강문고제로 부상할 수 있었던 것은 기본적으로 학문적 역량과 정구의 신뢰에 바탕하는 것이지만 그를 둘러싼 인척적 기반도 중요한 요소가 되었다. 이윤우는 자신의 직계 자녀를 포함하여 내외 8촌 이내에서만 약 20명에 달하는 한강문인과 인척관계를 맺고 있었다.[33] 대구지역 한강문인의 중심축이었던 서사원(6촌), 손처눌(5촌), 정구의 처질이었던 李蘭貴 · 蘭美(이상 8촌)도 그의 가까운 인척이었

---

29) 李潤雨. 『石潭集』. 「實記」. <張顯光祭文>. "古人之稱吉人者 有曰愷悌君子 有曰溫其如玉 以余所見 公乃其人也"

30) 李潤雨. 『石潭集』. 「實記」. <崔恒慶祭文>. "昔年泗濱 函丈師門 得聞微言 惟公爲最"

31) 李潤雨. 『石潭集』. 「實記」. <士林通文>(癸未). 당초 梅湖祠에 봉안되어 있던 이윤우의 위패를 사양서원으로 이봉하자는 논의가 일어난 것은 1663년이고, 移安禮가 행해진 것은 이듬해인 1664년(현종5)이다. 이안시 봉안문은 寒旅門人 蔡楙가 지었다(李潤雨. 『石潭集』. 「實記」. <泗陽書院奉安文>(佐郎蔡楙製).

32) 李潤雨. 『石潭集』. 「年譜」. <丁巳>. ; 李潤雨. 『石潭集』. 「實記」. <檜淵書院奉安文>(進士朴震耉製). ; 李潤雨. 『石潭集』. 「實記」. <檜淵書院奉安時告寒岡先生文>.

33) 한강학파의 형성과 이윤우의 역할에 대해서는 김학수. 2010. 「조선중기 寒岡學派의 등장과 전개」. 『한국학논집』 40. 계명대학교 한국학연구원. 146쪽 참조.

는데, 그가 어릴적부터 徐思遠, 孫處訥의 문하를 출입한 배경도 여기에 있는 것이다.

강문고제로서의 위상을 반영하듯 1642년 박명윤, 이서, 배상룡 등에 의해 梅湖祠의 건립이 발론되었고, 1655년부터는 위패를 봉안하였다. 이후 1664년에는 朴震耉, 裵世維 등에 의해 사양서원에 추향되었고, 1677년에는 정구의 주향처인 檜淵書院에 종향됨으로써 한강문하에서의 위치가 더욱 확고해졌다.[34] 매호사의 건립, 사양 및 회연서원의 추향 등 이윤우 관련 원향론이 이원정·담명 부자의 한강학파 또는 영남남인에서의 영향력과 결코 무관치 않다.

이런 흐름 속에서 이원정·담명 부자는 '한강신도비'의 이건,[35] 1689년 좌의정 睦來善(이담명의 사위 睦聖謙의 증조)을 통한 檜淵書院의 사액,[36] 1692년(숙종19) 경상감사 李玄紀(이담명의 처4촌)를 통한 사양서원 재정 확충[37] 등 사양·회연서원의 운영 주체이자[38] 한

---

34) 한강학파의 형성과 이윤우의 역할에 대해서는 김학수. 2010.「조선중기 寒岡學派의 등장과 전개」.『한국학논집』40. 계명대학교 한국학연구원. 146-147쪽.

35) 李元禎의 <寒岡鄭先生神道碑移竪跋>(『歸巖集』卷6)에는 신도비 이건 연도가 1674년, 장응일의 <敬書寒岡鄭先生神道碑後>(『聽天堂集』卷3)에는 1668년으로 기록되어 있어 약간의 차이를 보인다.

36)『숙종실록』권21. 숙종 15년 11월 4일(정유).

37) 李聃命.『靜齋集』卷4. <與李方伯玄紀>(壬申).

38) 이담명은 경상감사 재직시(1690. 7~1691. 5) 조정에 건의하여 공노비 10여구를 사양서원에 소속시킨 바 있고, 후임 감사 閔昌道에게 부탁하여 영역에 귀속된 서원 典僕을 회복함은 물론 쌀(1석)과 租(4석)를 지원받는 등 사양서원의 재정확충에 매우 열성적이었다(李聃命.『靜齋集』卷5. <記聞見>. "泗陽書院罷弊甚 不成學宮模樣 余忝按本道時 啓于朝 劃給屬公奴婢十餘口 則其中浿於官簿者 五口並現 故與方伯閔昌道會話泗陽也言之 一體屬之於書院 典僕之入於營役者四人 亦得頉減 且得米一石租四石 帖助書院"

강학파의 리더로서 역할하게 된다. 1698년 이담명이 『寒岡別集』 간행에 적극 가담한[39] 것도 연원의식의 소산임은 두 말할 나위가 없다.

한편 광주이씨는 장현광과도 학연을 맺고 있었다. 「여헌문인록(旅軒門人錄)」 [丙辰本(1916) 및 己未本(1919)]에서 확인되는 광주이씨 출신 인사는 李道長 · 道章 · 道亨 등 3인이다. 이 가운데 李道長 · 道章은 이윤우의 아들이었는데, 道長이 곧 이원정의 아버지이다. 한려 양문을 출입한 이도장은 사승관계의 무게 중심이 정구 쪽에 있었음은 부인할 수 없지만 장현광의 명에 의해 진행된 『京山志』의 편찬에 참여하였고, 아들 이원정은 한려문인, 특히 '旅門十哲'[40]의 한 사람으로 잘 알려진 李紬를 사사함으로써 여헌학통을 계승했다. 이도장이 장현광의 손자 張鋉을 사위로 맞고, 이원정이 '旅軒行狀'을 찬하게[41] 된 것도 이런 학연과 무관치 않다.

2) 사환전통과 경향에 걸친 혼맥

정약용은 『擇里志』의 跋文에서 '李氏는 石田[42]을 받들어 석전[돌

39) 李聃命. 『靜齋集』 卷4. <答檜淵儒生>(戊寅).

40) 旅門門下에는 고제집단의 명목인 '10哲'과 '10賢'이 존재한다. 10철은 柳袗, 李紬, 張慶遇, 金應祖, 鄭四震, 趙任道, 盧亨弼, 申悅道, 金慶長, 鄭克後이고(『學稼亭重建錄』. 個人所藏), 10현은 柳袗, 金應祖, 鄭四震, 張慶遇, 申悅道, 鄭克後, 趙任道, 金慶長, 權對, 安應昌을 지칭한다.(張顯光. 『旅軒全書』(下). 「及門諸賢錄」. <李紬>. "事先生 如事親 最得親炙 爲十哲之一")

41) 李元禎. 『歸巖集』 卷9. <旅軒張先生行狀>.

42) 石田은 李潤雨의 별호일 수도 있겠지만 이보다는 '石潭'을 잘못 표기한 것이 아닐까 싶다.

밭]을 차지했다'[43]고 하여 칠곡 광주이씨를 李滉·柳成龍·金誠一·權橃·李彦迪·張顯光·鄭經世 가문에 비견되는 영남의 명족으로[44] 평가한 바 있다. 이런 평가에는 흔히 학문·사환으로 일컬어지는 전통적 가치가 집약되어 있다고 할 수 있는데, 전자에 대해서는 앞에서 이미 기술하였다.

17세기 이후 도학이 사상계의 주도적 학문으로 자리매김되고, 학자가 존경을 받는 사회적 분위기가 조성된 것은 사실이지만 벼슬은 조선 양반들의 문벌적 기반 또는 家格을 논함에 있어 가장 일차적인 척도로 기능하였다. 이 점에서 이원정가는 영남 굴지의 환력을 보유하고 있었고, 그것은 또 혼반의 상승이라는 새로운 부가가치를 창출하였다.

李摰의 낙남 이후 광주이씨의 문호가 가장 극성했던 시기는 이윤우(공조참의)⇒이도장(부응교)⇒이원정(이조판서)⇒이담명(이조참판)으로 이어지는 4대였다.[45] 이들 4대는 전원이 문과 출신으로서 대부분 당상관 이상의 고관을 역임했고,[46] 특히 이원정은 인조반정 이

---

43) 李重煥.『擇里志』. <跋擇里志>(丁若鏞). "李氏戴石田占石田".

44) 정약용이 발문에서 거론한 집안은 이 외에도 金宇宏(의성김씨)·金應祖(풍산김씨)·金玏(예안김씨)·李徽逸(재령이씨)·李象靖(한산이씨)·崔晛(해평최씨) 가문 등이 있다.

45) 이윤우의 차자 이도장은 종숙 榮雨를 계후하였으므로 계통상으로는 李榮雨⇒道長⇒元禎⇒聃命으로 표현하는 것이 합당하지만 이원정가의 문벌적 기반이 생가 조부 이윤우와 무관하게 구축되었을 수는 없다고 본다. 이원정가의 사환 및 혼맥을 서술함에 있어 李潤雨⇒道長⇒元禎⇒聃命으로 계통을 세운 것은 효과적인 설명을 위함임을 밝혀 둔다.

46) 조선후기 영남남인에 한정할 때 4대 연속으로 문과에 합격하고, 그 가운데 3대가 실직 당상관 이상을 지낸 경우는 이원정 집안이 유일한 예로 꼽힌다.

후 영남에서 배출된 세 사람의 이조판서[47] 가운데 한 사람이라는 점에서 그의 환력은 특별히 주목되는 현상이었다.

이들의 환력상의 두각은 개인적 역량에 더해 인조반정 이후의 정치적 상황과도 관련이 있었다. 인조반정 후 서인들은 대북이 일당독재하다가 패망한 것을 교훈삼아 남인을 이른바 '官制野黨'으로 삼아 서인·남인의 연립정권을 수립하였다. 남인의 수용은 자신들의 정국 주도에 큰 지장이 없을 정도로 제한되었고,[48] 같은 남인 중에서도 이원익 계열의 근기남인과 정경세·장현광으로 대표되는 영남남인의 일부를 수용하였다. 그 결과 李元翼, 鄭經世, 李埈, 鄭蘊, 崔晛, 趙靖, 全湜, 金榮祖, 李潤雨, 洪鎬, 權濤, 金應祖 등이 조용되었는데,[49] 인조반정 이후 이윤우가 남인의 중진으로 활동하고 아들 이도장이 청요직에 임명될 수 있었던 것도 이런 맥락에서 이해할 필요가 있다.

환력의 출중함은 혼반의 상승으로 이어졌다. 광주이씨는 벽진이씨 李彦英 가문, 풍산류씨 柳成龍 가문, 인동장씨 張顯光 가문, 해평최씨 崔晛 가문, 진주정씨 鄭經世 가문 등 당대 영남학파의 명가들과 혼맥을 형성하였다.

---

47) 인조반정 이후 영남 출신의 이조판서는 인조조의 정경세(1629~1630), 숙종초의 이원정(1679~1680), 숙종 중반기의 이현일(1693~1694) 등 3인에 지나지 않는다.

48) 한명기. 2002.「인조반정 이후 재조북인에 대한 소고」.『조선의 정치와 사회』.

49) 고영진. 1992.「17세기 전반 남인학자의 사상-鄭經世·金應祖를 중심으로-」.『역사와 현실』8. 88~90쪽.

<그림1> 광주이씨 가계도

- 光復
  - 榮雨 =東萊鄭氏 恕女
    - 道長 =安東金氏 時讓女
      - 元禎 =碧珍李氏 彦英女
        - 聃命 =全州李氏 碩揆女
        - 漢命 =全州李氏 雲平君女
        - 龜命 =海州鄭氏 重徽女 =豊山金氏 時翼女
        - 壻 柳命河[西厓後]
        - 壻 崔恒齊[仞齋後]
        - 壻 姜尙周[晉陽人]
        - 壻 金升國[光山人]
      - 元祿 =光山李氏 命龜女
        - 周命 =順天朴氏 重徽女
        - 基命 =淸州韓氏 宗運女 =光州盧氏 思齊女
        - 申命 =同福吳氏 始壽女 =陽川許氏 鏄女
        - 壻 鄭錫僑[愚伏後]
        - 壻 趙相世
        - 壻 洪萬禎
      - 元禮
      - 元祉
      - 元禛
      - 壻 張錸[旅軒孫]
      - 壻 權斗望
      - 壻 郭鐫
      - 壻 朴儁

이원정가의 혼맥에서 두드러지는 특징은 근기남인과의 통혼이 매우 빈번했다는 점이다. 안동김씨 金時讓 집안과의 통혼을 기점으로 하여 전주이씨 李睟光 가문[이담명 처가], 해주정씨 鄭重徽 가문[이구명 처가], 동복오씨 吳始壽 가문[이신명 처가], 사천목씨 睦來善 가문[이담명 사위가] 등 근기남인의 주요 명가들에게까지 확산된 혼맥은[50] 여타 영남의 남인 집안에서는 유례를 찾기 어려울 정도로 이례적인 것이었다. 이처럼 이원정가가 경향을 망라하는 화려한 혼맥을 형성할 수 있었던 것은 이윤우 · 도장 · 원정 3대에 걸쳐 구축된 영남 명문으로서의 家格과 풍부한 경제력에 바탕하였다. 특히, 김시양 가문과의 혼맥은 후일 이원정이 숙종 초기 남인정국에서 허적의 지원을 받으며 정권의 실세로 부상하는 데 커다란 영향을 미치게 된다.

3) 탄탄한 경제력

학문과 사환을 통해 다져진 이원정가의 문벌적 기반은 탄탄한 경제력이 뒷받침 되면서 더욱 견고하게 뿌리를 내리게 된다.『숙종실록』에는 이원정가의 방대한 경제력이 관직을 매개로 축적된 부정한 재산으로 묘사되어 있지만[51] 이 집안의 財富는 성주 입향 초기부터 상당한 규모를 유지해 오고 있었음이 분재기 등 각종 경제관련 고문서에서 확인이 된다.

이담명을 注書로 삼았다. 이담명은 李元禎의 아들이다. 이원정이 星

50) 이원정이 김시양의 행장을 짓고, 1693년(숙종19) 이담명이 李睟光의 順天 淸水書院 제향시 '奉安文'과 '常香祝文'을 지은 것도 세의의 확대 및 강화 과정이었다. 김시양은 이원정의 외조이고, 이수광은 이담명에게 처증조가 된다.(李元禎.『歸巖集』卷10. <外王考荷潭金先生行狀>; 李聃命.『靜齋集』卷5. <順天淸水書院芝峯李公奉安文> 및 <常香祝文>.

51) 李聃命의 기술에 따르면, 이원정은 벼슬이 崇品에 올랐어도 옳지 않은 재물을 취한 적이 없고, 노비 또한 매우 적어서 한사처럼 청빈하게 산 것으로 묘사되어 있다. 다만, 고문서로 확인되는 이원정 가문의 재산 규모를 고려할 때 이 또한 액면 그대로 받아들이기는 어려울 것 같다.(李聃命.『靜齋集』卷5. <記聞見> "吾家世世名宦 而先人尤致位崇品 曾不以一毫非義營産業 故奴僕鮮少 與寒士家無異"

州에 있을 적에 사람됨이 거칠고 음험하며 권모술수가 많았다. 벼슬이 있으면서 탐욕을 마음껏 부려 한번 동래부사가 되자 그 집이 드디어 큰 부자가 되었다.[52)]

입향조 이지의 아들 이덕부의 후처 신천강씨의 [衿給文記]에 따르면, 신천강씨가 자녀 9남매에게 분재한 재상의 총량은 奴婢 182구, 방대한 규모의 田畓, 기와집(瓦家) 3좌에 달한다.[53)] 당시의 분재 관행을 고려할 때 이들 재산의 상당수가 영천최씨(李摯의 처가), 신천강씨(李德符의 처가) 등에서 왔을 가능성이 매우 크다. 이지가 상당한 재산가였던 최하의 무남독녀 사위였다는 점은[54)] 이와 관련하여 많은 것을 시사한다.

1549년에 작성된 김취성(李遵慶의 처부)의 부처의 깃급문기는 광주이씨의 경제력 형성에 미친 처가의 영향력을 보다 실증적으로 확인시켜 준다. 이 분재기는 김취성 부처가 승중자 金節, 양손 一男 및 장녀 李遵慶의 처에게 재산을 분급할 때 작성한 것인데, 이 때 이준경은 奴婢 22구, 논 57마지기, 밭 136마지기를 상속받았다.[55)] 위에서 소개

52) 『肅宗實錄』 卷1. 肅宗 元年 4月 癸丑 .

53) 韓國學中央硏究院編. 2009. 『古文書集成』 92 -漆谷 石田 廣州李氏篇(1)-. 650~659쪽. 分財記 2. 이 분재기는 워낙 결락이 심해 정확한 작성연대를 알 수 없지만 대략 1538~1550년 사이에 작성된 것으로 추정된다. 그리고 전답의 양을 정확하게 계산할 수 없는 것 또한 문서의 결락과 관련이 있고, 아울러 전답의 단위를 일률적으로 쓰지 않은 것도 총량 계산에 지장을 초래한다. 권오정. 2009. 「칠곡 광주이씨가의 역사와 소장 고문헌」. 앞의 책. 해제 참조.

54) 李聃命. 『靜齋集』 卷5. <記聞見> "七世祖以崔公河無男獨女壻 贅居于星 聘門家業固饒矣"

한 두 건의 분재기는 입향 초기 광주이씨가의 경제력 확충과 관련하여 많은 정보를 제공하고 있다. 아울러 당시의 통혼이라는 것이 단순히 혈연적 연대에 그치는 것이 아니라 학문 · 사회 · 경제적 결합의 성격을 지니고 있었음을 분명하게 보여주고 있다.

이런 토대 위에서 광주이씨는 이원정 · 담명 부자 대에 이르면 거부로 성장하게 된다. 선행 연구에 따르면, 이원정가에서는 방대한 규모의 토지와 노비를 매우 조직적이고 치밀하게 관리하는 한편으로 거의 해마다 토지를 매입하여 부를 축적해 나갔다.[56] 그 결과 이담명 대인 숙종 후반기에 이르면 약 2,000마지기에 달하는 전답[57]과 270구에 육박하는 노비를 보유한[58] 대부호가 될 수 있었다.

이원정가의 경제력에서 주목되는 것은 상업 활동이다. 특히 아들 이담명은 낙동강의 수운을 활용하여 김해와 안동 사이를 왕래하며 鹽商을 행하여 막대한 부를 창출하였는데, 그 수익 규모는 연간 租 130석을 투자하여 5~6배의 이득을 취한 것으로 밝혀져 있다.[59] 이러한

---

55) 韓國學中央硏究院. 2009.『古文書集成』92-漆谷 石田 廣州李氏篇(1)-. 643~649쪽. <분재기1>.

56) 김건태. 2004. 앞의 책. 235쪽.

57) 김건태. 2004. 앞의 책. 237~239쪽.

58) 韓國學中央硏究院編. 2009.『古文書集成』92 -漆谷 石田 廣州李氏篇(1)-. 387~390쪽. 호적류 2. 1696년(숙종22)에 작성된 이 준호구에 따르면, 이담명 소유의 노비는 함흥, 단천, 고성, 재령, 강화, 임천, 금산, 옥천, 경주, 선산, 진보, 사천, 밀양, 안동, 개녕, 칠곡, 풍기, 봉산, 은율, 장연, 황주, 고령, 영천, 서울(京), 용궁, 칠원, 창원, 상주, 김해, 진주, 신천, 해주, 교하 등 전국 각처에 분포하고 있었다. 이들로부터 걷어들인 身貢 역시 경제력의 주요한 한 축이 되었음은 의심의 여지가 없다.

59) 김건태. 2004. 앞의 책. 238~239쪽.

염상 행위는 이원정가의 확고했던 정치 · 사회적 기반 위에서 가능할 수 있었으며, 이런 요소는 이들 부자의 재관 당시에 수수된 선물에서도 투영되어 있었다. 이담명의 경우, 1697년(숙종23) 한 해 동안 587명으로부터 1,404종의 물품을 선물 명목으로 받았는데,[60] 고관을 지낸 권력자가 아니고서는 생각하기 어려운 수량이다.

이상에서 살펴본 바와 같이 광주이씨는 성주에 입향 초기부터 탄탄한 경제력을 보유하였고, 이원정 · 담명 대에 이르면 대부호로 성장하였다. 이들의 경제력은 상속 · 매득을 통해서도 확충되었지만 탄탄했던 정치 · 사회적 지위를 바탕으로 확보한 것도 많았는데, 鹽商 행위나 예물 · 선물 등이 바로 후자에 속했다. 이원정 집안이 영남에서는 이례적으로 경거기반을 유지하며[61] 근기남인과의 통혼을 지속할 수 있었던 것도 이러한 경제력과 밀접한 관련이 있었을 것으로 생각된다.

3. 이원정 · 담명의 정치적 역할과 위상

1) 숙종초의 정국 동향과 이원정가의 정치적 기반

서남간 정국변동의 계기가 된 갑인예송의 과정에서 남인의 가담 여

60) 김건태. 2004. 앞의 책. 237~238쪽.

61) 李聃命. 『靜齋集』 卷5. <禿音山城重修梗概>. "時吾家仕于朝 挈家居洛者已久"

부에 대해서는 다양한 견해가[62] 있지만 尹鑴의 경우 許穆에게 服制 논쟁에 적극 가담할 것을 종용하는 등 예송을 정계진출의 계기로 인식했던 것만은 분명하다.[63] 그리고 영남남인 또한 정국변동의 동인을 분명 자신들의 유소 활동으로 인식하고 있었다.[64] 柳世哲 등의 복제소는 영남의 공론이 반영된 道疏로서 복제에 대한 영남사림의 입장이 공식적으로 천명된 것이다. 그리고 都愼徵의 복제소는 단독상소였으나 복제를 바로잡는 직접적인 계기가 되었다는 점에서 중요한 의미를 가진다.

영남남인에 있어 남인정권의 창출과 영남유소는 불가분의 관계로 받아들이고 있었던 것이다.[65] 따라서 그 반대급부로서 정계 진출을 보장받고자 하였으며 나아가 영남의 정치적 재기를 기대하기에 이르렀다. 그러나 근기남인들의 입장은 이와는 매우 달랐다. 그들은 영남남인과 더불어 중앙 권력을 공유할 의사가 없었던 것이다. 오히려 영남남인을 경시하면서 냉소적인 입장을 견지함으로써[66] 영남남인의 여망도 난관에 봉착할 수밖에 없었다.

물론 영남의 공로를 전혀 무시할 수는 없었기 때문에 柳櫻, 柳世哲,

---

62) 李迎春은 南人은 甲寅禮訟에 직접 개입하지 않은 것으로 파악하고 있다. 오히려 宮中과 府中의 갈등이 禮訟을 매개로 政局變動을 수반한 것으로 인식하고 있다(이영춘. 1998.『朝鮮後期王位繼承硏究』. 집문당).

63) 尹鑴.『白湖全書』卷15. <與許眉叟>.

64) 李聃命.『靜齋集』卷7. <行狀>. "我孝廟遂不得爲正體之尊 由是士氣拂鬱 封章迭起 積十有六年 卒開悟上心 因嶺儒疏 於是邦禮改正"

65)『肅宗實錄』卷4. 肅宗 元年 閏5月 丁巳. "時嶺南人 以受嗾投疏 自以爲首功 意望甚高"

66)『肅宗實錄』卷4. 肅宗 元年 閏5月 丁巳. "而在京南人 先登淸要 視嶺南人如遼豕 無特異於前日 故嶺人大失望"

都愼徵 등 유소 활동의 직접적인 가담자를 하급직에 수용하였으며, 위무 차원에서 영남에 과거를 특설하자는 논의가 있기도 하였다.[67] 그러나 이는 어디까지나 무마책에 불과한 것이었지 근본적인 해결책이 될 수는 없었다. 그리고 과거 시행 건도 찬반의 논란 속에 무산되고 말았다.[68] 결국 근기남인은 영남남인들의 外援에 힘입어 정권의 당국자가 될 수 있었지만 영남남인들과 더불어 중앙정계의 권력을 공유할 적극적인 의사를 보이지는 않았다. 오히려 이들은 소북, 서인계의 인물들을 흡수하여[69] 세력을 확산시키려 했는데, 바로 여기에 영남남인들의 불만이 잔존하고 있었다.[70] 이런 상황에서도 영남남인 중 일부는 政界에 진출하고 있었는데, 이들을 정리하면 대체로 아래와 같다.

〈표1〉 숙종초에 활동한 주요 영남남인

성명	본관	거주	관직	학맥 / 사승	비 고
李元禎	광주	성주	이판	寒岡 · 旅軒/李紬門人	李潤雨의 손자
李元祿	광주	성주	대사헌	寒岡 · 旅軒/眉叟門人	이원정의 아우

67) 『肅宗實錄』 卷4. 肅宗 元年 閏5月 乙卯. “執義吳挺昌 持平兪夏益李沆等 請設科嶺南 以慰一邦之心 鼓多士之氣 上以設科一方 似近格外 不許”

68) 『肅宗實錄』 卷4. 肅宗 元年 6月 庚申. “慶尙道巡撫使權大載 歸請本道設科 引仁朝朝以星州士子 被錮於昏朝 別設科事爲例 下備局 回啓不許設科事”

69) 『肅宗實錄』 卷4. 肅宗 元年 6月 辛酉. “時 以小北 攘臂投南者李壽慶也 南益勳亦日造鐳穆之門 以西人投南者 金壽弘李之翼鄭維岳郭齊華 以西人浮沈取容者 趙師錫李瑞錫李夏等也”

70) 『肅宗實錄』 卷4. 肅宗 元年 閏5月 丁巳. “而在京南人 先登淸要 視嶺南人如遼豕 無特異於前日 故嶺人大失望”

李聃命	광주	성주	이참	寒岡 · 旅軒/眉叟門人	이원정의 아들
張應一	인동	인동	참판	寒岡/眉叟門人	張顯光의 아들
柳千之	풍산	상주	장령	西厓 · 愚伏/	柳成龍의 손자
柳世鳴	풍산	안동	교리	西厓/柳元之門人	류운룡의 증손
金聲久	의성	봉화	감사	愚伏/	金宇宏의 현손
權斗紀	안동	안동	정언	鶴峯/葛庵門人	權橃의 5세손
金邦杰	의성	안동	참판	鶴峯/	金誠一의 종증손
南天漢	영양	안동	승지		
金 賓	의성	안동	참판	鶴峯/	김성일의 종증손
李溟翼	진성	안동	감사		李滉의 방손
李東標	진성	예천	승지		이황의 방손
裵正徽	성주	성주	승지	寒岡/眉叟門人	裵尙龍의 從孫
金元燮	선산	선산	승지	旅軒/葛庵門人	金就文의 후손

이원정이 관계에 입문한 것은 효종 때였다. 물론 그는 인조 후반부터 처부 이언영의 별가를 받아 1651년에는 통덕랑에까지 올랐지만 본격적인 관직 생활은 1652년(효종3) 문과에 합격하면서였다. 이후 그는 대교 · 봉교 등의 한림직을 비롯하여 예조 · 병조정랑 등 중앙의 요직을 거친 뒤 현종 연간인 1664년(현종3) 당상관에 올라 갑인예송 직전까지 좌부승지, 좌승지, 형조 · 호조참의, 우승지, 공조참판, 도승지 등을 역임했다. 영남남인으로서는 매우 파격적인 출세 가도를 달린 셈이다.

이후 그는 갑인예송으로 인해 서남간에 정국변동이 수반되자 예조참판, 대사간, 대사성을 거쳐 1679년에는 이조판서에 올라 일국의 전형을 주관하였다. 그러면 이원정의 이러한 비상한 정치적 성장의 배경은 어디에 있는 것일까? 아래 『숙종실록』의 기사는 이와 관련하여 많은 해답을 제시해 주고 있다.

> 이원정은 스스로 재주와 말 잘함을 믿어 중하게 쓰이기를 바랐지마는 時論에 용납되지 못하여 분한 마음을 쌓은 지가 오래 되었다. 이담명이 榜에서 빠진 것 때문에 아버지와 아들이 서인을 원수처럼 미워하기를 더욱 심하게 하여 안으로 여러 福과 연결하고 밖으로는 영남의 선비들을 사주하여 疏를 올리게 하고 중간에서 許積 이하의 관원들을 지휘하였으니, 嶺南에서는 그를 變局提調라고 일컬었다.…허적이 이원정을 첫번째로 형조판서의 望에 올렸으나 미처 임명을 받지 못하고 그의 어미가 죽었다. 사람들은 '이원정이 만약 어미의 상을 당하지 않았으면 士林의 화가 반드시 이 정도로 끝나지 않았을 것이다.' 라고 말하였다. 그의 어미의 병이 아주 심하였을 때에도 허적의 집에 가서 자며 미친 듯이 서둘러서 스스로 첫째가는 功을 세웠다고 하면서 바야흐로 나라의 정사를 혼자 맡아 권력을 마음대로 부리려고 하였으나 갑자기 어미의 상을 만나서 시골로 가게 되니, 매우 마음이 답답하여 시골에만 있을 수가 없었다. 그리하여 위세가 온 道에 행하여져서 먼 곳 가까운 곳에서 올리는 疏章은 대개 그의 사주를 받았다.[71]

위 인용문에서 주목되는 두가지 정보는 ①이원정이 허적을 정치적 외원으로 삼았다는 사실, ②이원정이 儒疏를 장악하여 사실상 영남 公論을 오로지했다는 사실이다. 허적은 숙종초 남인이 청탁으로 분기할 때, 탁남의 영수로 인식된 인물이다. 허적은 김육을 보좌하여 대동법 시행에 기여했고, 김육 또한 그와 더불어 화폐 통행의 법을 의논할 것을 청했을[72] 정도로 경세관료로서의 자질이 탁월했던 경제전문 실

---

71) 국역『숙종실록』권1. 숙종 원년 4월 계축.

무형 관료였다. 그가 효종~현종조에 중용된 배경도 여기에 있었다.

한편 허적은 충주에 기반을 두고 있었기 때문에 근기 또는 기호남인으로 분류되지만 그는 영남남인과도 매우 밀접한 관계에 있었다. 이런 관계성은 허적의 조부 許潛 및 아버지 許僩과 정구와의 학연에서 찾아볼 수 있었다.

> ① 許公 潛이 성주목사 때 한강선생을 뵙고는 영남의 好學하는 선비를 물었다. 정선생이 '공자의 문하에도 호학한 이는 顔子 한 사람 뿐인데, 이것을 어찌 쉽게 말할 수 있겠는가. 다만 장아무개(張顯光)라는 이가 학문을 구하고 도에 뜻을 두고 있고, 덕성 또한 純熟하니 후일 우리들의 스승이 될 사람은 반드시 이 사람일 것이다' 고 했다.[73]

> ② 공(許僩)은 일찍이 한강선생의 문하에 從遊했고, 선생의 상에 글을 지어 치제하며 門人이라 칭했다.[74]

①은 허적의 조부 허잠이 성주목사 재직시 정구와 교유한 내용이고, ②는 정구와 허한 사이의 사제관계의 실상을 압축한 내용이다. 이 두 인용문을 종합하면, 허잠과 정구는 서로 종유하는 사이였고, 허한은 성주 임소에서 부친을 시종하는 과정에서 한강문하를 출입한 것으로 보는 것이 맞을 것 같다. 후일 허적이 정구의 처질이자 문인이었

---

72) 『효종실록』 권15. 효종 6년 7월 9일(신묘).

73) 張顯光.『旅軒全書』.「年譜」. <己卯>. "許公潛 牧星州 見寒岡鄭先生 問南中好學之士 鄭先生曰 孔子之門 好學者 顔子一人 此豈易言哉 有張某求學志道 德性純熟 他日爲我師者 必此人也"

74) 鄭逑.『寒岡全書』.「檜淵及門錄」卷3. <許僩>. "公早遊先生門 及先生之喪 以文祭之而稱門人"

던 李䆄[75]의 사위가 되고, 허한의 다른 자손들도 한려계열의 가문들과 빈번하게 혼인한 것도 이러한 학연에서 기인하는 것으로 해석할 수 있다.[76]

허적의 처가인 光州李氏는 '12賢'을 배출한 학자집안이자[77] 성주를 대표하는 사족가문이었다. 또한 이들은 가학 연원을 이황⇒정구로 규정할만큼[78] 한강학에 대한 계승의식이 확고했는데, 그 중에서도 단연 두드러진 인물이 바로 허적의 처부 李䆄였다. 그는 정구의 처질이자 문인으로서 사생관계가 누구보다 절친하였고, '南冥從祀疏'의 借名 사례에서도 보듯[79] 정구가 가장 신뢰한 문인 중의 한 사람이었다.

---

75) 李䆄는 『寒岡先生言行錄』의 '箚記諸子目錄'에 보이는 17인[徐思遠 · 孫處訥 · 文緯 · 郭赾 · 李厚慶 · 崔恒慶 · 張興孝 · 朴明胤 · 李䆄 · 李天封 · 李潤雨 · 李堉 · 金大澤 · 裵尙龍 · 黃宗海 · 李䆄 · 許穆]의 문인 가운데 한 사람이었다. 또한 그는 1617년 정구가 조식의 문묘종사를 청하는 상소를 기초하여 송고할 때 借名人이 되기도 했고, 정구 사후에는 『한강집』의 序文을 지을 정도로 한강문하에서 위상이 높았다(李䆄. 『東湖集』 卷1. <請從祀南冥曺先生疏>. ; 卷2. <寒岡先生文集序>)

76) <그림3>에 표시된 인물 가운데 李彦英은 한강 · 여헌문인, 李申命은 이원정의 조카, 張鈺은 장현광의 손자, 李時相과 李益馩은 한강 · 여헌문인 李之華의 손자와 증손이었다.

77) '12현'은 李弘器(容齋) · 弘量(六一軒) · 弘宇(茅齋)[이상 李樹의 아들, 정구의 처남], 李簬(高灘), 李簹(廣居齋), 李䆄(東湖), 李蘭貴(琵谷), 李蘭美(陽村)[이상 李樹의 손자], 李命龍(洛村), 李命夔(拂日軒), 李命龜(竹塢), 李光彦(聾巖)[이상 李樹의 증손]을 말한다(『光州李氏淵源錄』(天). <十二賢淵源圖>)

78) 『光山李氏世稿』(天). <淵源圖贊>. "東方退陶倡學 有我寒岡 克承正嫡…家庭詩禮 泗水旨訣 一家之行 三世同轍"

79) 河憕. 『滄洲集』 卷2. <書南冥先生從祀疏及新安語錄後> 및 <新安語錄>.

<그림2> 陽川許氏 가계도 -許積 계열-

潛─	┌ 任				
驪興閔氏	├ 儆				
	├ 僴	穉─	垓─	┌ 鏄	┌ 瑱
	=安東 金悌甲女	=靈山 辛應望女	=碧珍 李彦英女	=晉陽 姜壽賢女	├ 琳
	├ 仁		=迎日 鄭泰升女		├ 壻 安老石
	├ 儀				└ 壻 李申命
	├ 健				
	├ 侗			└ 銘	
	└ 壻 李光庭			=廣州 安後悅女	
		├ 積─	┌ 垠─	┌ 鑢	
		=光州 李女	=居昌 愼俔女	=同福 吳始謙女	
		=驪興 閔之鈛女		└ 壻 李永休	
			├ 堅		
			├ 垕		
			├ 墅		
			=安東 金光燦女		
			└ 壻 李湛		
		├ 稹	堣	┌ 鑴	
		=晉陽 河震女	=廣州 李繼道女	=全義 李時相女	
			=迎日 鄭維垣女	├ 銑	
			=順興 安檍女	=仁同 張鈺女	
				├ 鑰	
				=仁同 張鵬翼女	
				=全義 李益謙女	
				└ 壻 柳命賢	
		└ 秩─	壕─	┌ 鍓	
			=東萊 鄭儋女	=海州 鄭重泰女	
				└ 鋧	
				=豊山 洪柱三女	

이런 바탕 위에서 허적과 이원정은 직접적인 척연으로 얽혀 있었다. 우선 두 사람은 모두 안동김씨 외손 계열이었다. 허적의 외조부가 金悌甲인데, 이원정은 김제갑의 조카 金時讓의 외손자였으므로 안동김씨측에 기준할 때 두 사람은 7촌의 척분이 있었다. 이 뿐만이 아니었다. 허적의 조카 許垓는 이원정과 동서간이었고, 이원정의 아우 李元祿은 허적의 처남 李命龜의 사위였다. 1675년(숙종1)「寒岡門人錄」파동이 발생했을 때 허적이 숙종의 의중을 정확하게 간파한 것이라든지[80] 1677년(숙종3) 이원정이 『京山志』를 편찬하면서 허적의 존재를 특서한 것도[81] 한강연원으로서의 학문적 동질감, 혼맥에 따른 인척적 관계성에 기초하는 것이었다.

> 高呑村에는 李弘器 · 弘量 · 弘宇가 살며, 그 누이는 한강 鄭逑에게 출가했다. 홍우의 아들 는 벼슬하여 통정대부에 이르렀는데, 지금의 영의정 許積은 곧 그의 사위이다.[82]

---

80) 1675년(숙종1) 숙종은 남인의 영수 허목을 우의정에 임명한 다음 성균관에 명하여 정구의 문인록을 수정하여 올리게 했다고 한다. 이에 성균관에서는 서둘러 장현광을 首題로 그 이하 70여명을 초록하여 봉진하였다. 그러나 무슨 이유에서인지 숙종이 이를 받아들이지 않자 당황한 성균관에서는 영의정 許積의 조언에 따라 허목을 수제한 다음 그 나머지는 나이에 따라 편차하여 장현광을 7번째로 제명하여 올리자 그제서야 숙종은 이를 받아들였다고 한다.(鄭逑.『寒岡全書』.「檜淵及門錄」. <凡例>. "太學惶恐 問于時領相 許積曰 吾意以眉叟相公爲首題 則可合上意 太學更以首題眉叟 次書旅軒於第七位(年次)以進 上曰可")

81) 이원정이 이들의 상호관계를 특서한 것은 한강학통으로서의 동질감을 강조하고, 성주와 허적과의 관계성을 강조하기 위함으로 생각된다. 후술하겠지만 후일 노론들은 이 대목을 문제 삼아『京山志』를 파판, 화소시키게 된다.

82) 李元禎.『京山志』卷1. <各坊>. 高呑村

한편 이원정의 정치적 성장에 허적 못지 않게 영향을 미친 인물은 숙종초기 남인정권의 양대 산림으로 주목을 받았던 허목과 윤휴였는데, 공교롭게도 두 사람 모두 한강학통이었다.[83] 앞서 「한강문인록」의 사례에서 보았듯이 허목은 숙종의 절대적인 신임을 받고 있었고, '한때 허목과 이원정 이하 사림들이 모두 윤휴의 지휘를 받았다'[84]는 평가가 있을 정도로 윤휴 역시 북벌론을 주창하며 남인 정국에서 강력한 영향력을 행사했다. 특히 허목과 윤휴는 남인들이 청탁으로 분기할 때 청남의 영수로 활동하게 되는데, 이 때 이원정은 윤휴와 허목의 외원으로 지목되어[85] 청남으로 분류되었다.

〈표2〉 허목의 문인 현황[86]

성명	본관	비고	성명	본관	비고	성명	본관	비고
李廷白	전주	潤의 증손	睦來善	사천	우의정	洪景吉	풍산	
李象賢	전주	元翼의 증손	權斗寅	안동	葛庵門人	金益堅	광산	長生의 손자
李萬敷	연안	葛庵·愚潭門人	南宮億	함열	遺逸, 縣監	沈思溟	청송	
李鳳徵	연안	觀徵의 아우	李萬元	연안	觀徵의 손자	金亨德	김해	
李后平	전주	趙絅의 외손자	閔 熙	여흥	좌의정	許 穗	양천	

83) 윤휴는 학문적으로는 화담학통, 정치적으로는 북인계(소북계) 남인으로 분류되지만 아버지 윤효전과 정구와의 관계를 고려한다면 얼마든지 한강학통에 포함시킬 수 있다. 윤효전이 한강문하에 입문한 것은 정구가 봉산욕행을 마치고 귀가하던 1617년 9월이었다.(鄭逑.『寒岡全書』.「蓬山浴行錄」. <9月1日>. "主尹待先生 極其誠敬 親執弟子之禮").

84) 『숙종실록』 권3. 숙종 1년 4월 25일(계축).

85) 『숙종실록』 권4. 숙종 1년 6월 4일(신유).

86) 이 표는 『典故大方』. 『朝鮮儒賢淵源圖』. 『南譜』 등을 토대로 작성한 것이다.

李山賚	연안	好閔의 손자	裵正徽	성주	尙龍의 從孫	吳相玉	함양	
李海賚	연안	山賚의 아우	李永厚	경주		金夏玉	광산	
李 澤	광주	德馨의 종증손	張應一	인동	寒岡·旅軒門人	曺 烱	창녕	
李元祿	광주	葛菴門人	李景益	경주		朴必運	밀양	
李 瀅	여주	尙毅의 종증손	李彦馨	경주		金錫龜	김해	
鄭東益	해주	希聖의 아들	李楝完	전주	葛庵門人	李 楦	경주	
鄭東稷	해주	東益의 아우	鄭 濂	경주		柳 泌	전주	
鄭東卨	해주	東稷의 아우	黃 유	장수		金汝淨	선산	
鄭東岳	경주		韓 埅	청주	李光庭의 외손	鄭 瓛	진주	
權 修	안동	縉의 아들	鄭重貴	초계	蘊의 증손	金重榮	광산	
李聃命	광주	潤雨의 증손						

이원정가와 허목의 유대는 학연 또는 문자교류를 통해 보다 구체화 되었는데, 허목이 이윤우 · 도장 부자의 묘갈명을 찬하고, 이원정의 아우 이원록과 아들 이담명이 미수문하를 출입한 것이 이를 반증한다.[87]

> 선대 석담공 부자(李潤雨 · 道長) 및 浣亭 李公(李彦英) 모두 한강문하에서 배출되었는데, 공이 사사한 허목 또한 한강의 제자이다.[88]

위의 인용문에도 잘 드러나 있듯 허목의 '한강적전화' 움직임이 본격화 되던 당시의 분위기를 고려할 때, 이들의 眉門 출입은 학문 · 정

---

87) 『廣州李氏大同譜』. 首卷. 353쪽. <李元祿>.

88) 李聃命. 『靜齋集』 卷8. 附錄. <靜齋行狀>(姜楷撰). "公先代石潭公父子與浣亭李公 皆出寒岡門下 所師許穆翁 亦寒岡弟子"

치적 연대와 결속의 과정에 다름 아니었다.

결국 이원정은 한강고제 이윤우의 손자(혈손)이라는 학문 · 사회적 배경을 바탕으로 허적 · 허목 · 윤휴 등 당대 남인의 영수들과 돈독한 관계를 맺고 있었음을 알 수 있다. 이런 인적 연계망은 이원정 · 담명 부자가 영남남인 출신임에도 불구하고 숙종초기 남인정권에서 강력한 영향력을 행사하는 바탕이 되었다.

2) 이원정·담명의 정치적 역할: 영남사론의 주도와 대 노론 강경노선

이원정의 정치적 영향력은 숙종초기 남인정권에서 극대화 되지만 그는 유생 시절인 1650년(효종1)에 이미 29세의 나이로 柳櫻의 '牛栗陞廡反對疏' 에 참여하여[89] 소청의 色掌 물망에 오를 정도로 인망이 높았고[90] 정치적 참여의식도 강렬했다. 이후 그는 '유세철복제소' 의 여파로 조정이 한창 술렁이던 1666~67년 경, 송시열 · 송준길을 비판하는 상소를 올린 黃壖의 배후 주모자로 지목되었고,[91] 1674년 복제 이정의 직접적인 계기가 되었던 都愼徵의 상소도 사실상 그가 주도한 것으로 알려져 있다.

---

89) 蔡濟恭.『樊巖集』卷40. <歸巖李公神道碑銘>. "公自韋布 爲嶺南士林望 柳櫻之疏斥二臣從享 公實與焉"

90) 李聃命.『靜齋集』卷5. <記聞見>. "庚寅 嶺南儒生數千餘人 以柳公櫻爲疏首 論斥李珥成渾不宜從祀文廟 當議疏事日 士林議以先君爲疏色掌"

91) 許捲洙. 1993.『朝鮮後期 南人과 西人의 學問的 對立』. 법인문화사. 236쪽.

① 도신징은 시골의 어리석은 무리이다.…서울에 들어와 李元禎 등을 만났는데, 이원정 등은 服制의 일로 남을 시켜 申訴하려 하였으나, 마땅한 사람을 얻지 못하다가 도신징이 마침 왔으므로, 이원정 등이 크게 기뻐하여 그 처음의 소장을 멈추게 하고, 새로 조장을 지어 주고 후한 이익을 주어 꾀어서 올리게 하였는데, 이때에 이르러 도신징을 수공으로 삼았으며, 柳世哲을 내시교관으로 삼은 것도 그 상소한 공 때문이었다.[92)]

② 이에 남인들이 손바닥에 침을 뱉고 일어났으니 이원정 등은 都愼徵을 사주하여 상소를 올리게 함으로써 楨 등과 더불어 한통속이 되었다.[93)]

③ 이원정은 안으로 여러 福과 연결하고 밖으로는 영남의 선비들을 사주하여 疏를 올리게 하고 중간에서 許積 이하의 관원들을 지휘하였으니, 嶺南에서는 그를 變局提調라고 일컬었다.… 그 위세가 온 道에 행하여져서 먼 곳 가까운 곳에서 올리는 疏章은 대개 그의 사주를 받았다.[94)]

④ 이원정은 비록 밖에 있었지마는 時議를 멀리서 주장하여 윤휴와 허목의 聲援이 되었다.[95)]

이처럼 『숙종실록』에서 이원정을 사림 공론의 '형성 및 조율자'로서의 면모를 부각시키며 다소 부정적으로 평가하는 배경도 여기에 있다.

숙종 초기 정국에서 이원정이 가장 집착했던 것은 송시열에 대한 고묘였다. 진주유생 郭世楗의 상소로 비롯된 고묘론은 송시열이 지닌

92) 『숙종실록』 권3. 숙종 1년 3월 병술.

93) 『숙종실록』 권3. 숙종 1년 4월 무술.

94) 『숙종실록』 권1. 숙종 원년 4월 계축.

95) 『숙종실록』 권4. 숙종 1년 6월 신유.

정치적 상징성으로 인해 숙종 초기 정국의 최대 현안으로 부상하였다. 물론 남인 내부에서도 고묘에 대한 완급을 두고 의견이 갈라졌으나 청남계열과 영남남인들은 고묘에 매우 적극적이었다. 그 중에서도 가장 강경론자가 이원정이었는데,[96] 『숙종실록』에 따르면, 곽세건으로 하여금 고묘론을 제기하게 한 장본인이 바로 이원정이었다.

> 郭世楗이란 자는 그 조부가 郭再棋이고, 그 아비가 郭瀜인데, 정인홍과 족척이 된다. 혼조 때에 곽재기는 남대(南臺)를 몹시 바랐는데, 鄭逑가 정인홍의 흉론을 배척하자, 더불어 원수가 되었다. 곽융이 정인홍을 위해 詩를 지어 정구를 꾸짖기를, '의관을 차리고 진퇴한 것은 진실로 유자이지만 [衣冠進退眞儒者], 풍속을 손상한 짓은 이단보다 심하였네 [敗俗傷風甚異端].' 하였다. 곽세건도 사람됨이 또한 간사하여 반드시 서인을 얽어 해치려고 하여 서울에 올라와서 틈을 엿보았는데, 여러 남인이 돌려가며 이를 용납하였다. 이원정이 소를 만들어 곽세건을 부추겨서 올리게 하니, 곽세건이 팔을 걷어 올리면서 스스로 담당하였다.[97]

송시열 고묘에 대한 강경론이 이원정의 일관된 입장이었고, 또 1679년(숙종5) 송시열의 안율을 소청한 李顯命이[98] 그의 조카였음에 비추어 볼 때, 이원정이 告廟論의 배후로 지목될 여지는 있다. 그러나 위 실록의 기사는 이원정이 자신의 정치적 목적을 달성하기 위해

---

96) 『숙종실록』 권6. 숙종 3년 8월 을사. "大司諫李元禎 正言朴信圭 出仕後 發告廟之 啓曰…設令告廟 而時烈必死 不可以時烈 終寢太廟之典禮" ; 李元禎. 『歸巖集』 卷3. <都承旨辨謗疏> 및 <大司諫辨誣疏>.

97) 『숙종실록』 권4. 숙종 1년 9월 23일(무신).

98) 『숙종실록』 권8. 숙종 5년 8월 4일(병인).

정인홍의 일파까지도 수용하는 권모술수에 능한 인물로 묘사되어 있는데, 일정한 사료 비판이 필요하다. 이원정의 강경론에도 불구하고 송시열의 고묘는 성사되지 못했고, 경신환국 이후에는 도리어 이것이 화근이 되어 정치적 보복을 받게 되었다.

그 단적인 예가 1682년에 단행된 『京山志』의 파판이었는데, 이 문제를 거론한 사람은 당시 경상감사 이수언이었다. 그는 이원정이 『경산지』에서 李珥 · 趙憲 · 尹斗壽 · 鄭澈 · 金尙憲 · 宋時烈 · 宋浚吉 등을 무함했다는 이유로 破板한 다음 한 부를 조정에 보내 소각할 것을 청한 바 있었다. 『경산지』 가운데 이수언이 문제 삼은 것은 '金宇顒條'와 '張應一條' 였고[99], 특히 문제가 된 것은 김상헌 · 송시열 · 송준길을 언급한 후자였다.

> 선정신 김상헌의 精忠과 大節은 중국과 오랑캐에 함께 알려졌으며, 지금 영부사 송시열과 증 영의정 송준길의 도덕과 학문은 한 시대에 출중한데, 이원정은 이에 감히 김상헌이 당시의 人望을 저버렸다 하고, 한 시대의 사람들이 천하의 大老라고 일컫는 송시열과 송준길이 형세에 결탁하여 山林에서 입신 출세한 것을 자부하고서 다른 의견을 가진 자들을 배제하여 거의 다 해쳤다는 등의 말을 제멋대로 더하여, 책으로 출판하여 사사로이 간직하여 뒷사람들을 의혹시켜 是非를 어지럽히려고 하였습니다.[100]

물론 이수언의 화소 요청은 받아들여지지 않았지만 당초 그가 의도

---

99) 李元禎.『京山志』卷5.「人物」. <金宇顒> 및 <張應一>.

100)『숙종실록』권13. 숙종 8년 8월 5일(경진).

했던 것은 조정의 관원들이 입참한 자리에서 『경산지』를 공개적으로 화소시킴으로써 이원정으로 대표되는 영남의 대 노론 강경 노선에 일침을 가하려는데 있었다.

한편 이원정은 인조반정 이후 상주 · 함창 · 인동 · 성주 등을 중심으로 확산되기 시작했던 영남내 서인[노론] 세력에 대해서도 매우 강경한 입장을 취했다. 서인계 원우인 德興祠宇의 훼철과 그 운영 주체들에 대한 통제책이 바로 그것이었다.[101]

덕흥사우는 송시열의 문인 전유장 등이 1673년(현종14) 대구 德興村에 정경세와 李賢輔를 제향하기 위해 건립한 서원이었다. 건원의 명분은 양인이 대구부사 재직시에 諸生을 훈도하고 儒化를 진작시킨 공로를 기리는데 있었지만,[102] 이보다는 서인세력이 자신들의 새로운 정치 · 사회적 구심점을 확보하기 위함이었다.

그러나 덕흥사우는 갑인예송으로 남인정권이 수립되자 미처 봉안례를 거행하지도 못하고 1675년에는 경상감사 鄭重徽, 대구판관 金兌一의 묵인하에 훼철되는 수난을 겪었고,[103] 전유장이 1666년 유세

---

101) 김학수. 2007. 「17세기 嶺南學派의 정치적 분화–유성룡 · 정경세학맥과 정구 · 장현광학맥을 중심으로–」. 『조선시대사학보』 40. 조선시대사학회.

102) 全有章. 『正峯集』. 「年譜」. <癸丑>. “二月 以德興書院創建事 文諭道內 與僉章甫合議於德興村泉石之間 以爲士林依歸之所 蓋此地曾有愚伏鄭先生聾巖李先生遺躅也”.

103) 이후 정경세는 1676년 정중휘, 이원정 등 남인들의 주관하에 연경서원에 추배됨으로써 덕흥서원 건립으로 비롯된 원향론도 일단락되었다. (『書院謄錄』. <丙辰3月28日>. “啓目粘連云云 觀此慶尙監司鄭重徽狀啓 盛称先正臣文肅公鄭經世 道統學問之淵源 其踐履篤實 造詣精深 實爲儒林宗匠 吾道指南…因大丘儒生等聯名呈書 有此啓聞 鄭經世以一世大儒 爲多士之所宗仰 追享於硏經書院 似爲合宜”; 李元禎. 『歸巖集』 卷7. <硏經書院愚伏鄭先生配享時祝文> 및 <告由文>)

철의 복제소를 반박한 것을 죄목으로 삼아 유적에서 이름을 삭제하고 당시의 參疏者 15인과 함께 黜道 · 停擧하는 조처를 단행했다. 전유장을 비롯한 서인계유생들은 갑인예송 이후 자신들에게 가해진 출도 · 정거 · 삭적의 처분이나 德興書院의 훼철 등이 이원정에 의해 비롯된 것으로 인식하였다.[104)]

이원정이 서인계 유생들에 대해 강경론을 펼쳤던 것은 영남내 서인세의 확산을 막기 위한 일종의 고육책이었다. 특히, 전유장은 1666년 유세철의 복제소를 반박하는 상소를 올려 송시열을 적극 변호하였고,[105)] 이듬해인 1667년에는 영남의 서인계 사림들을 규합하여[106)] 이이 · 성혼문묘종사소의 소두로 활동한 전력이 있었다.[107)]

뿐만 아니라 그는 경상감사 李泰淵과 硏經書院에서 강학하며 대구지역 서인세력의 확산을 도모하는 가운데 1669년에는 송시열과 함께 성주 檜淵書院을 심방함으로써[108)] 남인들을 크게 자극시킨 바 있었다. 회연서원은 한강학파의 본산이자 성주지역 남인세력의 구심점으로 송시열의 회연 심방은 이 지역을 서인의 영향권으로 흡수하려는

---

104) 全有章.『正峯集』.「年譜」. <乙卯>.

105) 全有章.『正峯集』卷1. <孝廟服制辨誣疏>.

106) 全有章.『正峯集』卷1. <諭道內文>. “云云館學前後通文 卽栗谷牛溪兩先生從祀之擧而僉賢之已所共鑑者也 館學先陳疏請 繼而有忠淸原襄黃海平安四道之疏 湖南又從而發疏於春初 惟我嶺南不可不同聲而齊起 玆以廢府爲會所 開月初十日設疏 預擬發疏於念間 今方答通於館學 願須僉賢 剋期赴會 無或後先 幸甚”

107) 全有章.『正峯集』卷1. <栗谷牛溪兩賢辨誣從祀疏>;『현종개수실록』권17. 현종 8년 3월 무인.

108) 全有章.『正峯集』.「年譜」. <己酉>. “春尤菴宋先生歷訪 從尤菴先生往星州檜淵書院行瞻謁禮”.

다분히 정치적인 행동이었던 것이다. 결국 이원정의 대 서인 강경책은 학문 · 정치적 단속행위로 규정할 수 있고, 그 기저에는 일종의 '남인맹주의식' 이 깔려 있었다고 할 수 있다. 그러나 그의 강경 일변도적인 정치 노선은 자연스럽게 반대 세력의 양산으로 이어졌고,[109] 이로 인해 경신환국 이후에는 심각한 후유증에 시달리게 된다. 이원정의 장례시 問喪한 인사들이 죄인시되고[110] 심지어 1675년에 수축된 성주 禿音山城이 이원정가의 사적인 피난처라는 풍문이 나돌기도 했다.

> '경신년에 환국이 일어난 이후 온 세상 사람들이 우리 집에 돌을 던지며 더할 수 없이 좋은 발신의 기회로 삼고자 했다' [111]

이담명의 비감어린 소회가 담긴 위 인용문은 당시 이원정 집안의 정치사회적 입지가 얼마나 난처했는가를 잘 보여주고 있다.

한편 이원정가의 정치적 위상을 언급함에 간과할 수 없는 것은 이현일과의 관계이다. 양측의 관계는 경쟁적 공조관계로 설정할 수 있

---

109) 반대 세력은 한강학파 내부에도 존재했는데, 손처눌의 집안 조카인 孫湍이 대표적이다. 손단은 손처눌의 유사를 찬하고, 靑湖祠 봉안시에는 常享祝文을 짓는 등 대구지역 유림사회에서 지명도가 높은 사람이었다.(孫處訥.『慕堂集』卷8. 附錄. <(孫處訥)遺事> 및 <靑湖祠春秋常享祝文>). 그러나 그는 문과에 급제하고도 이원정과 틈이 생겨 벼슬이 찰방에 그쳤다고 하소연하고 다니는 등 이원정 일가에 대한 반감이 컸고, 이 과정에서 그는 친서인적 성향을 강하게 드러내기도 했다.(『聯芳集』卷4.「丹邱遺稿」(全克念著). <對擧道通文>. "溥卽文官孫湍之從弟也 湍之數年前 投相泣書曰 某與漆邑李某(李元禎:筆者註)有隙 向時登朝官 不過提督云 其爲人可知 而其弟孫某之向背 亦可知也")

110) 김학수. 앞의 논문. 243쪽.

111) 李聃命.『靜齋集』卷5. <禿音山城重修梗槪>. "自白猿變起 世人無不落石吾家 爲渠發身之奇貨".

을 것 같다. 숙종 초기 정국에 한정할 때, 이원정과 이현일의 정치적 비중은 동위 선상에서 논의하기 어렵다. 직책의 차이도 현저했거니와 정치적 경륜에 있어서도 큰 격차가 존재했기 때문이다. 그럼에도 이현일의 존재를 무시할 수 없었던 것은 그가 숙종조에 접어들면서 영남의 중망을 받는 학자로서 두각을 드러내고 있었고, 무엇보다 그가 안동권의 학봉학통을 대표하는 인물이라는데 있었다.

이런 맥락에서 1678년 이현일이 '時務5條疏'를 올려 국정의 쇄신을 촉구하자[112] 이원정이 사주설을 제기하였고,[113] 이담명 또한 이현일이 영남의 사론을 선동한다고 의심함으로써[114] 한 때 양측의 관계가 냉각된 적도 있었다. 이는 이원정 부자가 이현일의 정치적 부상을 경계한 측면으로 해석될 여지가 있다. 그러나 이러한 긴장관계는 1680년 경신환국 이후 이현일의 학문적 지위와 정치적 영향력이 증대되면서 점차 해소되어 갔고, 1689년 기사환국 직후 이현일이 남인 산림으로서 조야의 중망을 입는 단계에서는 공조관계 내지는 정치적 위상의 역전현상이 빚어지게 되었다. 李周命 · 夏命 · 基命 · 世寶 · 世瑗(이상 갈암문인) · 世璜(밀암문인) 이원정 · 원록의 자손들이 이현

112) 李玄逸.『葛庵集』卷2. <辭免持平兼陳五條疏>. 이 上疏는 모두 5개 條項으로 구성되었는데, 君主의 修德, 國家紀綱의 確立, 公正한 王法의 適用, 言路擴充과 戚里의 擁蔽防止, 爲民政策의 內實化를 골자로 하고 있었다

113) 李玄逸.『葛庵集』卷8. <與李判書元禎戊午>. "玄逸遞職投閑 固是微分所安 第當日所論 無論事之是非 實出自己鄙見 而執事者不舒究之 以爲玄逸見賣於人 而爲之嚆矢 遽加峻文 深責而督過之 恐懼之餘 不能無悁悁之念"

114) 李玄逸.『葛庵集』卷9. <答李耳老聃命辛未>. "今者不佞 以獻愚之故 見非於下執事 若疑不佞 鼓起士林 而失畏法飭躬之義 玄逸雖譾劣 亦嘗聞長者遺風矣…且旁邑士林 豈肯以玄逸之勸禁 而爲作止前却也哉 是則執事者 殊不諒此間情實也"

일 · 이재의 문하를 출입하게 되는 배경도 이런 맥락에서 이해할 필요가 있는 것이다.

4. 이원정가의 학문적 성격

1) 이원정 · 담명의 實用的 학풍

이윤우가 한강문하를 출입하고 이도장이 한려 양문을 사사하는 과정에서 광주이씨가는 한려학파의 주된 구성원으로서 그 위상을 확고히 하였지만 이윤우 · 도장 · 원정 · 담명으로 이어지는 4대는 학문보다는 정통 관료로서 보다 많은 시간을 보냄으로써 문집 외에는 별다른 저술을 남기지 않았다. 한강고제였던 이윤우만 하더라도 사문의 저술을 간행하는데 남다른 열정을 보인 것은 분명했다. 아울러 학식을 인정받아 인조조에 경연관으로 활동하며 군왕을 계도하는데 노력했고,[115] 부제학 정경세와 함께 『대학』, 『논어』를 교정하는 등 당대의 학술문화를 주도했던[116] 것은 사실이지만 문집의 대부분이 시문으로 채워져 있어 학문의 내용과 성격을 밝히기가 용이하지 않다. 이런 면은 아들 이도장에게서도 공통적으로 찾아볼 수 있다.

---

115) 이윤우의 경연에서의 활동상은 李潤雨.『石潭集』卷3. <筵說>에 자세하게 기록되어 있다.

116) 李潤雨.『石潭集』.「年譜」. <癸亥>. “與副學鄭愚伏 校正大學…與鄭愚伏校正論語”

다만, 이들이 한려학파의 특징 중의 하나인 실용적 학풍을 계승했음은 쉽사리 짐작할 수 있으며, 그런 경향은 관료로 활동하는 과정에서 개진한 각종의 개혁 · 개선책에서 일정 부분 확인할 수 있다. 이윤우의 경우, 공신들이 민간 백성들의 토지를 침탈하는 폐단을 시정하고[117] '三結收布法'의 폐지를 강력하게 요청하는[118] 등 민본주의적 경세관에 투철했다. 또한 그는 1627년 정묘호란 당시에는 직무상의 실사에도 능하다는 이유에서 경상좌도 호소사의 종사관으로 천거되자 호소사 정경세를 보좌하여 열읍의 의병을 초유하고 군량을 모으는데 크게 이바지했다.[119] 뿐만 아니라 그는 1628년 2년 6개월간 봉직하는 동안 猾吏의 작간을 엄정하게 다스려 향풍을 새롭게 진작시켰고, 관창을 열어 기민을 구제하는 등 민생의 개선에 매진했으며, 향교와 미암서원(義巖書院)을 수리하여 향중 자제들의 교학 여건을 크게 개선시킨 바 있었다. 이러한 일련의 정책은 實事에 바탕한 현실 생활의 개혁 · 개선책이라는 점에서 실무적 학풍과 관련이 있고, 국가의 원기회복과 기강확립에 주안점을 두고 내수사 폐단의 개혁, 서원에 대한 통제와 향교진흥책, 양역변통과 속오군의 정비책을 강조했던 이도장의 경세론도[120] 이와 일맥상통하는 것이었다.

이런 경향은 이원정에게서도 동일하게 찾아볼 수 있다. 이원정의

117) 『인조실록』 권7. 인조 2년 10월 갑오.

118) 『인조실록』 권8. 인조 3년 1월 을묘.

119) 이윤우. 『石潭集』. 「年譜」 <丁卯>. "承命爲號召使從事…先生承命南下 招諭列邑義兵 辦取糧餉"

120) 조준호. 2007. 앞의 논문. 461~466쪽.

경세론에서 가장 주목되는 것은 영남지역 대동법의 시행이었다. 1608년 경기도를 대상으로 처음 실시된 대동법은 17세기 후반에 가서야 전국적인 시행이 이루어졌다. 영남의 경우는 1679년에 시행되었는데, 그 계기를 마련한 사람이 바로 이원정이었다. 이원정은 1677년(숙종3) 응지소를 비롯한 각종의 상소를 통해 대동법의 필요성을 역설하여 숙종의 허락을 받아낼 수 있었고, 이듬해인 1678년에 大同事目이 만들어지면서 그 다음해부터 시행에 들어갔던 것이다.[121]

이윤우 · 이원정의 실용적 학풍은 이담명에게 그대로 계승되었다. 이담명은 경세관료답게 성리학적 담론보다는 제도개선과 민폐해결 등 민생 사안에 애착이 깊었다. 특히 1690년 경상감사 재직시의 진휼행정은 권도에 바탕한 변통론적 처방이라는 점에서 주목된다. 이담명이 경상감사에 임명된 것은 기근이 절정에 달하던 1690년 7월이었다. 이 해의 흉년은 극심하기로 정평이 나 있었던 1671년의 '辛亥凶年' 보다 그 정도가 더 열악했다. 이런 조건에서 감사로 부임한 이담명은 동년 12월 賑恤廳에 바치는 虎贖布의 경감을 요청하는[122] 한편 사민들의 身役을 면제하는 특단의 조처를 단행했다.

그러나 그가 내린 일련의 처방은 조정에 품의하지 않은 감사의 재량적 판단이었고, 이로 말미암아 추고당하는 곡절을 겪게 된다.[123] 그럼에도 불구하고 이담명은 緘辭를 통해 민본론에 바탕한 진휼행정을

121) 김문택. 2009. 앞의 논문. 68~69쪽.

122) 『숙종실록』 권22. 숙종 16년 12월 14일(경오).

123) 『숙종실록』 권22. 숙종 16년 12월 23일(기묘).

고집했고,[124] 죄주 이현일의 상소를 통한 지원 행위는 커다란 위안이 되었다.[125] 이담명의 파격적 행정은 일각의 비난을 야기하면서도 조정으로 하여금 민사를 헤아리게 하는 계기가 되어 신역의 감면, 전세 및 대동미의 정봉 조치가 내려지게 되었다.

뿐만 아니라 이담명은 합천군수 洪柱震, 병조판서 閔宗道에게 賑政의 자문 및 지원을 촉구하는[126] 한편 도내의 여러 宮家 및 사대부 집의 田庄의 곡물을 賑救에 쓸 것을 요청하는 등 매우 공격적인 행정으로 일관했다. 비록 호조판서 오시복은 영남에서 받아들이는 선혜청의 쌀 1만 석을 賑資로 삼을 것을 청하는[127] 등 이담명의 정책에 힘을 실어 주었지만 대부분의 조신들은 그의 독단적인 조처를 비판하는 입장이었다. 조정의 비판과 냉소에도 불구하고 이담명의 변통론적 진휼행정은 1691년 5월 부제학에 임명되어 상경하기까지 일관되게 시행되었다.

조정에서 그의 시책을 비판하며 추고까지 청했던 것은 감사가 국은을 가로챈다는 혐의 때문이었지만[128] 이담명은 자신의 조처를 나라를 위한 적심으로 확신했다.[129] 사실 이담명이 조명을 무시하고 진휼행

124) 李聃命. 『靜齋集』 卷4. <嶺伯賑恤時被推緘辭>(辛未).

125) 『숙종실록』권23. 숙종 17년 2월 10일(병인).

126) 李聃命.『靜齋集』卷4. <與洪陜川柱震>(辛未) 및 <與閔兵判宗道>(辛未).

127) 『숙종실록』권23. 숙종 17년 2월 22일(무인).

128) 李聃命.『靜齋集』卷5. <記嶺伯時賑恤事>(辛未). "大臣有陳白於上曰 某爲監司 不稟于朝廷 不議于京司 私意擅斷而後始報 而京司不從 則恩歸於方伯 怨歸於朝廷 終始持之不已 何言之至此之甚也"

129) 李聃命. 『靜齋集』 卷5. <記嶺伯時賑恤事>(辛未). "吾雖不辨 人必有知我赤心爲國者矣"

정을 천단한다는 일각의 비난과 탄핵, 국은을 가로챈다는 혐의와 독설에도 불구하고 자기 주장을 굽히지 않았던 것은 변통론적 발상의 결과였다. 흉년이라는 비상한 상황에서 그에 맞는 처방을 고집했던 자세야말로 실무 · 실용적 학풍의 현실적 적용으로 해석할 수 있으며 그것은 정구⇒이윤우⇒이원정을 통해 이담명으로 전해진 가학적 전통과 맥을 같이하는 것이었다.

한편 이도장 · 원정 부자가 대를 이어 편찬한 『경산지』는 한려의 實用 · 實務的 학풍의 계승이라는 측면에서 매우 주목된다. 정구는 『昌山誌』(1580)를 비롯하여 『同福誌』(1584), 『咸州誌』(1587), 『福州誌』(1607) 등 일생 11종의 지리지를 편찬하였으며,[130] 이 가운데 함안군수 재직시에 편찬한 『咸州誌』는 17세기 이후 사찬 읍지 편찬의 기본 모델이 되었다. 지지 편찬은 '寒岡學'의 실용적 경향성이 가장 돋보이는 영역이고, 이런 관심은 장현광에게 계승됨으로써 한려 공통의 학풍으로 정착되었다.[131]

地誌 편찬에 있어 한려학풍의 특징이 가장 잘 드러나는 것이 바로 『京山志』였다. 1677년(숙종3) 이원정에 의해 탈고되는 『경산지』는 그 편찬 과정이 복잡 · 다단했다. 李元禎이 『경산지』 서문에서 토로한 것처럼 성주는 지지 편찬을 선도했던 정구의 고향이었음에도 불구하고 17세기 초반까지 일향의 문헌이 정비되지 못했다.[132] 이런 상황에

---

130) 김문식. 2006. 「16~17세기 한강 정구의 지리지 편찬」. 『民族文化』 29. 민족문화추진회. 193쪽.

131) 김학수. 2010. 「17세기 旅軒學派 형성과 학문적 성격의 재검토」. 『한국인물사연구』 13. 한국인물사연구회. 35~36쪽.

서 정구 사후 15년이 지난 1635년 장현광이 金輳 · 呂燦 등 한려문인들에게 성주 地誌의 편찬을 지시하였는데, 성주는 장현광의 외향이었다.

金輳 · 呂燦은 동문의 都世純과 함께 편찬 작업에 착수하여 서면과 남면 두 면의 舊聞만 대략 기록했을 뿐 더 이상 작업을 진행하지 못했다. 경험과 견해의 부족을 절감한 金輳 · 呂燦는 李道長(1603~1644)에게 이 일을 위임하였다. 多聞强記하고 문장이 뛰어났던 이도장은[133] 기꺼이 이를 수락했고, 1636년 경에는 대략 절반 정도 집필하는 정도로까지 진척되었다. 그러나 이 해 겨울 이도장이 주서에 임명되어 입조함으로써 편찬이 중단되었다. 이후에도 이도장은 사환으로 인해 이 일을 마무리하지 못하고 1644년에 사망했고, 그의 초고 또한 30년 동안 세상의 빛을 보지 못하게 되었다.

이런 상황에서 편찬작업을 재개한 사람이 바로 이도장의 아들 이원정이었다. 이원정이 『京山志』의 편찬작업을 재개한 시점은 1668년이고, 서문을 쓴 것은 1677년(숙종3)이다. 결국 이원정은 10년의 공을 들여 『京山志』를 완성했던 것이고, 이 과정에서 그는 우리나라의 역대 史傳 및 諸家의 子集을 두루 섭렵함은 물론 철저한 자료 검증을 거

---

132) 李元禎.『京山志』. <京山志序>.

133) 광주이씨의 문장력은 이윤우와 이도장이 한림직에 피선되는 과정에서 정평이 났고, 이런 전통은 이원정, 李漢命(이원정의 차자)에게로 이어지면서 칠곡 광주이씨는 '4대 한림'을 배출한 집안이라는 명예를 얻게 된다. 비록 한림 재직시의 기록은 아니지만 최근 한국학중앙연구원 장서각에서 출간한 李道長의 승정원 가주서 및 주서 재직시 일기는 이 가문의 사필 전통을 이해하는데 크게 참조가 된다. 韓國學中央研究院. 2010.『李道長의 承政院日記』.

쳤다.

> '志' 라고 하는 것은 사실을 기록하는 것이다. 사실을 빠트리고 기록하지 않는다면 '志' 라고 할 수 없다.[134]

이처럼 이원정이 추구했던 『京山志』의 편찬정신은 '實' 한 글자에 압축되어 있었다. 고을의 연혁, 戶口 · 田結 · 人物 · 姓氏의 현황 등 읍지의 필수적인 사항을 충실하게 기록함은[135] 물론 村婆와 賤隷의 孝烈, 街談 · 里語라도 후세에 전할 만한 것이면 수록하였다. 반대로 국가 기록이라도 잘못된 것은 바로잡았고, 근거가 명확하지 않는 제가의 족보 기록은 취택치 않았다. 사실에 입각한 자료의 취합, 사실을 위한 자료의 검증, 명분이나 신분보다는 실행의 채록을 강조했던 이원정의 편찬정신이 『咸州誌』, 『玉山志』로 대표되는 한려의 실용 · 실무적 학풍을 계승한 것이었음은 재론의 여지가 없고, 그것은 또한 17세기 이원정가의 주된 학풍의 하나임에 분명했다.

이원정이 『京山志』의 편찬을 통해 또 한가지 추구했던 것은 일향의 화합과 단결이었다.[136] 이런 정신은 이도장 대에 결성되었던 '동계'

---

134) 李元禎. 『京山志』. <京山志序>. "今夫志者 志其實也 遺其實而不之記 則不可以爲志"

135) 『京山志』는 총 34개 항목으로 구성되어 있는데, 이를 적기하면 아래와 같다. '境界道里', '建置沿革', '漆谷府境界道里 및 建置沿革 ', '郡名', '姓氏', '風俗', '形勝', '山川', '土産', '藪澤', '各坊', '戶口', '田結', '貢賦', '軍額', '漆谷戶口 · 田結 · 貢賦 · 軍額' [이상 卷1], '城郭', '宮室', '樓亭', '學校', '祠廟', '譯院', '倉庫', '佛宇' [이상 卷2], '古跡', '叢談', '塚墓', '題詠', '名宦', '人物' [이상 卷3], '人物', '孝子', '烈女', '婦行', '寓居' [이상 卷4].

136) 李元禎. 『京山志』. <序文>. "八莒古縣 漆谷新府 今之士民 皆舊日同州之人也 玆不分而二之 庶使後人永固鄕井之義 斯非厚風歟"

를 정비하는 과정에서 구체화 되었고,[137] 후일 아들 이담명이 향약을 중수하는 단계에서는[138] 하나의 학풍으로 자리잡아 갔다.

2) 갈암학통의 수용과 학문의 외연 확대: 李萬運을 중심으로

영남학파에 있어 17세기는 통합과 분화, 재통합으로 이어지는 일련의 변화가 가장 활발하게 일어난 시기였다. 이러한 변화는 '畿湖學派'에 대칭되는 '嶺南學派'의 모양새를 갖추어가는 과정으로 풀이될 수 있고, 학문 그 자체에 못지 않게 당시의 정치 · 사회적 환경에 크게 영향을 받았다. 조선후기 영남학파는 학문적 주도권에 있어 월천계⇒서애 · 우복계⇒한강 · 여헌계⇒학봉 · 갈암계로 이행하는 가운데 18세기 이후부터는 학봉 · 갈암계의 주도현상이 더욱 강화되는 추세에 있었다. 학봉 · 갈암계의 주도 현상은 17세기 후반 이래 이현일의 학문 · 정치적 성장과 밀접한 관련이 있었다.

퇴계-학봉으로 이어지는 학통의 계승자였던 그는 계파간 교유의 확대를 통해 점차 영남사림의 중망을 얻는 가운데 1689년 기사환국 이후에는 남인산림으로 징소되어 정치적 위상을 크게 강화하는 한편 학문적으로는 主理論을 천명함으로써 퇴계학의 계승에 진력하였다. 따라서 이현일은 정치적으로는 숙종대 남인의 영수, 학문적으로는 퇴계학을 가장 충실하게 계승, 발전시킨 인물로 자리매김됨으로써 영남

---

137) 李元禎. 『歸巖集』 卷4. <上枝洞契案序>.

138) 李聃命. 『靜齋集』 卷5. <重修鄕約通文>.

학파에서 독보적인 위상을 점할 수 있었다.

이런 위상을 바탕으로 그는 영남사림들을 대대적으로 규합하여 갈암학단을 형성시켜 나갔다. 갈암문인 300여명 가운데 본디 가학의 연원이 서애·우복 및 한강·여헌학맥으로 소급되는 인사가 80여명에 이르고, 남명학파권의 인사도 45명에 이른다는 것은 이현일이 계파와 학맥, 지역을 초월하여 영남사림을 재결집시켰음을 의미했다.

어쨌든 이현일의 역할로 인해 退溪-鶴峯-葛庵學脈은 영남학파에서의 주도권을 확립할 수 있었으며, 이런 흐름은 18세기 이후 李栽⇒李象靖⇒柳致明 등을 거치면서 더욱 고착, 강화되어 갔던 것이다. 학봉-갈암학맥의 주도권 강화는 서애·우복 및 한강·여헌학맥 등 여타 학맥의 약화를 의미하는 것이기도 했다.

이원정가의 경우도 17세기 후반에 접어들면서 학통상의 일정한 변화가 수반되었다. 앞에서도 잠시 언급하였듯이 李周命·夏命·基命·世寶·世瑗·世璜 등의 갈암·밀암문하 출입은 그러한 변화의 시작이었고, 그것은 곧 이황(퇴계)⇒정구(한강)⇒이윤우(석담)로 이어지던 한강학통적 가학 전통에 안주하지 않고 학봉·갈암학통으로까지 학문적 외연이 확대된 과정으로 설명할 수 있다.

이원정의 자손 중에서도 이러한 경향성이 가장 뚜렷한 계통이 바로 李元禎⇒漢命⇒世瑗⇒允中⇒東英⇒萬運으로 이어지는 가계였다.[139] 이만운의 증조 이세원이 이현일의 문인이라는 점, 아버지 이동영이

139) 이만운의 가계와 학문에 대해서는 박인호. 2007.「묵헌 이만운의 학문 세계」.『조선시대 광주이씨의 삶과 학문』, 한국역사문화연구원. 참조.

갈암고제 金聖鐸의 사위라는 점, 이만운의 학문 형성에 미친 외숙 金樂行(밀암문인)의 영향을 고려할 때 18세기 이후 이 가계의 학문적 행보가 갈암 · 밀암학통의 수용을 통한 안동권 영남학파와의 연대 강화에 초점이 맞춰져 있었음이 분명했다.

나아가 이만운이 갈암 · 밀암학통의 계승자인 이상정의 손자 李秉遠을 사위로 맞고, 1792년 이상정의 조카 李㙖가 소두가 되어 사도세자의 신원과 壬午義理의 천명을 요청한 '영남만인소'에[140] 李學中, 李東英, 李東晉, 李萬運, 李正運, 李奎運, 李以儉 등 이세원의 직계 자손들이 다수 연명했던[141] 것도 이런 추세를 반영하는 것이었다.

이만운은 영남의 유종으로 일컬어졌을 만큼 성리학을 비롯하여 역학 · 상수학 · 예학 등에 조예가 깊었다. 그는 가문의 전통을 이어 문과를 통해 사환에 종사했으면서도 정통 관료로서의 면모가 강했던 이윤우 · 도장 · 원정 등 선대와는 달리 성리학에 침잠함으로써 광주이씨가의 학문적 위상을 크게 격상시킬 수 있었다.

선행연구에 따르면[142], 이만운의 학문은 역학과 상수학에 대한 관심, 예학에 대한 탐구, 고증적 학문의 지향, 실천 · 실용적 학문의 강조, 현실문제에 대한 관심 등으로 집약된다. 이러한 학문적 범주는 이만운이 안동권 갈암학통의 수용을 통해 유학자, 특히 성리학자로서의

---

140) 『정조실록』 권34. 정조 16년 윤4월 27(을미) ; 『정조실록』 권35. 정조 16년 5월 7일(갑진). 만인소의 배경, 경과 등 소사 전말은 <壬子日記(疏廳錄)>(李㙖. 『俛庵集』. <別錄上>)에 자세하다.

141) 『승정원일기』 정조 16년 윤4월 27일(을미).

142) 박인호. 2007. 앞의 논문. 126~131쪽.

면모를 강화하면서도 한려계열의 가학적 전통을 그대로 유지하였음을 의미한다.

5. 맺음말

이상에서 언급한 내용들을 정리하면 아래와 같다.

① 광주이씨는 석담 이윤우가 한강 정구의 고제로서 그 위상을 확고히 함으로써 영남의 사림 사회에서 활약할 수 있는 학문적 토대를 마련하였고, 이후 그 아들 및 손자들까지 한려학파와 밀접한 학적 연계성을 구축함으로써 영남의 중서부 지역을 대표하는 집안으로서 그 위상을 굳건히 했다. 아울러 광주이씨는 영남에서는 드물게 사환전통이 강고하였고, 이런 전통은 영남의 명가를 넘어 안동김씨[金時讓 가문], 전주이씨[李睟光 가문], 해주정씨[鄭重徽 가문], 사천목씨[睦來善 가문] 등 近畿南人의 유수한 가문으로까지 혼맥을 확대하며 문벌적 토대를 다지는데 크게 영향을 미쳤다. 특히, 17세기 후반~18세기 초반 경 무려 2,000두락을 보유했던 경제 규모는 영남의 여타 가문에서는 찾아보기 힘든 사례에 속하는데, 이런 경제력은 이원정 일가의 정치 · 사회적 입지를 신장시키는 주요한 요소로 작용했다.

② 이원정 · 담명 부자의 정치적 영향력이 극대화 된 시기는 숙종초기(즉위년~6년), 중기(15~20년)였다. 특히, 숙종초기 이원정이 이른바 '變局提調'로 지칭되며 남인정국의 실세로 활동할 수 있었던 것은 한강연원이었던 허적 · 허목 · 윤휴 등 당시 남인정권의 영수들과

의 복합적인 관계성에 바탕하였다. 아울러 그가 영남의 공론을 조율하는 주론자적인 면모를 강하게 드러내고, 대 서인 경경론을 일관되게 견지했던 것은 이른바 '남인맹주의식'에 바탕하여 '남인 영남학파'라는 영남의 정치 · 학문적 순정성을 유지하기 위한 일종의 고육책으로도 평가할 수 있었다. 또한 許穆 · 許積 · 尹鑴와 이원정 · 담명 부자의 정치적 위상과 역할을 고려할 때, 숙종초기 남인정권은 학통상 '寒岡政權'으로 규정할 수 있는 측면이 존재하였다.

③ 이원정 · 담명 부자는 정통 관료로 활동하는 과정에서 뚜렷한 학문적 업적을 쌓지는 못했지만 이들이 조정에서 보여준 각종의 개혁 · 개선책은 현실의 문제를 주요시 한 실무 · 실용적 성격이 강했다. 특히, 이도장 · 원정 양대에 걸쳐 완성된 『경산지』는 실용성을 강조했던 한려학풍의 계승이라는 점에서 매우 주목되는 학문적 경향이었다. 아울러 이원정 가문이 낙동강의 수운을 활용한 鹽商行爲를 통해 막대한 부를 축적할 수 있었던 것도 주자학에 고착화되지 않았던 실용적 학풍과 유관한 것으로 해석할 수 있었다.

④ 이담명 대에 이르기까지 한려학파, 특히 한강학파로서의 학문적 정체성을 지속하던 광주이씨는 17세기 후반 이후 이현일 · 이재 등 안동권 학봉 · 갈암학통으로까지 사승관계의 외연을 확대하였다. 이런 경향은 이현일의 학문 · 정치적 성장과 궤를 같이하는 것으로 비단 광주이씨 이원정가만의 특별한 형상은 아니었다. 이원정 · 원록의 자질들의 갈암 · 밀암문하 출입은 정치적 공조관계의 학문적 확산으로 해석할 수 있고, 이만운의 학문적 성장도 이런 바탕 위에서 논의될 수 있을 것으로 본다.

⑤ 이만운은 18세기 광주이씨가 배출한 가장 뛰어난 유학자인 동시에 당대 영남의 유종으로 일컬어진 석학이었다. 성리학, 예학, 상수학, 역학을 비롯하여 실용 · 실무적 학문에까지 미쳤던 그의 학문적 범주는 한려학풍과 갈암 · 밀암학풍의 절충 · 접목이라는 관점에서 논의할 필요가 있다고 본다.

참고문헌

<원전>

『承政院日記』, 『朝鮮王朝實錄』, 『古文書集成』 92, 『廣州李氏大同譜』, 『書院謄錄』

沈喜壽. 『一松集』

李潤雨. 『石潭集』

朴世采. 『南溪集』

李萬敷. 『息山集』

張顯光. 『旅軒全書』

李元禎. 『歸巖集』

李重煥. 『擇里志』

尹　鑴. 『白湖全書』

李聃命. 『靜齋集』

鄭　逑.『寒岡全書』
李　篺.『東湖集』
李元禎.『京山志』
蔡濟恭.『樊巖集』
全有章.『正峯集』
李玄逸.『葛庵集』
申悅道.『懶齋集』
李　堣.『俛庵集』

고영진. 1992.「17세기 전반 남인학자의 사상-鄭經世 · 金應祖를 중심으로-」.『역사와 현실』8.
고영진. 1995.『조선중기 예학사상사』. 한길사.
권오정. 2009.「칠곡 광주이씨가의 역사와 소장 고문헌」.『古文書集成』92 -漆谷 石田 廣州李氏篇(1)-.
김건태. 2004.『조선시대 양반가의 농업경영』. 역사비평사.
김문식. 2006.「16~17세기 한강 정구의 지리지 편찬」.『民族文化』29. 민족문화추진회.
김문택. 2009.「숙종대 이원정의 정치활동과 피화」.『역사와 실학』. 역사실학회.
김종석. 2007.「懶齋 申悅道의 사상과 旅軒學 계승」.『선주논총』10. 금오공과대학교 선주문화연구소.
김학수. 2007.「寒岡(鄭逑)神道碑銘 改定論議와 그 의미」.『조선시대사학보』42. 조선시대사학회.

김학수. 2007. 「17세기 嶺南學派의 정치적 분화 –유성룡 · 정경세학맥과 정구 · 장현광학맥을 중심으로–」. 『조선시대사학보』 40. 조선시대사학회.

김학수. 2008. 「17세기 영남학파 연구」. 한국학대학원 박사학위논문(미간행).

박인호. 2007. 「묵헌 이만운의 학문세계」. 『조선시대 광주이씨의 삶과 학문』. 한국역사문화연구원.

설석규. 2009. 「16세기 도학의 대두와 김취문의 정치적 역할」. 『조선사연구』 18. 조선사연구회.

이근호. 2007. 「17세기 후반 이담명 · 이한명의 정치활동과 경세론」. 『조선시대 광주이씨의 삶과 학문』. 한국역사문화연구원.

이성무. 1998. 『조선왕조사』 1~2. 동방미디어.

이영춘. 1998. 『朝鮮後期王位繼承硏究』. 집문당.

정순우. 2004. 「조선후기 성주 · 칠곡 지역 사족의 성립과정과 변화양상」. 『남명학파와 영남우도의 사림』. 예문서원.

정호훈. 2007. 「17세기 이원정 · 이담명 부자의 정치 기반과 활동」. 『조선의 명가 광주이씨–불굴과 휼민의 정치』. 서울역사박물관.

조준호, 2007. 「낙촌 이도장의 생애와 정치 활동」. 『조선시대 광주이씨의 삶과 학문』. 한국역사문화연구원.

한명기. 2002. 「인조반정 이후 재조북인에 대한 소고」. 『조선의 정치와 사회』.

許捲洙. 1993. 『朝鮮後期 南人과 西人의 學問的 對立』. 법인문화사.

僑窩 成涉의 생애와 저작, 학문경향

임규완 (영남대학교)

僑窩 成涉의 생애와 저작, 학문경향

임 규 완 (영남대학교)

1. 들어가는 말

역대로 영남은 유수한 문인, 학자들이 많이 배출된 인재의 보고였다. 그 중 18세기 한 시대만을 놓고 당대를 대표할만한 영남의 문사를 든다면 누구를 거론할 수 있을까? 濟濟多士들이 있겠지만 僑窩 成涉은 단연 손꼽히는 존재일 것이다. 일찍이 尼溪 朴來吾는 육경과 諸子에 달통하고 시문에 뛰어난 사람으로, 舊堂 趙虎然(1736~1807), 損齋 南漢朝는 '文丈'으로 그를 높이 추중하였다, 또한 凝窩 李源祚(1792~1872)는 학문과 문장으로, 寒洲 李震相(1818~1886)은 문학으로 이름난 인물로 교와를 칭송해 마지않았다.[1)]

18세기 영남 인물에 대한 관심은 그 동안 大山 李象靖(1711~1781) 등 소수의 인물에 집중된 느낌이 없지 않으며, 이에 대한 연구

---

1) 박래오.「僑窩草稿序」.『尼溪先生文集』권6; 조호연.「敬書僑窩文丈文稿後」.『秉燭錄』; 남한조.「題僑窩成公遺卷後」.『損齋先生文集』권13; 이원조.「僑窩集後敍」.『僑窩散錄』; 이진상.「尼溪朴公行狀」.『寒洲先生文集』권37.

도 대체적으로 도학자적인 모습에 치중되어 있는 것 또한 사실이다. 영남에서의 대산의 위상을 반영하는 것일 터이겠지만, 영남은 물론, 우리나라 한문학의 총체적이고도 다채로운 흐름 파악에 결코 바람직한 현상이라고는 할 수 없을 것이다. 더 많은 개별 작가의 발굴과 문학적인 성과 등을 조명해야 할 이유가 여기에 있다. 18세기 영남의 인물 및 문단 연구는 아직도 너무나 많은 연구 공간과 연구자의 손길을 기다리고 있는 것이다. 교와 성섭은 이러한 요구에 적절히 부응할 수 있는 인물이라 하겠다.

학계에 성섭의 이름이 처음 등장한 것은 아니다.[2] 그러나 그것은 그의 主著로 알려져 있는『筆苑散語』의 저자로서 간간히 거론되는 데에 그쳤을 뿐, 정작 그에 대해 알려진 것은 거의 전무하다고 해도 과언이 아니다. 여러 이유가 있겠지만 일차적으로 그의 유저들이 미간행 필사의 형태로 후손가에 어렵게 보존의 명맥을 이어왔다는 것과, 학계에서는 그의 유저들이 모두 일실된 것으로 판단하여 관심의 눈길을 두지 못하였다는 것에 그 이유를 찾을 수 있을 것이다.

다행스럽게도 그동안 학계에 보고되지 않았던 그의 저작들이 최근에서야 확인되었다. 이에 따라 교와의 실상과 그 주변의 온전하고도 구체적인 연구가 전면 가능하게 되었다. 학계에 처음 보고되는 자료인 만큼 우선적으로 성섭이란 인물의 생애와 저서, 학문경향을 파악

---

2) 이휘교. 1980.「筆苑散語 해제」.『중국어문학』1. 영남중국어문학회; 안대회. 2000.『조선후기시화사』. 소명출판. 201쪽; 강준흠. 2006. 민족문학연구소 한문분과 옮김.『삼명시화』. 소명출판. 469쪽; 송혁기. 2006.『조선후기 한문산문의 이론과 비평』. 월인. 310쪽.

함으로써 성섭 연구의 단초를 열어보고자 한다.

2. 성섭의 생애와 교유

1) 생애

成涉(1718~1788)의 자는 仲應, 호는 僑窩,[3] 관향은 昌寧이다. 교리를 지낸 起寅(1674~1737)과 全義李氏 사이의 3남 4녀 중 둘째 아들로 태어났다.

성섭의 가계와 생애를 이해하는데 두 가지 중요한 키워드가 있다.

從政과 文翰의 전통을 우선 들 수 있다. 寒岡 鄭逑의 제자로, 문과 급제, 승지를 지낸 芙蓉堂 安義(1561~1629)는 그의 5대조이며, 역시 문과 급제, 4번의 암행어사를 지내며 직론으로 이름을 날린 溪西 以性(1595~1664)은 고조부이다. 부친인 以性과 함께 愚伏 鄭經世의 문하에 종유하였던 錫夏(1625~1653), 문장, 필법으로 명세하였던 世瓚(1648~1708)은 증조, 조부이다. 부친인 洛厓 起寅 또한 문과 급제하여 교리를 지내며 직론으로 이름 높았던 인물이다.

이와 아울러 청빈한 생활 또한 가문의 체질적인 전통으로 내려오고 있었으니, 계서와 낙애 모두 청백리에 녹선되어 가문의 명예를 드높인 점이 그것이다. 교와 또한 이러한 전통이 그의 생애 전반에 걸쳐

3) 성섭 자신의 「僑窩說」과 李重祿의 「僑窩記」가 있음.

짙게 드리우고 있다. 소싯적에는 父祖의 가풍을 잇기 위해 부지런히 과거문에 종사하였다.[4] 과거보는 선비에 있어 과거 모범답안지를 베껴 빨리 급제하는 것이 제일이라는 친구와의 농담[5]은 이러한 모습을 잘 보여주는 일화라 할 것이다. 그러나 번번히 과거에 낙방하여 좌절의 아픔을 겪게 되었고, 이를 달래고자 중년에는 博覽과 山水에 馳心하였다.[6] 만년에는 칠곡의 月塢에 자그마한 초가를 지어 머무르며 학문연구에 잠심하였다. 아내도 자식도 먼저 보내고 홀로 지내며 병마와 가난으로 살고 있는 자신을 '窮毒'이라 표현하였다.[7] 歸巖 李元禎의 증손녀인 廣州李氏 사이에 1남 3녀를 두었다. 사위는 崔範重, 李學祿, 趙師愚이다. 玉川 趙德隣(1658~1737), 訥隱 李光庭(1674~1756)을 종유하였다고 하지만[8] 현재 그들의 문집에서 교와와의 관계를 살펴볼 수 있는 기록은 보이질 않고, 그보다 실질적으로 그에게 영향을 크게 미친 것은 家學과 장인인 大夢齋 李世璜(1684~1750)이었다. 대몽재는 어려서 백의재상의 중망을 가질 정도로 그 기개가 남달랐다고 한다.[9] 문장과 필법으로 명세하였으며, 能文奇士로 알려

4) 성섭.「秉燭錄序」.『秉燭錄』. "余少好鉛槧之技 沒頭於科場文字間". 이하 저자 생략.

5) 「記廣陵李公少日交誼」.『覆瓿編』. "余戱曰 科場之士 此非所急 不如寫程文規 早以決科何如"

6) 「僑窩散錄序」.『僑窩散錄』. "僑窩翁 少日 馳心於觀光 …중략… 中歲馳心於博覽..…중략… 且又馳心於山水"

7) 「祭李友和謙文」.『覆瓿編』. "中間吾遭叩盆之痛 又喪西河之明 悠悠人世 作一窮毒之夫"

8) 남한조.「題僑窩成公遺卷後」.『損齋先生文集』권13. "蓋公少遊玉川訥翁諸鴻匠門下"

9) 『僑窩散錄』. "夢齋聘君 生於四世翰苑之家 少負白衣宰相之望 且又生平氣槪磊磊落落非澳汨塵世中人也"

진 鄭弘鎰은 당대의 朝臣 중 박문수 이상의 인물로 그를 평하였다.[10] 그의 문장은 莊·馬에 근본하고 있으며 특히 祭文에 뛰어났다고 한다.[11] 교와는 이러한 장인의 모습을 꼼꼼하게 기록으로 남겼다. 그리고 얼마 남지 않은 대몽재의 유문을 모아 직접 필사하여 후세에 전하기도 하였다.[12]

2) 교유

교와의 교유는 그의 거주지 이동과 밀접한 관련을 가진다. 크게 3권역으로 나눌 수 있을 듯하다.

먼저 상주지역을 들 수 있다. 상주는 그의 선산이 있던 곳으로 그와 부친이 고향으로 생각했던 곳이다. 현재 교와의 문집에 보이는 이 곳 사람들은 高裕, 趙虎然(후에 沐洙로 개명), 南漢朝 등이 있다. 대체로 후배, 제자 등의 인물이 눈에 띈다. 高裕(1722~1779, 자 順之)는 승지를 지냈으며, 문장으로 이름 있었던 인물이다. 조호연, 남한조 모두

---

10) 『僑窩散錄』. "夢齋公 與鄭進士弘鎰及其子察訪錫儒相好 鄭進士亦能文奇士也 嘗言曰 吾遊於今世縉紳間 皆知其人 惟靈城君朴文秀 其人物風采 可彷夢齋公". 참고로 이 이야기는 후술할 『僑窩文稿 外篇』에는 朴文秀가 兪拓基로, 『筆苑散語』에는 吳道一, 金昌協, 朴文秀로 바뀌어 있으며, 『筆苑散語』의 이야기는 눌은 이광정이 이세황이 아닌 성섭의 부친인 기인의 이야기로 성섭에게 전해주고 있음.

11) 『僑窩散錄』. "夢齋公文章 本之莊馬 …중략… 李都事晩榮常云 文則古文 而祭文又不凡 …중략… 此言果信矣"

12) 『僑窩散錄』. "夢齋公 不喜著述 不佞遊於門下 收拾祭文若干篇 成小冊一卷". 「祭李友和謙文」. 『覆瓮編』. "又玆念蒙愚早被大夢先生恩愛". 현재 대몽재유고가 37장 정도의 분량으로 후손가에 전한다. 詩 3, 書 12, 祝文 1, 祭文 22편으로 그의 특장이라 일컬어진 祭文이 전체 분량의 85%정도를 차지하고 있다.

당대의 명사로 이들은 교와 문집의 발문을 남겼다.

다음으로 교와가 태어난 성주 茶山과 만년에 살았던 칠곡 일대이다. 여기에는 처가, 외가 식구들과의 교유가 두드러진다. 처남인 李致中(1721~1787, 자 和謙), 그 일족인 李益中(1729~1799, 자 允執) 등 '中' 자 항렬의 인물들,[13] 외가의 全義李氏 李梅臣(1718~1776, 자 汝說), 이외 사위집안인 碧珍李氏 李重祿(1729~1795, 자 孟呂, 호 竹翁)[14] 등이 있다. 이치중은 교와와 처남 매부간으로 50년의 교류를 지속하며 형제 이상의 우의를 나누었다. 교와가 만년에 月塢로 거처를 옮긴 것도 그와 往來逍遙하고자 한 것이라고 하였다.[15] 가장 가까이서 교와를 지켜본 벗이었기에 교와의 문집 앞에 「書姊兄文稿」를 지었고, 교와는 그의 사후 그 안타까움과 슬픔을 곡진하게 그려내었다.[16] 이중록 또한 교와의 명으로 교와 문집의 서문을 얻은 文友였고, 이매신은 同庚同鄕의 친구로 이 또한 평생지기였다.[17]

끝으로 진주의 德山 일대이다. 대부분이 만년교우로 교와가 가장 마음을 쏟은 곳이기도 하다. 그 중심에 尼溪 朴來吾(1713~1785, 자 復初)가 있다. 교와가 高士 3인[18] 중의 한사람으로 지칭했던 이계는

---

13) 李達中(1697~1757, 자 子循, 호 遠志軒), 李學中(1704~1755, 자 子明, 호 同菴), 李愿中(1716~1741, 자 謹甫), 李晩榮(1717~1767, 자 德隱, 호 適窩, 초명 顯中), 李德中(1731~1795, 자 君甫, 호 斗巖) 등

14) 족보에는 '忠祿'으로 기재되어 있음.

15) 「祭李友和謙文」. 『覆瓿編』. "吾之晩年卜月塢者 爲與君往來逍遙之計"

16) 「祭李友和謙文」. 『覆瓿編』.

17) 「祭李友梅臣汝說文」. 『覆瓿編』.

18) 박래오. 「遺事」. 『尼溪先生文集』 권12. "成僑窩誄府君文曰 嶺之見高士三人 太白山下

진주 南沙 출신으로 일생을 포의로 살았지만 문장과 도학이 당대를 대표하는 인물이었다. 교와가 이계와 가까이 지내고자 남사에 가까운 召南에 내려와 살겠다고 마음먹을 정도로 둘은 학문과 우정을 주고받으며 평생의 가장 막역한 동지로서 서로를 믿고 의지하였다. 두 사람의 문집에 보이는 수많은 수창시문과 학문토론은 둘 사이의 돈독했던 관계를 확인할 수 있는 자료들이다. 또한 霜溪 權煒(1708~1786, 자 象仲), 雪谷 姜錫復(1716~1774, 자 來汝), 興窩 河應兼(1713~1785, 자 善承), 橘翁 許存(1713~1785, 자 延仲) 등을 지기로 여기며 心交하였다. 모두 진주권 인사들로, 교와는 그들과의 遊從之樂을 香蘭愈臭, 斷金益利로 비유하였으며,[19] 그들이 세상을 떠나고 난 뒤 자신의 시문은 이제 의미가 없게 되었다고 토로하기까지 하였다.[20]

3. 교와의 저작

'이미 병으로 누운지 몇 해가 되었지만 오히려 붓을 쥐고 저술하기

有杜陵李公(重光) 金谷村中有南野朴公(遜慶) 頭流山外有尼溪朴公(來吾)". 『尼溪先生文集』은 杜陵李公을 李光庭으로 잘못 기록하였다.

19) 「誄興窩河友應兼善承文」. 『覆瓿編』. "其遊從之樂 香蘭愈臭, 斷金益利"

20) 「題尙山誌跋」. 『覆瓿編』. "吾十餘年 往來晉陽 相見者多矣 …중략… 皆平日相酬唱之人 其詩與文 皆在吾私稿中 …중략… 吾之詩稿 止於此而無繼作之事"

21) 남한조. 「題僑窩成公遺卷後」. 『損齋先生文集』 권13. "公已沈病數歲 猶手筆著書矻矻不已"

를 부지런히 하여 마지않았다'[21]는 전언처럼 교와는 평생을 두고 저술하기를 좋아하였고, 또 많은 기록을 남겼다.

현전하는 교와의 저술은 『文稿』 15권이라 일컬어지는 『僑窩文稿』 3책,[22] 『僑窩文稿 外篇』 3책, 『筆苑散語』 3책이 있다.

가장 중요한 자료는 『僑窩文稿』 3책으로, 처음 소개되는 자료인 만큼 좀 상세하게 살펴볼 필요가 있다.

『僑窩文稿』 3책은 각각 『僑窩散錄』, 『覆瓿編』, 『秉燭錄』으로 이루어져 있다. 각 책은 대략 400쪽 전후의 방대한 분량이다. 교와의 친필 고본으로, 删去되지 않은 교와의 가장 직접적인 모습을 확인할 수 있는 자료이다. 각 책의 대략적인 성격은 다음과 같다.

> 이른바 『覆瓿集』이라는 것은 곧 翁의 뜻을 말한 것이다. 그 의취가 冲淡하고, 성운이 淸暢하여 자연스럽게 이루어진 것으로 일체의 수식을 버리고 조금도 俗子輩들의 葷蔥口臭를 띠지 않았으니, 그 성정의 바른 것에서 얻은 것임을 알 수가 있다. 『僑窩散錄』이라는 것은 저술한 바의 傳, 記, 狀, 誌, 書牘 및 고금 견문의 특이한 것을 잡기한 것이다. 遠近貴賤 潛德實行의 표장할만한 것들이다. 그 문장은 오직 도리를 나타내고 뜻을 전달하는 것에 힘써 따로 마음을 쓴 바가 없지만 滂沛渾浩한 것이 마치 강하의 順流와 같은 것이 있으니, 진실로 덕이 있는 사람의 말이라 할 수 있다. 『秉燭錄』이라는 것은 곧 옹의 노년에 터득한 바로 가장 많은 정력을 쏟은 곳이다. 논한 바가 인의도덕과 이기성명 아닌 것이 없다. … 중략 … 論史와 論人 같은 여러 저작들에 이르러서는 시비가 심히 명정하고 의론이 매우 고준하니 또한 세교에 도움이 있다고 하

22) 이원조는 『文稿』 15권이라 하고, 남한조는 4책(四大帙)이라 하였지만 현재 『僑窩文稿』는 불분권인데다 3책이 남아 있다.

겠다.[23)]

『覆瓿編』은 교와의 시문이 수록된 글이다. 표지 다음 장에 「記前日遊山」, 「論時史論」, 「記跋」, 「序題」, 「書」, 「哀辭祭文」이 우측상단에 적혀있다. 이어 문우인 李重祿의 「書僑窩丈文稿」와 자신의 「覆瓿編小引」이 서문 격으로 얹혀 있다. 『僑窩散錄』은 후술하겠지만 『筆苑散語』의 원고본이다. 고금 견문의 특이한 것을 기록한 것으로, 상하로 되어 있다. 옛 기록에서 적취한 것도 있지만 작자가 직접 견문한 것들이 많아 당시 문단의 상황과 동향, 그리고 여러 인물들의 다양한 일화들을 읽을 수 있다. 李源祚의 「僑窩集後敍」, 李致中의 「書姊兄文稿」, 그리고 『僑窩散錄』의 서문에 해당하는 자신의 글이 차례로 앞에 이어져 있다. 『秉燭錄』은 교와 노년의 학적 연구가 집적된 성과물이다. 性命理氣와 경서에 대한 변론과 연역이 상세하게 나타나 있다. 趙虎然의 「敬書僑窩文丈文稿後」와 자신의 「秉燭錄序」가 또한 차례로 놓여 있다.

『僑窩文稿 外篇』 3책은 『覆瓿編』, 『僑窩散錄』에 있는 글들을 문체별로 묶어 따로 정리한 것이다. 記, 序에 해당하는 것으로, 記는 일반 기문의 「~記」와 잡기적인 성격의 「記~」로 구분해 놓았다. 잡기적인

23) 趙虎然. 「敬書僑窩文丈文稿後」. 『秉燭錄』. “有所謂覆瓿集者 卽翁之所言志也 其意趣冲淡 聲韻淸暢 天然去飾 絶不帶俗子輩 葷葱口臭 使人一詠 可知其得其性情之正也 有所謂散錄者 雜記其所著傳記狀誌書牘者 及古今聞見可異者 遠近貴賤 潛德實行之可表者也 其文章 理勝辭達 別無所用心 而滂沛渾浩 有若江河之順流 眞可謂有德者之言也 有所謂秉燭錄者 卽翁之老年所得 而最費翁許多精力處也 所言無非仁義道德理氣性命之說 …중략… 至於論史論人 卽是非甚明正 議論頗高峻 亦足以有補世敎也”

성격의 「記~」 18편 1책, 「~記」 11편과 序 8편이 합해진 1책, 遊山記 「記~」 11편 1책이다. 각 책은 80쪽 정도의 분량이며, 烏絲欄이 있는 종이에 10행 20자로 필사되어 있다. 고본인 『僑窩文稿』에 모두 실려 있지만 『僑窩文稿』에 있는 頭註나 미세하지만 내용 중 일부가 약간 다른 곳도 있다. 또한 『僑窩文稿』에 없는 註나 祖, 父의 유고서문인 「華陰遺稿序」, 「洛厓遺稿序」가 있어 보완적인 성격을 가진다.

『筆苑散語』는 『僑窩散錄』에다 『覆瓮編』의 일부를 합하여 엮은 것으로 문필계에 관계되는 갖가지 이야기들을 수록한 것이다.[24] 앞서 말한 것처럼 성섭이란 이름이 학계에 거론된 것은 전적으로 이 『筆苑散語』 때문이다. 교와는 생전에 따로 『筆苑散語』을 엮은 듯하다. 『筆苑散語』의 첫머리에 서문에 해당하는 글이 있고, 『覆瓮編』의 두주와 내용 중에 간간이 '文在下散錄', '此註在散錄故未寫', '在散語(2회)', '無散錄', '旣錄散語' 등의 기록이 보이기 때문이다. 그러나 『筆苑散語』는 『僑窩散錄』과의 면밀한 대조가 필요하다. 해제에서 지적한 것처럼 오자가 많고, 한 칙 안에 서로 다른 내용이 섞여 있는가하면, 동일 내용이 다른 칙으로 나오기도 한다. 또 『僑窩散錄』을 모두 그대로 옮긴 것이 아니라 『僑窩散錄』에 있는 상당 수 내용들이 제외되었으며, 옮긴 것도 절략, 축소의 형태가 많다. 다만 『僑窩文稿』에 없는 내용들이 일부 있어 앞의 『僑窩文稿 外篇』처럼 상호 보완적으로 보아야 할 듯하다.

---

24) 자세한 것은 주2 이휘교 해제 참조. 다만 이 해제에서 이휘교 교수는 원고본이 망실되었다고 추정하였다. 아마 『僑窩文稿』를 확인하지 못한 듯하다.

『僑窩文稿』 3책은 불분권에다 년대순의 배열도 아닌 초고의 형태로 교와가 생전 정리한 것이다. 그리고 각 책마다 자신과 가장 가까운 문우들과 자신의 서문을 맨 앞에 실어 놓았다. 또 이를 內·外篇으로 구분해 『秉燭錄』을 내편, 『覆瓿編』, 『僑窩散錄』을 외편이라 하였다. 특히 『僑窩散錄』은 교와 당대와 바로 앞 시기 영남 문인은 물론, 근기 남인들의 동향과 일화를 읽을 수 있는 소중한 기록이다. 또한 여기에는 교와 특유의 꼼꼼한 기록벽으로 인해 현재 문집이 전하지 않는 문인들과 문집에 누락된 유문들을 확인 할 수 있어 자료적 가치도 높다고 하겠다.

4. 학문경향

1)六經 중심의 성현서 존숭

교와는 만년에 義理學에 종사하여 터득한 것이 많았고, 그것을 『秉燭錄』으로 남겼다. 문인으로서의 교와가 아닌 학자로서의 모습을 읽을 수 있는 기록이다. 여기서 그의 학문적 관심과 견해, 그 성과를 확인할 수 있다.

그는 학문을 有用之學과 無用之學으로 구분하였다.

> 이렇기 때문에 배움에 자기를 위한다면 나날이 얻은 것이 모두 실질이 있게 되어 優柔不迫하고 넉넉히 여유가 있게 된다. 견해가 명철해서

> 渙然히 얼음이 풀리는 듯하고, 보존한 것이 安裕하여 怡然히 理順하여 玩物의 걱정이 없고 喫緊의 공부가 있게 되니, 이것이 이른바 有用之學이다. 배움에 남을 위한다면 外馳의 뜻이 勝하고 內修의 마음이 게을러지며, 선은 날로 사라지고 악은 날로 자라나며, 義는 닫히고 利는 열린다. 陽明과 德性이 어그러지고 이지러지며, 陰濁이 勝하고 물욕이 행하여 顚沛의 일이 있고 進取의 보탬은 없게 되니, 이것이 이른바 無用之學이다. 有用之學은 학문의 참이고 無用之學은 학문의 거짓이다. 배움에 실용이 있는 데에 이른다면 사람들이 비록 배우지 않았다고 말할지라도 나는 반드시 그를 배웠다고 할 것이며, 배움에 실용이 없는 데에 이른다면 사람들이 비록 배웠다고 말할지라도 나는 반드시 그를 배우지 않았다고 말할 것이다.[25)]

有用之學은 곧 爲己之學, 無用之學은 爲人之學을 일컫는 것임을 알 수 있다. 교와에게 있어 위기지학은 실용의 공부이며, 그 실용은 구체적으로 心得躬行이었다. 그렇기에 위기지학의 공효와 위인지학의 폐해에 대해 자세히 논변하며, 위기지학을 眞, 위인지학을 僞라고 규정하였다. 그렇다면 위기지학의 구체적인 실천 대상은 무엇인가? 그것은 성현의 말씀이 기록된 六經에 다름 아니다.

> 육경의 말은 모두 성현의 말이다. 육경의 글은 모두 성인의 글이다. 말을 두되 성인에게서 근본하지 않으면 이는 說鈴이오, 글을 두되 성인

---

25) 「學有爲己爲人辨」. 『秉燭錄』. "是故學而爲己 則日日所得 皆有其實 而優柔不迫 厭飫有餘 以至於所見明澈 而渙然氷釋 所存安裕 而怡然理順 無玩物之患 而有喫緊之工 則是所謂有用之學也 學而爲人 則外馳之志勝 內修之念怠 善日消而惡日長 義則閉利則開 以至於陽明乖而德性虧 陰濁勝而物欲行 有顚沛之事 而無進取之益 則是所謂無用之學也 有用之學 學之眞也 無用之學 學之僞也 學而至於有用 則人雖謂之不學 而吾必謂之學矣 學而至於無用 則人雖謂之學 而吾必謂之不學也"

> 에게서 근본하지 않으면 이것은 書肆이다. 이것(육경)은 天地, 古今, 三光에 두루 통하고 짝할 만한 것으로 곤륜과 높이를 나란히 할 만하니, 아! 지극하도다. 육경의 책은 참으로 믿을만하구나. 菽粟, 水火와 같으면서도 길이 천하만만세에 가르침을 드리운다는 것을.[26)]

육경의 말과 글은 모두 성인의 말과 글인 것이다. 이것은 천지고금에 두루 통하고 짝하는 것으로, 우리생활의 가장 일상적이고도 필요한 菽粟, 水火와 같고 천하만만세에 길이 受敎가 된다고 하였다. 기실 교와의 이러한 육경 중심의 성현서 존숭은 새로운 것이 아니다. 시대와 지역, 붕당마다 정도의 차이는 있지만 육경 존숭의 이야기는 끊임없이 이어지고 있기 때문이다. 그러면 교와의 육경 존숭은 어떤 의미를 가지는 것일까?

18세기 중반 영남의 학계는 상당히 흥미로운 논쟁이 벌어진다. 소위 大文先後論이다.[27)] 그것은 학문관점의 차이에서 빚어진 것으로 江左 權萬(1688~1749)이 六經에, 大山 李象靖이 朱書에 상대적으로 무게를 둔 것은 주지의 사실이다. 교와의 육경 존숭은 이런 맥락에서 파악할 필요가 있다. 즉 미수 허목, 눌은 이광정, 강좌로 이어지는 육경 존숭 학문경향의 자장 안에 있다고 할 수 있는 것이다. 조덕린, 이

---

26) 「覆瓿編小引」. 『覆瓿編』. “六經之言 皆聖人之言也 六經之文 皆聖人之文也 有言而不本諸聖人 是說鈴也 有文而不本諸聖人 是書肆也 是其通天壤亘古今媲三光而不墜 與崑崙而齊高 則嗚呼摯矣 六經之書 信乎爲菽粟爲水火 永爲垂敎於天下萬萬歲矣”

27) 이지양. 1992. 「강좌 권만과 대산 이상정의 문학 논쟁」. 성균관대학교 석사학위 논문(미간행); 김영. 1993. 「18세기 안동지방 문학 · 사상 논쟁의 성격」. 『조선후기 한문학의 사회적 의미』. 집문당.
권진호. 2002. 「溪村 李道顯의 삶과 학문경향」. 『대동한문학』 17. 대동한문학회.

광정을 종유하였다는 언급과[28] 강좌를 방문하여 그에 대한 견문과 평을 적지 않게 남겨 놓은 점 등으로 그들과의 직간접적인 관계를 확인할 수 있다. 또한 강좌를 중심으로 육경존숭의 학자들이 정통 성리학을 추구하던 대산 등에 비해 상대적으로 문예적 취향이 강하였던 바, 교와의 문예취향도 그 영향 아래에 있는 것으로 판단된다.

이에 반해 無用之學, 즉 위인지학의 구체적 대상으로 교와는 과거지학을 지목하였다.

> 자기에게서 구하지 않고 남에게서 구하고 안에서 구하지 않고 밖에서 구한다면 비록 배웠다고 말하더라도 나는 배우지 않았다고 말할 것이다. 지금의 선비들은 科場程式文에만 익숙하여 그 속에서 힘을 다 쏟기만 하고, 聖賢爲己之學, 正心修身之道 보기를 마치 越人의 章甫같이 할 뿐만 아니니, 또한 개탄할 뿐이다.[29]

교와도 금세에 살고 있는 한 科擧業을 폐할 수 없다고 과거의 현실성을 인정한다.[30] 그리고 과거문도 필세가 發越하고 詞理가 明暢하면 좋은 문자가 된다고 과거업 그 자체를 부정하진 않았다.[31] 그러나 과거업은 진정한 자아의 공부가 아닌 남의 것을 베끼고 꾸미는 기교만

---

28) 남한조 주 8 참조.

29) 「秉燭錄序」. 『秉燭錄』. “不求諸己而求諸人 不求諸內而求諸外 雖曰爲學 而吾不謂之學也 爲今之士 習於科場程式之文 盡力於其中 而其視聖賢爲己之學正心修身之道 則不啻如越人之章甫 其亦可嘅也已”

30) 「論擧業不妨於學問」. 『秉燭錄』. “士生今世 擧業安可廢”

31) 「論擧業不妨於學問」. 『秉燭錄』. “夫擧業 雖自有體裁程式 然筆勢發越 詞理明暢 然後方爲好文字”

을 일삼는 것이기에 참된 학문이 될 수 없다고 한다.[32] 아울러 이런 공부를 바탕으로 조정에 등용된다면 一辭一事도 제대로 처리하지 못할 것이라고 깊이 우려하였다.[33] 과거문 종사의 폐단으로 문체가 날로 낮아지고 인재가 날로 무너지고 있다고 진단한[34]교와는 과거문과 성현서가 둘이 아님을 깨닫고 성현서에 종사하여 자연적으로 좋은 글이 나오기를 촉구하였다.

한편 영남인으로서 퇴계에 대한 그의 생각은 어떠하였을까?

> 그 가운데 사단칠정을 논변한 것은 곧 견해가 각각 다른 群賢同異의 중설을 모아서 퇴계선생의 理氣互發과 理乘氣隨의 묘지로 결론을 돌렸는데, 정미한 것을 드러내 밝히는 곳에는 그 세밀함을 다했고, 參訂하여 論辨하는 곳에는 그 해박함을 다하여 비록 사단칠정이 무엇인지 알지 못하는 초학후생들로 하여금 갑자기 보게 하더라도 또한 책을 펼치면 뚜렷하게 퇴계선생의 이론이 宗旨가 될 수 있음을 알게 하였으니, 이 같은 편을 두고 羽翼의 공이 있다고 하더라도 아마 지나치지 않을 것이다.[35]

조호연이 「敬書僑窩文丈文稿後」에 『秉燭錄』의 성격을 말한 일부분

32) 「論擧業不妨於學問」. 『秉燭錄』. "日汲汲弊精勞力於剽掠竄竊之功 文繡組織之巧"

33) 「論擧業不妨於學問」. 『秉燭錄』. "況由是而進乎朝廷 處乎風議論思之地 茫然不能措一辭斷一事 而兀然若木偶人而已"

34) 「論擧業不妨於學問」. 『秉燭錄』. "此乃今世擧業者之陋習 而文體之日卑 人材之日壞 皆由於此"

35) 趙虎然.「敬書僑窩文丈文稿後」. 『秉燭錄』. "其辨四七 則集群賢同異之衆流 而歸極於老先生互發乘隨之妙旨 發明精微處 極其細密 參訂論辨處 極其博該 雖使初學後生之不知四七之何物者 驟而觀之 莫不知老先生之論爲可宗 則若此篇者 雖謂之有羽翼之功 似不過也"

이다. 앞의 언급처럼 교와는 만년에 性命理氣에 침잠하여 자득한 것이 많았고, 그 결과로 수많은 논설을 남겼다. 그 논설의 준거와 귀결처는 한결같이 퇴계 이황이었다.

> 내 생각건대 우리나라가 고려에서 조선까지 선유의 範化가 없는 것이 아니지만 斯道를 자임하고 후학에 공이 있는 것에 이르러서는 비록 箕子 이후 한 사람이라 말하여도 가할 것이다. 퇴계집으로서 주자대전을 잇는다면 그 출처진퇴의 義가 모두 脗合된다. 퇴계의 문장은 孟韓으로 법을 삼아 사리가 창명하고 주자의 글에 절략하였던 까닭에 그 학문이 같을 뿐만 아니라 그 문장 또한 서로 같다. 필법 또한 일가를 이루어 그것을 보면 심획의 바름을 볼 수 있을 것이다. 金聲玉振처럼 諸儒를 집대성한 자는 우리 노선생이 아니고 누구이겠는가?[36]

교와의 퇴계에 대한 생각을 엿볼 수 있는 내용이다. '斯道自任'과 '후학에 끼친 영향'을 특필하였다. 영남인의 퇴계 존숭은 일반적이라 하겠지만 교와의 퇴계 존숭은 좀 더 깊이를 더한다. 교와는 퇴계의 학문을 정확히 파악하고 있었다. 그렇기에 누구보다 퇴계에 대해 정통하였다. 교와 자신의 철저한 독서궁리와 그 자득에 따른 결과로, 그것이 퇴계의 생각과 학문에 온전히 계합되고 있음을 확인한 것이다. 그래서 퇴계를 기자 이후 한 사람, 중국에 주자가 있다면 동방에 퇴계가

---

36) 「論東方人材理學之盛」. 『秉燭錄』. "愚以爲東方自麗及我朝 非無先儒之範化 而至於以斯道自任 有功於來學 則雖謂之 箕子後一人可也 以退溪集 續朱子大全 則其出處進退之義 無不脗合 其文章 以孟韓爲矩 而辭暢理明 節約於朱子之文 故非但其學相似也 其文亦相似也 筆法亦自成一家 見之可知其心畫之正 金聲玉振 集大成於諸儒者 非我老先生而誰也"

있다 하였고, 더 나아가 우리나라에 퇴계가 없었다면 마치 長夜와 같다고까지 추숭하였다.[37]

2)博覽의 추구

교와의 학문경향 중 또 하나의 큰 특징을 든다면 박람의 추구일 것이다.

> 中歲에는 博覽에 馳心하여 모든 百家衆流, 陰陽圖緯의 학설을 죄다 열람하였다. 위로는 典墳左國 太史가 기록한 것과 子雲, 相如의 同工異曲과 아래로는 우리나라 先哲의 文稿 및 奇聞異說에 이르기까지 또한 모두 열람하고 요점을 간추렸지만 그러나 끝내 실득의 효험은 없었다.[38]

중세에 과거 낙방의 실의를 달래고자 박람에 치심하였음을 스스로 말하고 있다. 제자백가, 음양도위 및 우리나라 선현들의 문집과 기문이설에 이르기까지 두루 섭렵하지 않은 것이 없다고 하였다. 그의 학문적 범위가 매우 광대함을 짐작케 한다. 이른바 文 · 史 · 哲을 고루 갖추고 있으니, 지금 그의 문집에서 그 실상을 확인할 수 있다. 그 중 몇 가지만 들어보기로 하자.

그는 중국의 역사적 사실 중 주요한 사안에 대해 여러 의견을 남겼

---

37) 「采退溪老先生論理學論我國先儒說」. 『秉燭錄』. "又亦云 天不生退溪 我國如長夜"

38) 『僑窩散錄』. "中歲馳心於博覽 凡百家衆流之說 陰陽圖緯之學 皆所曾閱 上而典墳左國 太史所記 子雲相如 同工異曲 下而吾東往哲文稿 及奇聞異說 亦摠覽而提要 而終無實得之效"

다. 18편의 史論이 그것으로 여기서 교와의 역사인식 및 정치철학을 엿볼 수 있다.

> 三代 이후 천하에 바름을 얻은 것은 漢唐만한 것이 없는데. 漢唐이 삼대만 못한 것은 어째서인가? 대개 마음과 자취가 달랐기 때문이다. 그 마음은 논하지 않고 그 자취를 논한다면 한당의 임금이 삼대와 다를 것이 없지만, 그 자취를 논하지 않고 그 마음만을 논한다면 한당의 임금은 삼대와 현격하게 차이가 나니, 漢은 漢, 唐은 唐일 뿐이다.[39)]

漢唐이 삼대에 견줄만하지만 그것은 드러난 공적으로서의 비교일 뿐, 엄연한 차이 또한 분명하다. 그 차이는 用心의 여하이다. 봉건제도에서 군주의 역할이 절대적이라는 것을 알고 있기에 교와는 끊임없이 군주의 용심을 언급했다. 천하에 수많은 서적이 있지만 君德治道에 절실한 것은 육경이며,[40)] 그것을 바탕으로 修己治人할 것을 강조하였다.[41)] 즉 古帝王의 학문은 다름 아닌 格物致知學이며,[42)] 이를 통해 用心의 지향처를 분명히 알 수 있다고 하였다. 한 고조, 광무제, 당 태종이 훌륭한 임금이지만 끝내 覇道에 그친 것은 이 用心을 잘못하였으며, 신하들 또한 군주의 非心을 바로 잡는 것이 가장 중요하다고

39) 「論漢祖唐宗」. 『覆瓿編』. "三代之後 得天下以正者 莫如漢唐 則漢唐之不如三代者 何哉 蓋以心與迹之異也 不論其心而論其迹 則漢唐之君 與三代不異 而不論其迹 而論其心 則漢唐之君 與三代隔斷 而漢自爲漢 唐自爲唐耳"

40) 「論漢靈帝造皇羲三十章」. 『覆瓿編』. "夫古今之書籍 雖多其切於君德治道者 六經而已 六經之大義 人主皆所當聞而勉之也"

41) 「論漢靈帝造皇羲三十章」. 『覆瓿編』. "人君之學 不過修己治人而已"

42) 「論漢文却千里馬」. 『覆瓿編』. "古帝王格物致知之學也"

하였다.[43)]

이와 아울러 당시 제도에 대한 인식의 일단을 살펴보자.

> 근세 어떤 佞臣이 弘羊·安石의 일을 본받아 균역법을 만들었는데, 그 법은 곧 民利를 몰래 탈취하는 것이다. 실행한지 십여년인데 백성들에게 원망을 듣고 그 후에 자손들이 역으로 남김없이 모두 죽었다. …중략… 그가 이미 不善의 일을 하였으니 어찌 人非鬼責을 면할 수 있겠는가?[44)]

영조대에 시행했던 균역법에 대한 교와의 생각이다. 다분히 비판적이다. 어떤 佞臣은 洪啓禧를 지칭하는 듯하다. 균역법의 근원을 桑弘羊·王安石의 故事에서 찾아 그와 동일시하고 있으며, 결과적으로 民利를 탈취하는 것이라고 진단하였다. 균역법에 대한 더 이상의 언급은 피하고 있지만 균역법의 시행이 당시 백성들에게 환영받지 못하는 제도라는 것과 그에 따른 교와의 부정적 인식을 읽을 수 있다.

다음으로 外學에 대한 견해를 살펴보자. 여느 儒者들이 그랬던 것처럼 교와 또한 辨異端에 대한 일련의 글들을 발표하였다. 그런데 상투적으로 한두 편에 걸친 변론이 아니라 항목을 나누어 적지 않은 분량의 의견을 개진하였다. 자신의 생각은 물론이고, 선유의 변론을 전문 인용하는 등 심혈을 기울인 모습을 뚜렷이 확인할 수 있다. 특히 심

---

43) 「論漢祖唐宗」. 「論漢光武講論經書」. 『覆瓿編』.

44) 「論烹弘羊天乃雨」. 『覆瓿編』. "近世有佞臣 遵弘羊安石之事 作均役法 其法卽陰奪民利也 行之十餘年 可謂斂怨於下 其後其子孫 以逆皆誅死無類 …중략… 渠旣爲不善之事 則烏得免人非鬼責哉"

성론의 문제에서는 거의 빠짐없이 양명, 노불과의 차이를 밝히며 변파하는 수고를 마다않고 있다. 제자백가뿐만 아니라 佛書도 직접 모두 다 읽은 듯하다. 仙佛에 관한 이야기를 말하기 좋아하지 않는다[45]하여 자제하고 있지만 불교의 輪回報應에 대한 실례로서의 기록,[46] 석가의 四門遊賞에 대한 언급,[47] 大源寺에서 兩宗大師를 만나 불교 교리에 대해 변론[48]하는 등 그 자신이 읽지 않고는 말할 수 없는 내용들이 여러 군데 보인다.

이단과 관련하여 한 가지 흥미로운 기록이 있다.

> 우리나라 理數의 학문은 花潭에게서 시작되었으니, 康節을 추종한 것이다. 퇴계선생이 홀로 취하지 않은 것은 異學에 가깝기 때문이다. …중략… 내가 옛날 星湖 李丈을 뵙고 수일을 그곳에서 머물렀다. …중략… 인하여 끊임없이 말씀하심에 氣數推盪之機 人物旺衰之運 陰陽消長之漸 古今沿革之事가 역력히 손바닥 위에서 움직이는 듯하니 그것을 들음에 싫증남이 없었다. 이는 화담학의 派流이다.[49]
>
> 보건대 이공의 학문은 오로지 數學을 위주로 하여 언어의 사이에 또한 數의 의미를 띠고 있으니, 대개 分數로서 말한다면 우리 영남의 학문과 매우 다르다. 우리 영남은 한결같이 퇴계노선생을 법도로 하여 理로서 主를 하지만, 타도는 학문으로 명분을 함에 사람마다 노선생의 법도

---

45) 『僑窩散錄』. "余不喜爲仙佛之語"

46) 『僑窩散錄』. "如不信佛家輪回報應之說 而世或有如佛說者"

47) 『僑窩散錄』. "此與釋迦四門遊賞同而人生世間亦何以異是"

48) 「記遊大源寺逢兩宗上人卞佛學之誤」. 『覆瓮編』

49) 『僑窩散錄』. "我國理數之學 自花潭始追踪康節 退溪先生 獨不取之者 爲其近於異學也 …중략… 余昔年拜星湖李丈 留數日 …중략… 因娓娓說 氣數推盪之機 人物旺衰之運 陰陽消長之漸 古今沿革之事 歷歷若運之掌上 使人聽之不厭 此是花潭學之派流也"

> 를 따르지 않는 것은 아니지만 하나의 數字에 이끌려 가는 자들이 많다. 서화담의 학문에서 보면 알 수 있을 것이다. …중략… 그렇기에 兩程先生이 邵康節과 이웃해 30년을 살았지만 한마디도 數字를 말하지 않았다. 지금 생각해보면 성호이공의 학문이 혹 의논할만한 곳이 있지만 나의 이른바 우리 영남학과 다르다는 것은 이 때문이다.[50]

理數之學은 정통 유학에서 약간 비껴있다. 象數學이라고 하며, 그 개조는 邵雍이다. 우리나라에서는 花潭 徐敬德에 이르러 하나의 학파로 구축되었다. 교와의 이른바 '花潭學'이라는 것이다. 그러나 화담학은 퇴계에 의해 이단으로 배척을 받았고, 이후 우리나라 상수학의 계승 및 그에 관한 언급은 매우 드물게 되었다. 교와 또한 퇴계의 입장과 그 맥을 같이한다고 하겠다. 성호의 학문을 화담학의 派流로 보고 있는 것이다. 교와의 말을 정리하면 '理數'에서 영남은 전적으로 '理'만을 위주로 하는 학문이고, 근기 남인의 경우 '數'가 배제된 영남에 비해 상대적으로 '數'에 비중을 많이 두고 있다는 것이다. 理數의 원리는 원래 하나이지만 道義의 '理'가 빠진 '數'의 공부는 종국에 '理'와 전혀 다른 길을 가게 될 것이라 깊이 우려하였다.[51] 성호의 학문을 전적으로 數學을 위주로 하였다는 것과 영남 · 근기 남인의 학문적 차이를 논한 것은 다른 기록에서 쉽게 찾아볼 수 없는바, 매우

---

50) 「記前日所見勝地」. 『覆瓿編』. "竊覸李公之學 專以數學爲主 而言語之間 亦帶數底意味 槩以其分數而言 則殊異於吾南之學 蓋吾南一從退溪老先生彀率 而以理爲主 他道之以學爲名 人非不遵老先生彀率 而爲一數字所拖去者多矣 觀於徐花潭之學 則可知矣 …중략… 是故兩程夫子 與康節邵氏 居隣三十載 未嘗一語及數字也 由今思之 則星湖李公之學 或有可議處 而吾所謂異於吾南之學者 以此也"

51) 『覆瓿編』. "因其所同 而核其所異 則此之謂差之毫釐 謬以千里也"

중요한 의미를 지니는 언급이다.

교와의 변이단은 철저한 독서궁리의 결과이다. 그렇기에 시비사정에 분명한 판단이 있었고, 그것이야말로 교와의 학문적 성격을 규명하는 가장 기초적인 이해라고 말할 수 있다.

5. 나오는 말

교와 성섭은 18세기 영남이 배출한 유수의 인물이다. 비록 관계에 진출하여 화려한 이력의 삶을 영위한 것은 아니었지만 '문인' 으로서, '학자' 로서 당대 명사들에게 추중되었고, 누구보다 글쓰기를 애호하여 주목할 만한 저서를 많이 남겼다. 그동안 잊혀졌던 그의 저서가 최근 확인됨에 따라 그에 대한 본격적 연구가 가능하게 되었다. 본고는 그에 따른 일차적 보고로, 우선 생애와 교유, 그리고 저서와 학문경향에 대해 고찰하였다.

從政과 文翰, 淸貧의 전통이 서린 가문에서 태어난 교와는 그러한 가풍을 잇고자 소시에는 부지런히 과거문에 종사하여 입신출세를 도모하였지만 번번히 낙방의 고배를 마셨다. 중세에는 과거 낙방의 실의를 달래고자 博覽과 산수유람에 馳心하였고, 만년에는 가난과 병마에 시달리며 칠곡의 한 조그마한 집에서 학문연구에 잠심하였다. 家學과 장인 李世璜의 영향을 크게 받았으며, 교유는 선산이 있던 상주, 나고 자란 성주와 칠곡, 그리고 만년의 진주권 일대의 3권역으로 나누어 살펴보았다. 朴來吾, 高裕, 李致中, 李重祿, 李梅臣, 權煒, 河應兼

등을 평생지기로 여기며 마음속으로 깊이 교유하였다.

교와는 『僑窩文稿』 3책, 『僑窩文稿 外篇』 3책, 『筆苑散語』 3책의 저서를 남겼다. 특히 교와의 모습을 온전히 확인할 수 있는 『僑窩文稿』 3책이 중요하며, 이는 각각 『僑窩散錄』, 『覆瓮編』, 『秉燭錄』으로 나뉜다. 『僑窩散錄』은 『筆苑散語』의 원고본으로 문필계에 관계된 갖가지 이야기를 기록한 것이며, 『覆瓮編』은 교와의 시문, 『秉燭錄』은 性命理氣, 경서에 관한 연구 성과의 기록이다. 『僑窩文稿 外篇』, 『筆苑散語』는 모두 『僑窩文稿』를 선록한 것이지만 『僑窩文稿』에 없는 내용도 있어 면밀한 대조가 요구된다.

교와는 학문을 有用之學과 無用之學으로 구분하였고, 유용지학은 곧 爲己之學, 무용지학은 爲人之學이라 하였다. 위기지학의 구체적 실천대상으로 성현의 말씀이 기록된 六經을 존숭하였고, 위인지학으로 과거지학을 지목, 心得躬行이 없는 공부에 우려를 표하였다. 아울러 영남인으로서 퇴계학에 누구보다 정통하여 퇴계를 법도로 삼으며 존신하였다. 또한 그는 三代의 盛世를 회복하기 위해 군주의 用心을 무엇보다 강조하였고, 당시의 균역법 시행에 부정적 인식을 나타내기도 하였다. 그리고 박람에 치심한 결과 外學에 대해 여러 견해를 남겨 놓았다. 특히 심성론에서 노불, 양명과의 차이를 일일이 지적하며 그 오류를 변파하였다. 성호 이익의 학문을 數를 위주로 한 화담학의 派流로 인식한 점과 같은 퇴계학파 안에서 영남과 근기의 학문적 경향 차이를 언급한 것 등에서 교와의 통찰적 인식도 읽을 수 있다. 이는 모두 교와의 철저한 독서궁리에 따른 自得이며 그 결과로서의 기록들이다.

기실 교와의 본령은 '문인적 모습'에 있다고 하겠다. 당대의 명사들이 한결같이 '文丈'으로 일컬었던 바, 차후 다른 지면을 빌어 그의 문학적 성과를 논해보고자 한다.

참고문헌

朴來吾.『尼溪先生文集』.

南漢朝.『損齋先生文集』.

李震相.『寒洲先生文集』.

李世璜.『大夢齋遺稿』.

『廣州李氏漆谷派世譜』.

『碧珍李氏世譜』.

강준흠. 2006. 민족문학연구소 한문분과 옮김.『삼명시화』. 소명출판.

권진호. 2002.「溪村 李道顯의 삶과 학문경향」.『대동한문학』17. 대동한문학회.

김 영. 1993.「18세기 안동지방 문학 · 사상 논쟁」.『조선후기 한문학의 사회적 의미』. 집문당.

안대회. 2000.『조선후기 시화사 연구』. 소명출판.

이휘교. 1980.「필원산어 해제」.『중국어문학』1. 영남중국어문학회.

18세기 후반 영남문단의 일 경향 : 芝厓 鄭煒의 가문의식

정우락 (경북대학교)

18세기 후반 영남문단의 일 경향 : 芝厓 鄭煒의 가문의식

정 우 락 (경북대학교)

1. 논의의 출발

본 논의는 18세기 후반 영남문단의 일경향을 鄭煒(芝厓, 1740~1811)의 문학을 중심으로 고찰하기 위한 것이다. 조선후기는 문학에 대한 근본문제가 다양하게 재검토된 시기라 할 수 있다. 문학을 성리학적 규제 아래 두어야 한다는 전통적 문학론이 지속적으로 유지되는 가운데, 丁若鏞(茶山, 1762~1836) 계열의 근기 남인을 중심으로 원시유학적 복고론이 혁신적 측면에서 모색되기도 하고, 朴趾源(燕巖, 1737~1805) 계열을 중심으로 당대에 마련된 새로운 사상과 안목으로 문학을 적극적으로 이해하기도 했다. 문학에 대한 이 같은 다각적 논의는 조선후기의 문학이 다층적으로 이루어졌다는 것을 보여주는 것에 다름 아니다.

정위가 살았던 18세기 후반과 19세기 초의 영남은 정치적으로 소외 내지 고립되어 있었다. 이에 따라 영남의 사인들은 自家門에 대한 의식을 강화할 필요가 있었다. 정위는 이 같은 사회적 환경 속에 살면서 선비의 삶에 있어 필수적이라 할 수 있는 시문 등을 남기며 작품활동을 전개하였다. 이러한 사정을 고려하여 정위의 작품집인 『지애집』 서문을 쓴 柳致明(定齋, 1777~1861)은 '夫子의 가정에 공이 아니었던들 집안의 명성이 드러나지 않았을 것이며 남긴 빛을 잇지 못했을 것이다.'[1]라고 하였다. 부자는 정위의 선조 鄭逑(寒岡, 1543~1620)를 지칭한다. 정위는 정구의 8대 종손으로 선조의 유풍을 계승하면서 가문의 명성을 드러내고자 했기 때문이다. 선조에 대한 유풍 계승은 우선 가정 내적인 奉先的 측면에서 시작되었다. 다음 자료를 보자.

> 사람이 선조의 제사에 대해서는 힘써 그 정성을 다해야 한다. 그런 연후에 비로소 보본의 도리를 할 수가 있다. 하물며 종손으로서 조상의 사당을 대대로 모시고 있으니 마음을 다해 제사를 받드는 것은 바로 책무이다. 소홀히 할 수가 있겠느냐? 비록 사소한 儀章이라 할지라도 한결같이 가훈을 따라야 하며, 혹시라도 빠뜨리지 말아야 할 것이다.[2]

위의 자료는 정위가 1797년 58세의 나이로 溫陵參奉에 재임할 때 아들들에게 보낸 글의 일부이다. 이 글은 眷愛之情보다 義方之訓을

---

1) 柳致明. 「芝厓先生文集序」(『芝厓集』 卷1). "是夫子家庭非公, 則亦莫能闡家聲而紹餘光也." 그러나 『定齋集』에 수록되어 있는 유치명의 「芝厓鄭公文集序」(『定齋集』 卷22, 『韓國文集叢刊』 297, 456쪽)에는 이 부분이 생략되어 있다. 『지애집』을 만드는 과정에서 補入되었거나, 『정재집』을 만드는 과정에서 삭제된 것이 아닌가 한다.

2) 鄭煒. 「寄諸兒」(『芝厓集』 卷3 張28). "人於祖先祭祀, 務盡其誠, 然後, 始爲報本之道, 況宗孫世承祖廟, 盡心奉祭, 乃其責也, 其可忽乎? 雖小小儀文, 一遵家訓, 毋或闕失可也."

강조하는 서문 형식의 글을 필두로 해서, 집안 다스리기와 향당에서 처신하기 등을 요목화한 것으로 여러 아들들이 성실히 실천해줄 것을 당부하고 있다. 즉 早起, 祠廟, 祭祀, 妻子, 宗族, 鄕隣, 操身, 言論, 居家, 婢僕 등에 대한 문제를 아버지의 간곡한 마음으로 전한 것이다. 제시한 자료는 제사가 보본의식과 결합되어 있는 것을 보이면서, 가묘에 선조를 모시고 있는 종손으로서의 책무를 다해야 할 것을 강조한 것이다. 여기에는 물론 奉先을 통해 가문의 번영을 꾀하는 가문의식[3]이 강하게 내장되어 있다. 居家的 次元의 가문의식은 다음과 같이 宗中的 次元으로 확대되기도 했다.

> 화목으로 종사를 처리하고 공경으로 무덤을 살피며, 종족의 즐거움을 담담히 하여 家聲을 추락시키지 않고, 廟享의 의절을 엄숙히 하여 世業에 더욱 힘써야 한다. 이 재실에 들어와 孝悌하는 마음을 갖고 유연히 저 재실의 이름을 본다면 두려하고 조심하는 마음이 간절해 질 것이다.[4]

위는 정위가 온릉참봉을 그만두고 고향으로 돌아온 해(1797년)에 재실을 한강대 쪽에서 선세의 묘소 쪽으로 이건하면서 지은 상량문의 마지막 부분이다. 『지애집』에는 한강대 위에 지었던 재실의 상량문 1편과 이것을 묘소 쪽으로 이건하면서 지은 상량문 1편이 있다. 위의

---

3) 가문의식은 居家 혹은 宗中的 측면에서 奉先을 통해 가문의 敦睦을 도모하고, 사회적 측면에서 그 가문의 주요 선조들이 이룩한 훌륭한 업적을 널리 현창하고자 하는 의식을 의미한다. 이 가문의식은 가정, 문중, 사회적 차원으로 확대되어 갈 수 있지만 그 구심에는 顯祖에 대한 奉先意識이 깊이 자리하고 있다.

4) 鄭煒. 「又 · 齋室上梁文」(『芝厓集』 卷4 張31). "睦以處宗, 敬將展墓, 湛湛宗族之樂, 不墜家聲, 肅肅廟享之儀, 益懋世業, 入此室, 處孝悌之心, 油然視彼齋名, 怵惕之情, 切矣."

상량문은 두 번째의 것으로, 종족의 화목과 세업의 계승 등에 대한 생각이 적실하게 나타나 있다. 재실이 원래 분묘의 부속 건물로써 宗黨의 會集과 묘제의 편의성을 확보하기 위해 건립된 것임을 생각할 때, 그 상량문에는 가문의식이 강하게 개입될 수밖에 없다. 여기서 정위는 정구의 종손으로서, 그의 유업을 잇는 입장에서 종중의 화목과 사당에서의 의절을 엄숙히 할 것에 대하여 힘써 강조하였다.

정위는 가문의식을 바탕으로 하여 出處와 文學에 특별한 장기가 있었던 것으로 평가되었다. 柳範休(壺谷, 1744~1823)가 정위의 행장에서 '가만히 생각건대 공은 문학에 근면하였고 출처에 삼갔으니, 고인들이 이른바 대대로 큰 집을 보존하기 어렵다고 한 것에 거의 혐의가 없다.'[5]라고 한 언명은 바로 이를 말한 것이다. 여기서 적시한 '출처'는 뒤에서도 살피겠지만 온릉참봉으로 나갔다가 바로 돌아온 것에 대한 평가이고, '문학'은 근대적 개념의 문학이 아니라고 하더라도, 그가 문장으로 이름이 있었다는 것을 염두에 둔 표현이다.

본고에서는 영남이 소외되었던 정위 시대의 정치적 배경을 생각하면서, 정위가 가문의식을 바탕으로 하여 작품활동을 어떻게 전개하였으며 그 의미가 무엇인가 하는 것을 집중적으로 따진다. 이를 위하여 먼저 정위의 삶과 학문경향을 살피고(2장), 이어서 문학에 작용한 가문의식(3장)과 정위 문학의 의미(4장)를 차례대로 논의한다. 정위의 문학이 본격적으로 논의된 바 없다는 사실도 起筆의 중요한 동인이

---

5) 柳範休.「行狀」(『芝厓集』 卷7 張5). "竊以爲, 公勤於文學, 謹於出處, 於古人所謂代大家難者, 庶幾無歉焉."

되었지만, 18세기 영남문학의 일 부면을 정위의 문학적 경향과 그 형상과정을 통해 새롭게 발견할 수 있다는 사실도 고려하였다. 이 과정에서 우리는 영남지역 주요 가문의 종손이 어떤 생각으로 작품활동을 전개하였던가 하는 점도 자연스럽게 이해하게 될 것이다.

2. 정위의 삶과 학문경향

정위는 초명이 墣, 자는 士集이다. 뒤에 이름을 煒로, 자를 輝祖로 고쳤으며 호는 芝厓다. 관향이 淸州인데 아버지는 鄭之復(希元, 1722~ 1755)이고, 어머니는 義城 金氏로 진사 景㵢의 따님이다. 이들 사이에서 1740년(영조16) 1남 1녀 중 맏아들로 태어났으며 출생지는 성주군 枝村(갖말)[6]이다. 그가 태어난 지촌은 8대조 정구가 沙月里에서 출생한 후, 부모의 상을 계기로 하여 옮겨온 곳으로, 그 후손들이 지금까지 430여년 동안 집성촌을 이루며 살고 있는 마을이다. 정위는 沒年이 1811년(순조11)이니, 향년 72세이다. 그의 가계를 간단히 요약해 보이면 다음과 같다.

---

6) 한자어 山이 들어오기 전에 산은 '갓', '재', '뫼'로 분리하여 사용되었다. '갓'은 집을 짓거나 연장을 만들거나 보를 막을 때 쓰려고 일부러 나무를 가꾸는 산이고, '재'는 마을 뒤를 둘러 감싸고 있는 산이며, '뫼'는 '갓'과 '재'를 싸잡아 칭한 것이기도 하지만 마을에서 멀리 떨어진 높고 큰 산이다. 이로 보아 '갖말'은 '갓에 있는 마을(갓+마을, 山村)'에서 '가지를 키우는 마을(갖+마을, 枝村)'로 변화되었다는 것을 알 수 있다. '갓'과 '재', 그리고 '뫼'의 구분에 대해서는 김수업. 2009.『우리말은 서럽다』. 나라말. 101~103쪽을 참조하기 바란다.

```
鄭克卿 — 孝聞 — 頔 — 儇 ┬ 玄紹                    ┌ 摠 ┬ 孝文
                       ├ 昆淵          ┌ 顤      ├ 拯 └ 孝忠 — 沃卿 — 胤會 —
                                            ┌ 衎 ├ 擢
                       ├ 瑎   — 憒— 誧 ┤        ├ 持
                                            └ 樞 ┴ 攝

┌ 應生         ┌ 适                       ┌ 啓欽 — 彦濟 ┬ 東里 ┬ 之復 —
├ 應鍾 ┌ 思中 ┼ 崑壽          ┌ 惟熙 — 昌址 ┼ 致欽          └ 東允 ├ 之益
┼ 應祥 ┼ 思誠 └ 述   — 樟 ┼ 惟熟          └ 履欽(出后)             ├ 之坤
├ 應麟 └ 思敬                 └ 惟燾 ┬ 昌址(出后)                     └ 之丞
└ 應台                                ├ 昌緖(出后)
                                      └ 昌載

— 煒 ┬ 奎錫
      ├ 龍錫
      ├ 箕錫
      └ 龜錫(出后)
```

위의 가계도에서 보는 바와 같이 정위는 조선 심학의 祖宗이며 남인 禮學을 선도한 것으로 칭송받던 정구의 8대손이다. 고조부 鄭啓欽(恭伯, 1663~1722)은 通德郎, 증조부 鄭彦濟(君楫, 1682~1716)는 不仕, 조부 鄭東里(惠普, 1702~1753)는 直長 · 主簿 · 監察 · 新昌縣監, 부 鄭之復(希元, 1722~1755)은 通德郎이다. 그는 溫陵參奉을 역임한 바 있으나 향촌의 在地的 기반을 중심으로 출사하지 않으면서 처사적 자세를 시종 견지하였다. 16세 때 아버지 상을 당하여 어머니인 恭人 의성 김씨 슬하에서 자라게 된다. 「행장」에 의하면 '효도를 다하여 항상 얼굴빛을 부드럽게 하고 혹 어린 아이의 흉내를 내면서 어머니의 뜻을 즐겁게 해드렸다.'[7]라고 기술하되 있어 어머니에 대한

7) 柳範休. 「行狀」(『芝厓集』 卷7 張2). "乙亥, 丁外憂, 養太恭人盡孝, 常有婉容愉色, 或

효성이 매우 지극하였던 것으로 보인다. 순천 박씨와의 사이에서 奎錫, 龍錫, 箕錫, 龜錫 등 4남을 두었다.

정위는 어릴 때부터 재주가 있어 스스로 독서하였으며, 조금 자라면서 洪汝河(木齋, 1621~1678)의 손자로 문장과 행의에 이름이 있었던 洪禹龜(竹翁, 1701~1767)에게 나아가 배우게 된다. 천체의 운행과 위치에 대한 璣衡之說을 배웠는데 이해력이 매우 빨랐다고 한다. 그의 학문은 1771년 32세 되던 해에 李象靖(大山, 1710~1781)을, 이듬해인 1772년에 崔興遠(百弗庵, 1705~1786)을 만나면서 더욱 깊어졌고 아울러 영남학파의 주요 일원이 된다. 그리고 정구와 鄭樟(晩悟, 1569~1614)을 통해 내려오는 가학적 전통을 착실하게 계승하면서 가문학을 어떻게 발전시킬 것인가에 대하여 깊이 고민하였다.

우리는 흔히 이황의 제자들 가운데 문파를 형성한 대표적인 세 제자로 金誠一(鶴峰, 1538~1593)과 柳成龍(西厓, 1542~1607), 그리고 정구를 든다. 이렇게 볼 때, 정위는 김성일 계열의 李象靖과 李光靖(小山, 1714~1789), 유성룡 계열의 鄭宗魯(立齋, 1738~1816) 등과 사우관계를 형성하면서도, 가학전 전통에 기반한 정구 계열의 최흥원을 스승으로 삼았으니 퇴계학통이 그에게 종합적으로 계승되고 있었다고 하겠다. 「上大山李先生稟目」(『芝厓集』 권3), 「上小山李先生」(『芝厓集』 권3), 「與鄭士仰宗魯」(『芝厓集』 권3)와 「祭百弗菴崔先生

作嬰兒戱, 以樂其意.” 유범휴는 같은 글에서 정위가 모부인의 상을 당하였을 때 喪制를 한결같이 주자의 『가례』를 표준으로 거행하였으며, 장사를 지낸 후에는 무덤이 집에서 10리의 거리에 있었으나 날마다 어머니의 무덤으로 가서 슬퍼하며 寒暑 살피기를 폐하지 않았는데 길가는 사람이 모두 알고 탄식해마지 않았다며 그의 효심을 전했다.

文」(『芝厓集』 권5) 등은 바로 이 과정에서 생산된 글들이다.

가학을 기반으로 한 퇴계학통을 이은 정위는 다양한 성리서를 탐독하면서 潛玩體認한다. 진리가 바로 여기에 있다는 것을 알고 세상의 잡사나 榮利에 대해서는 담박하였다고 한다. 이 때문에 조정에서 여러 차례 불렀으나 모두 사양하였다. 1796년(丙辰, 정조 20)에 관찰사가 通經과 行誼로 그를 추천하였으나 병으로 사양하였고, 1797년(丁巳, 정조 21)에 다시 溫陵參奉에 제수되자 하는 수 없이 임금의 명을 받들어 1개월여를 봉직하였으나 곧바로 사직하였던 것이다. 고향으로 돌아와 大祖 정구의 夙夜齋 옛 터에 숙야재를 중건하는가 하면 齋室을 이건하고 독서와 강학으로 일관하면서 反躬實踐으로 일을 삼았다.

정구의 후손으로 퇴계학파의 일원이었던 정위는 가문학을 心學과 禮學이라 생각했다. 정구의 학문은 전방위적이면서도 심학과 예학방면에서 다대한 성과를 이루었고, 외직을 맡을 때마다 그 지역의 邑誌를 편찬하여 지역문화의 보존과 발전에 커다란 자취를 남겼다. 『心經發揮』, 『濂洛羹墻錄』, 『洙泗言仁錄』 등의 심학서와 『五先生禮說分類』, 『禮記喪禮分類』, 『五服沿革圖』 등의 예서, 『昌山志』, 『咸州志』, 『通川志』 등의 지방지 등이 대체로 그러한 책이다.[8] 정위는 퇴계학통의 정수로서 정구가 발전적으로 계승한 것이 심학과 예학이라고 생각하고, 이에 대한 자부심을 갖고 이 학문을 제대로 이해하여 후세에 전하기 위하여 부단한 노력을 경주하였다.

---

8) 정구가 편찬한 저서를 7종의 性理學, 4종의 禮學, 10종의 歷史 · 傳記, 8종의 地志, 2종의 醫學, 3종의 文學 분야로 나누어 분류한 것은 이우성. 2001. 「해제」. 국역 『한강집』 1. 민족문화추진회를 참조하기 바란다.

심학은 '敬'에 대한 용어를 명확히 하는 데서 출발했다. 정위는 南塘 陳栢의 「夙興夜寐箴」을 특별히 좋아하여, 정구가 61세 때 지었던 숙야재를 중건(1797년)하면서 「夙夜齋銘」을 짓기도 했다. 여기서 정위는 '옛날에 우리 선조가 이 재실을 창건하여 기거하였네. 중도에 거듭 폐하여 단지 유허만 남았었네. 후손들이 이를 슬퍼하며 옛 재실을 개축하였도다.'[9]라고 하면서 崇祖·爲先의 뜻을 분명히 하였다. 그리고 '아! 우리 퇴계선생께서 十圖에 편입하셨네. 여기에서 취하여 座隅에 걸어두었고, 사문의 第宅이 당세에 빛났네.'[10]라고 하면서 이황이 「숙흥야매도」를 그려 「성학십도」에 편입시켜 사문을 빛낸 사실에 대하여 적기하고 있다. 이황의 심학이 정구에게로 계승되고 있는 것을 주목하였기 때문이다.

「慕古齋銘」을 지으면서도 가문학으로서의 심학의식이 뚜렷했다. 정구는 68세 되던 1610년에 선영 아래 慕庵을 지었다. 정위는 이를 계승하여 「慕古齋銘」을 지었다. '옛날 우리의 慕庵, 아름다운 법도를 후손에게 끼쳤네, 지금 이 齋號는 대개 계승한 바가 있다네.'[11]라고 한 것에서 이 같은 생각을 분명히 읽을 수 있다. 그리고 군자가 종사해야 할 일을 爲己之學이라 보고, '위기의 방법은 敬으로써 뜻을 세우는 것이라네. 敬으로 곧고 義로 방정하여 곤괘의 六二爻를 본받아야

---

9) 鄭煒.「夙夜齋銘」(『芝厓集』 卷4 張24). "昔我先祖, 刱此齋居. 中仍廢毁, 但有遺墟. 後孫是愴, 改築故齋."

10) 鄭煒.「夙夜齋銘」(『芝厓集』 卷4 張24). "猗我陶翁, 編入十圖. 斯焉取斯, 揭號座隅. 斯文第宅, 照耀當世."

11) 鄭煒.「慕古齋銘」(『芝厓集』 卷4 張25). "昔我慕庵, 良規貽後. 今此齋號, 蓋有所受."

한다네.'[12]라고 했다. 더욱 나아가 『논어』에서 제시한 四勿과 三省 속에 敬이 있다고 하면서, '戒懼愼獨' · '主一無適' · '整齊嚴肅' 등 '경'의 주요 조목들을 나열하였다.[13] 이 역시 이황이 전인의 설을 집성하고 정구가 이것을 이어받아 발휘하였다[14]고 생각한 자부심의 결과라 하겠다.

정위의 가문학으로서 심학 강조는 「心經發揮考異」를 쓰면서 구체화된다. 이 글은 東方心學의 祖宗[15]으로 인식한 선조 정구의 『심경발휘』 가운데 의문이 있는 대목을 적시하고 여기에 자신의 생각을 덧붙인 것이다. 정위의 심학에 대한 관심과 그 정밀한 깊이를 짐작케 하는 대목이다. 李震相(寒洲, 1818~1886)이 『心經竅啓』를 통해 언급하고 있다시피, 정구는 이황이 그의 여러 문인들과 토론한 후 지은 「심경후론」을 비판적으로 계승하였다.[16] 程敏政(篁墩, ?~1499)의 『心經附註』를 전면적으로 개편하는가 하면 眞德秀의 본주마저도 재편하고

---

12) 鄭煒. 「慕古齋銘」(『芝厓集』 卷4 張25). "爲己之方, 以敬立志. 敬直義方, 法坤六二."

13) 정위가 「慕古齋銘」(『芝厓集』 卷4 張25)에서 "四勿三省, 敬在其中. 戒懼愼獨, 卓爾成功. 存心養性, 由敬而充. 逮夫程氏, 明白撕提. 主一無適, 嚴肅整齊."이라 한 것이 그것이다.

14) 정위가 「慕古齋銘」(『芝厓集』 卷4 張25)에서 "陶翁是述, 集成前人. 我祖繼之, 發揮是敬. 百世單傳, 於乎, 不盛!"이라 한 것이 그것이다.

15) 정위는 셋째 아들 箕錫에게 편지하여 『숙종보감』을 인용하며 『심경발휘』가 동방 심학의 조종이 됨을 강조하였다. 「寄子箕錫」(『芝厓集』 卷3 張27)에서 "肅廟寶鑑中, 天使出來, 問東方心學祖宗則何? 以爲對問於北軒, 答曰, 鄭寒岡心經發揮, 可爲東方心學祖宗, 以此爲對云云. 此在於寶鑑中, 而吾曾目覩者也."라 한 것이 그것이다.

16) 李震相. 1980. 「心經圖說序」. 『寒洲全書』 5. 亞細亞文化社刊. 263쪽. "吾道旣東, 退陶夫子, 實始酷好而表章之, 與門人往復論訂, 以發其歸趣, 又爲後論於附註之末, 而東人士始知有心經矣. 其後寒岡鄭先生, 爲之發揮焉."

있기 때문이다.[17] 이러한 측면을 고려하면서 정위는 『심경발휘』를 선조의 대표 저술로 보고 혹 誤字가 있으면 이를 교정하였던 것이다.[18]

예학에 대한 정위의 관심은 이상정 등 스승과의 문답과정에서도 드러나지만 『家禮彙通』[19]을 쓰면서 본격화되었다. 이 책은 그의 효심에 기반한 숭조의식에 입각하여 이루어졌다. 53세(壬子, 1792)에 모부인이 돌아가시고 삼년상을 치르게 된다. 『가례휘통』 서문에 의하면 '壬子年과 甲寅年 사이 居喪을 하는 여가에 송나라의 여러 선생과 조선의 제현들이 論禮한 것을 『가례』의 각조 아래에 첨부하고 心喪과 改葬의 儀禮를 보충하여 『가례휘통』이라 이름 하였다.'[20]라고 하였다. 모부인 상을 한결같이 주자의 『家禮』를 표준으로 하였다는 기사와 함께 『가례휘통』의 편찬은 어머니에 대한 효심의 발로라 하지 않을 수 없다. 여기에는 물론 선조 정구를 통한 예학 전통 역시 가문학으로 중요하게 작용했을 것이다.

---

17) 이에 대하여 정위는 「寄子箕錫」(『芝厓集』 卷3 張27)에서 "心經是眞西山所著, 而附註乃明儒程篁墩所述也. 程陷於陸學, 至有朱陸道一之編, 附註中所述, 多有取舍未安者, 故, 先祖考去附註面目, 以發揮名之, 專以扶正道抑邪說爲主耳."라 하였다.

18) 정위의 「心經發揮考異」(『芝厓集』 卷4 張6~7)는 『심경발휘』 권1의 10조항, 권2의 2조항, 권3의 9조항, 권4의 5조항에 대한 考異로 이루어져 있다. 『지애집』에서는 고이한 것을 쌍행으로 판각하였다.

19) 이 책은 정위가 지은 禮書로 1922년(大正 11)에 인쇄하고 1923년(大正 12)에 발행한 8권 4책의 木活字本이다. 인쇄소와 발행소는 경북 성주군 수륜면 수성리에 위치한 夙夜齋다. 四周單邊으로 반곽의 크기는 23.5×19.5cm로 有界이며 半葉 10行 20字, 上二葉花紋魚尾, 白口로 되어 있으며 註는 雙行이다. 表題는 '家禮彙通'이고, 版心題 역시 '家禮彙通'이다.

20) 鄭煒. 「家禮彙通序」. 『家禮彙通』 卷1. "迺於壬寅居憂時, 哭泣之暇, 謹采宋朝諸先生, 我國諸賢, 論禮之說, 附入於家禮各條之下, 因附心喪改葬之儀以補之, 名之曰, 家禮彙通."

정위는 『주자가례』가 주자학 전체에서 보면 유기성이 약하다고 판단했다. 사실 『주자가례』는 완성 연도가 불분명할 뿐만 아니라, 『성리대전』에 전해지는 『가례』의 「가례도」나 「가례서」는 후대에 지어진 杜撰이며, 楊復이 주자 사후에 저술한 『家禮附注』에서 『주자가례』는 주자 초년작이자 미완성의 유고라고 한 점 등을 들어 『주자가례』가 僞作일 가능성이 있다고 지적되어 왔다. 정위의 경우 『주자가례』가 주자의 손에 의해 만들어졌다는 것을 의심하지 않았지만,[21] 주자의 晩年定說과 어긋나는 대목이 적잖게 있는 것으로 파악하였다. 즉 '父在母喪과 3년 상의 제도, 大祥 전 1일에 遷廟하는 예제, 長者의 斬衰(非繼祖禰者), 深衣에 曲裾를 쓰는 제도, 그리고 혹은 時王의 예를 따르고 혹은 時俗의 마땅함을 따르는 것 등은 모두 선생의 晩年定說과 합치되지 않는 것이다.'[22]라는 분명한 문제의식을 갖고 『가례휘통』을 편찬했던 것이다.

정위의 『가례휘통』은 몇 가지 중요한 의의를 갖고 있다. 『주자가례』가 만년정설과 어긋나지만 이를 하나의 확고부동한 기본체계로 삼고 있다는 점, 宋朝의 성리학자들과 조선의 여러 선현들의 견해를 비롯한 관련 예설을 폭넓게 추가하였다는 점,[23] 『주자가례』에서 빠진 부분

---

21) 정위가 「가례휘통서」에서, '고금에 따라 마땅함이 다르고 煩簡에 따라 제도가 달라, 옛 것에 집착하면 풍속을 해괴하게 하는 근심이 있고, 번거롭고 화려한 것을 따르면 자질구레하고 성가시게 하는 한탄이 있다. 주부자께서 고금의 다양한 경우를 짐작하여 가례 수 편을 만들어 후학들에게 주어 만세의 儀則으로 영구히 계승되게 하였다.' 라고 한 것에서 이 같은 사실을 알 수 있다.

22) 鄭煒. 「家禮彙通序」. 『家禮彙通』 卷1. "如父在母喪, 亦三年之制, 大祥前一日, 告遷之禮, 及夫爲長子斬衰, 深衣用曲裾之制, 或從時王之禮, 或循時俗之宜, 而皆與先生晩年定論不合."

은 충실히 보충하고 주자의 만년정설과 어긋나는 부분은 주자의 다른 서적을 통해 바르게 교정했다는 점 등이 대체로 그것이다. 즉 『주자가례』가 가진 권위를 충분히 인정하여 『가례휘통』의 기본 뼈대로 삼고, 『주자가례』의 미비한 부분을 송조와 조선조 제현들의 다양한 예설로 보충하여 실용성을 높이는 한편, '心喪' '改葬' '吉祭'와 같이 『주자가례』에서 완전히 빠진 부분은 새로 보입하여 한편의 완성된 예서를 만들었던 것이다. 이 때문에 鄭宗鎬(磊軒, 1875~1954)는 『가례휘통』의 발문에서 '千古 同異의 爭訟과 常變의 儀節이 이 책 밖에 거의 없다.'라고 하면서, 『주자가례』로 標準과 次序를 삼아 大旨가 서게 하고 여러 예설을 인용하여 첨보한 사정을 밝히고 있다.

정위는 溫陵參奉에 제수되어 잠시 봉직한 바 있으나 평생을 고향에서 가문을 위한 사업으로 일관한다. 정구의 서재인 숙야재를 중건하면서 「夙夜齋銘」을 쓰는가 하면, 정구가 지었던 慕庵을 계승하는 의미에서 「慕古齋銘」을 쓰기도 했다. 조선 심학의 조종이자 남인 예학을 대표하는 정구의 8대손이라는 자부심과 함께 이에 따라 가문을 발전시키고자 하는 어떤 사명감으로 무장하고 있었다. 정위는 가문학을 심학과 예학으로 규정하고 이에 대한 특별한 관심을 가졌다. 심학은 정구의 『심경발휘』를 중심으로 이 책에 대한 '考異'를 쓰면서 구체화되었고, 예학은 『가례휘통』을 통해 분명히 나타났다. 이로써 우리는

23) 정위의 『가례휘통』은 송조 제현들의 예설을 두루 참고하는 가운데 『퇴계집』과 『한강집』을 가장 많이 참조하고 있다. 여기서 정위의 생각이 어디로 귀착되고 있는가 하는 것을 알 수 있다. 8대조 정구와 그의 스승 이황을 중심으로 영남 남인의 예설을 명확히 한다는 것이다. 여기에 더욱 나아가 김장생의 예설을 첨부하면서 노론의 예설을 참조하기도 했다. 이를 통해 우리는 정위의 예설이 갖는 會通的 의의를 찾아낼 수 있다.

그의 학문적 귀착점이 어디에 있었던가 하는 것을 명확하게 이해할 수 있다.

3. 정위 문학에 작용한 가문의식

정위는 예서 『가례휘통』 8권 4책과 함께 『芝厓集』 7권 2책을 남긴다. 『지애집』 권1~2에는 詩 220여 수, 권3에는 書 24편, 권4에는 雜著 4편·序 1편·記 3편·跋 2편·銘 2편·上梁文 8편·祝文 15편, 권5에는 祭文 22편, 권6에는 墓碣銘 5편·墓誌銘 2편·行狀 7편, 권7에는 정위 사후 그에 대한 行狀·墓誌銘·祭文·挽章 등이 실려 있다. 정위는 대조 정구를 위한 다양한 추모사업을 벌이면서 느낀 감회를 시로 읊조리기도 하고, 산수를 찾아다니며 성리학적 관심과 함께 자연친화적 태도를 보이기도 한다. 柳致明(定齋, 1777~1861)은 문집의 서문에서 그의 글을 들어 '淸婉雅潔'하다고 평가하고 있어, 정위 미의식의 대체를 알게 한다. 이 같은 사실을 염두에 두면서 본 장에서는 그의 가문의식이 문학작품에서 구체적으로 어떻게 작용하고 있는지를 세 가지 관점에서 살펴보기로 한다.

1) 숭조정신에 입각한 문학 창작공간

정위의 선조 정구, 그의 삶에 나타나는 중요한 특징 가운데 하나는 많은 서재를 경영하며 학문과 강학에 힘썼다는 점이다. 그의 서재경영은 31세에 건립한 寒岡精舍로부터 시작한다. 이 한강정사는 성주군 수륜면 수성리의 枝村 뒷 산인 蒼坪山에 있었던 것으로 선영을 보호하기 위하여 건립된 것이다. 이후 성주군 수륜면 신정리의 檜淵草堂(41세), 성주군 수륜면 오천리의 社倉書堂(49세), 성주군 수륜면 수성리의 夙夜齋(61세) · 五蒼亭(62세) · 川上亭(62세), 김천시 금수면 증산리의 武屹精舍(62세), 칠곡군 왜관읍 금산리의 蘆谷精舍(70세), 대구시 북구 사수동의 泗陽精舍(75세) 등 다양한 서재를 건립한다.[24] 정위는 이들 선조의 서재를 중심으로 작품활동을 전개한다.

우선 寒岡精舍에서 여러 벗들과 함께 문학을 창작했던 경우부터 살펴보자. 한강정사는 정구가 31세 때 건립한 서재이다. 『한강연보』 31세조(1573)에는, '한강은 蒼坪山 선영의 서쪽 기슭에 있다. 선생이 선영을 돌보기 위해 그 자리에 집을 짓고 주자의 寒泉 의미를 취해 이름을 붙였다. 북쪽 바위 위에는 於是軒이 있었고 남쪽 산마루에는 悠然臺가 있었다.'[25]라고 기록되어 있다. 정위는 마을 뒷산을 오르내리며 한강정사가 있었던 한강대에서 선조를 생각하면서 여러 벗들과 吟詠逍遙한다. 이 과정에서 다음과 같은 작품을 남긴다.

雲與青山勢共齊 구름과 청산은 기세가 함께 나란한데,

---

24) 이밖에도 한강정사 주변에 있었던 於是軒, 회연초당에 있었던 望雲庵, 선영 아래에 있었던 慕庵 등을 더 들 수 있다.

25) 『寒岡年譜』 卷1 31세조. "寒岡精舍成. 岡在蒼坪山先隴西麓, 先生爲護松根, 築室其上, 取朱子寒泉之義名之, 北巖上有於是軒, 南山巓有悠然臺."

朝攜朋伴小橋西 아침에 벗과 함께 서쪽으로 작은 다리를 건넜다네.
詩成乏紙攀藤葉 시가 이루어졌지만 종이가 없어 등나무 잎을 따고,
客到無琴聞鳥啼 객이 왔지만 거문고 없어 새소리만 듣는다네.
漠漠平沙芳草歇 아득한 평사엔 방초가 다하고,
蒼蒼遠樹夕陽低 창창한 먼 나무는 석양 아래에 있구나.
商顔不遠仙笻促 商顔山이 멀지 않으니 신선의 지팡이를 재촉하세,
來夜無君月在溪 오는 밤엔 그대 없어 달만 시내를 비추겠지.[26]

이 시는 「與諸友更上岡臺和唐律」의 전문이다. '강대'는 바로 '한강대'를 의미하는 것으로, 시제에서 '更上'이라 하였으니 정위가 평소 자주 올라왔다는 것을 알 수 있다. 한강대는 선조가 처음으로 지은 서재가 있었던 곳이기도 하지만, '한강'이라는 선조의 아호를 얻은 곳이기 때문에 더욱 각별했다. 정위는 서쪽으로 난 작은 다리를 건너 한강대에 올라 새소리를 들으며 시를 지었다. 그리고 秦始皇의 폭정을 피해 商顔山에 은거하였던 商山四晧를 떠올리면서 벗이 떠나가고 난 뒤의 쓸쓸함을 미리 생각하며 자신의 마음을 드러냈다. 선조를 생각하는 마음을 곡진히 편 것은 아니라 하더라도 정구의 서재가 있었던 한강대를 거닐며 음영소요하는 것 자체가 숭조의식과 깊이 관련되어 있는 것이라 하겠다.

百梅園은 벗들과 문학을 생성하던 중심 공간이었다. 정위는 선조 정구의 檜淵草堂과 그 배경이 되는 백매원 등에 대해서 특별한 관심을 갖고 여러 수의 시를 남긴다. 물론 숭조의식에 근거한 것이었다.

---

26) 鄭煒.「與諸友更上岡臺和唐律」(『芝厓集』卷2 張12).

『한강연보』 41세조에 의하면, 정구가 이곳의 泉石이 아름다운 것을 사랑해서 작은 집을 짓고 머물러 살 장소로 삼았는데, 침실을 不愧寢, 창문을 梅窓, 헌을 玉雪軒이라 하였고 竹牖나 松欞이라는 이름도 있었으며, 100그루의 매화와 대나무를 심고 百梅園이라 이름 하였다[27]고 한다. 이곳이 바로 정구 사후에 회연서원이 자리한 곳으로, 이를 중심으로 영남의 사인들은 많은 강회를 열었다. 정위가 본격적으로 활동했던 18세기 후반도 다름이 없었다. 정위는 이와 관련하여 다양한 시편을 남기는데[28] 이 가운데 「百梅園與張士悅唱酬」는 이렇다.

一壑風煙極目賖 한 골짜기의 좋은 경치 눈길 다하도록 아득하고,
晩登江閣却勝家 저물녘 강가 누각에 오르니 도리어 집보다 낫구나.
百年居峽淸閒足 평생 동안 골짜기에 사노라니 맑은 한가로움 넉넉한데,
今日逢君氣槩多 오늘 그대 만나니 기개마저 솟는구나.
山入浮雲光欲漏 뜬 구름 산 속으로 들어가니 빛이 새어 나오려 하고,
水添霖雨勢還加 장맛비 물에 더하니 기세가 더욱 강해지네.
庭梅不識遊人意 뜰에 핀 매화는 노니는 사람의 마음도 알지 못하고,
去逐東風落盡花 봄바람에 쫓기어 꽃이 다 떨어지네.[29]

---

27) 『寒岡年譜』 卷1 41세조. “檜淵, 在蒼坪南一里許, 先生愛其泉石之勝, 築小齋爲棲息之所, 名其房曰, 不愧寢, 窓曰, 梅窓, 軒曰, 玉雪, 又有竹牖松欞之號, 種百梅脩竹于庭, 名曰, 百梅園.”

28) 이 같은 배경 하에 창작된 정위의 작품은, 백매원이 소재한 양정의 「與李聖哉崔碩章會陽亭唱酬」, 백매원의 「百梅園與張士悅唱酬」, 「百梅園與張士悅共和」, 「百梅園會話」, 「自百梅園來會家中」, 「百梅園與張士悅唱酬」, 「與張士悅會梅園呼韻」, 백매원에 있는 주요 건물인 회연서원에서 지은 「淵上與張士悅酬唱」, 「見檜淵壇上偃松感吟」, 「奉次李城主檜淵梅花韻」, 「與姜承旨魯子能李玄用檜淵上拈唐人韻」, 「與張士悅檜淵上呼韻」 등의 작품이 있다.

29) 鄭煒. 「百梅園與張士悅唱酬」(『芝厓集』 卷1 張15).

백매원에서 張敬穆(可谷, 1742~1806)[30]에게 준 시다. 장경목은 성주의 家谷(집실) 사람으로 이상정의 문인이니 정위와는 동문으로 절친하였다. 정위는 그의 제문에서 선조의 유적을 중심으로 노닐던 때를 생각하며, '풀빛 푸른 한강대와 꽃 밝게 핀 봉비암에서 그대는 나의 시를 외우고 나는 그대의 비파에 화답하였지.'[31]라고 하며 깊은 애도를 표하기도 했다. 위의 작품은 장경목과 함께 선조의 백매원에서 떨어지는 매화를 감상하면서 지은 것이다. 물론 이 작품에 정구에 대한 숭모의식이 직접적으로 나타나는 것은 아니다. 그러나 선조가 남긴 유적을 중심으로 벌인 벗들과의 唱酬, 그 자체에 가문에 대한 자부심과 숭조의식이 깃들어 있었던 것이다.

夙夜齋는 정위가 숭조의식을 갖고 특별한 관심을 기울인 곳이다. 이 서재는 정구가 61세(1603년) 되던 해 지촌 뒷산에 지은 것이다. 그는 이 서재에서 가야산을 바라보면서 「夙夜齋望倻山」이라는 시를 짓는다. "전신의 면목을 모두 내놓지 않고, 일각의 기이함만 조금 보여주네. 바야흐로 조물주의 뜻을 알겠노라, 천기를 드러내지 않으려고 하는 것을."[32]이라 한 것이 그것이다. 정구가 서거한 후 숙야재는

---

30) 장경목은 후일 張鑛로 개명을 하였는데 李象靖의 문인이다. 本貫은 仁同, 號는 可谷으로 星州 家谷에 살았다. 향내의 선비들과 함께 社倉書堂과 丹山書堂 등에서 매월 초하루에 모여서 강론을 실시하였다. 뜻을 같이 한 9명의 사우와 九老洞鄕黨을 조직하여 패천에 자주 모여서 음영하였다고 한다. 정위와 절친하여 관련된 시문이 여러 편 있고, 그가 세상을 떠났을 때는 제문을 지었으며, 묘갈명 「可谷張公墓碣銘」을 쓰기도 했다.

31) 鄭煒. 「祭張士悅文」(『芝厓集』 卷5 張31). "草綠岡臺, 花明鳳巖, 子誦我詩, 我和子瑟."

32) 鄭逑. 「夙夜齋望倻山」(『寒岡集』 卷1. 『韓國文集叢刊』 53, 111쪽). "未出全身面, 微呈一角奇. 方知造化意, 不欲露天機."

사라지고 오랫동안 그 터만 남게 되었는데, 정위가 이를 안타깝게 여겨 온릉참봉을 사직하고 돌아와 중건하였다. 다음 자료에 그 과정이 자세하다.

(가) 숙야재는 옛날 선생께서 은둔하던 곳이다. 선생이 이미 돌아가신 후 재실은 없어지고 단지 遺墟만 있어 후인들이 興感했던 것이 오래되었다. 정사년(1797, 정조21)에 이 재실을 중건하려고 터를 닦다가 옛날의 주춧돌을 얻어 곧 그것을 주춧돌로 하여 세웠는데, 대개 당이 1간이고 방이 2간이다. 집이 이미 이루어져서 선생이 남긴 시를 달고 재실의 이름을 걸었다. 아! 산천은 바뀌지 않았고 방과 문은 옛날과 같으니 사물의 흥폐가 진실로 운수의 소관이던가? 후생이 이 재실에 들어와 선생의 책을 읽고, 선생의 도를 강론하면서 새벽부터 밤늦도록 게을리하지 않고 하늘을 우러러보고 땅을 굽어보아도 부끄러움이 없다면 거의 조상의 뜻을 이어받는 도에 저버림이 없을 것인데, 그 뜻을 조술할 사람이 없는 것이 부끄러울 뿐이다. 이에 한 두 동지들과 율시 한 수를 지어, 다시 원근의 친지들에게 보내 고적을 읊조리게 하여 뒷날 사실을 기록할 자료로 삼는다.[33]

(나) 風煙不改舊時林 바람과 안개가 옛 자연을 고치지 못하나니,
小小山中小屋深 자그마한 산 가운데 작은 집이 깊었다네.
遠樹蒼凉來夜氣 멀리 있는 나무 푸르고 서늘하여 夜氣를 오게 하고,

33) 鄭煒. 「夙夜齋」(『芝厓集』 卷2 張1~2). "夙夜齋者, 在昔先生考槃之所也. 先生旣易簀, 齋亦廢, 但遺墟在後人之興感久矣. 歲丁巳, 重建是齋, 將拓基得古礎, 乃仍其礎而立焉. 凡堂一間房二間, 屋旣成, 揭遺詩懸齋號. 噫! 山川不改, 房闥依舊, 物之興廢, 固有數存耶? 後生之入是齋, 讀先生之書, 講先生之道, 夙夜不懈, 俯仰無愧, 則庶無負肯搆之道, 而愧無人述其志耳. 玆與一二同志, 搆成一律, 更與遠近親知, 歌詠古蹟, 爲後來記實之資焉."

晨鷄啁哳警人心 새벽닭 우는 소리에 人心을 경계하네.
岡臺宿靄晴如畫 한강대에 머무는 산안개 맑기가 그림 같고,
倻峀橫雲細作陰 가야산에 빗긴 구름 엷은 그늘을 만드네.
一面羹墻還有地 한 곳에 선조를 생각할 땅이 도리어 있으니,
後人思昔更如今 뒷사람들이 옛날을 생각하는 건 다시 지금 같겠지.[34)]

정위는 숙야재를 중건한 다음 (나)와 같은 시를 짓고, 다시 중건을 기념하여 7언과 5언 율시 두 수를 지어 원근의 사우들에게 唱酬해 줄 것을 요청했다. 「夙夜齋重建後, 拈韻賦詩, 要遠近士友唱酬」 2수[35)]가 그것이다. 이 같은 사정이 (가)에 잘 나타나 있는데, 이에 의하면 1797년 3간의 숙야재를 중건하고 선조 정구의 유지를 받들어 이 서재를 중심으로 독서하고 강론하고자 하는 생각을 곡진히 폈다. (나)의 시 역시 그 연장선상에서 창작되었다. 수련의 '자그마한 산 속의 작은 집'[36)]이나 경련의 '한강대에 머무는 안개'와 '가야산에 빗긴 구름'은 모두 선조의 유업과 관련된 것이다. 정위는 숙야재에 대한 남다른 관심을 갖고 중건을 주도했으며, 이 과정에서 상량문과 함께 「夙夜齋銘」을 남겨 선조의 유업에 담긴 의미를 깊이 새겼다.

---

34) 鄭煒. 「夙夜齋」(『芝厓集』 卷2 張1).

35) 정위의 「夙夜齋重建後拈韻賦詩要遠近士友唱酬」(『芝厓集』 卷2 張1~2) 두 수는 이렇다. "虹橋消息是新安, 突兀遺墟屋數間. 往事依依魚躍水, 眞機渺渺鳳來山. 晨鷄唱盡心宜警, 霽月浮來意自閒. 夫子宮牆高莫及, 後生今日敢希顔.", "囱外風塵遠, 樓頭日月懸. 鳥啼芳草岸, 鴈過夕陽天. 山勢當檐直, 雲光入戶圓. 滄洲吾道在, 潑潑見前川."

36) 정구는 일찍이 「題檜淵草堂」(『寒岡集』 卷1, 『韓國文集叢刊』 53, 113쪽)에서 "小小山前小小家, 滿園梅菊逐年加. 更教雲水粧如畫, 擧世生涯我最奢."라 한 바 있다. 회연초당은 정구가 41세인 1583년 백매원에 지은 서재다.

武屹精舍 역시 정위에게는 중요한 창작공간이었다. 이 서재를 중건하면서 선조의 유업을 이을 수 있다고 생각했기 때문이다. 무흘정사는 정구가 직접 공사감독을 했을 만큼 건립에 많은 정성을 기울인 곳이다. 1604년 건립 당시에는 초가 3간으로 된 捿雲菴을 중심으로 하여 2간의 山泉菴, 飛雪橋와 自怡軒 등 다양한 부속시설들이 있었다. 정구가 세상을 뜬 후, 무흘정사는 위치를 달리하여 36간의 무흘정사와 3동의 장서각으로 규모가 확대되기도 하였고, 여러 곡절을 거치면서 현재는 1922년에 세운 4간의 정사와 조그마한 庖舍가 남아 있다. 특히 1784년(갑진, 정조8)에는 정위 등 후손이 중심이 되어 무흘정사를 새로 짓고 무흘구곡 전체에 대한 정비작업을 하게 된다.[37] 당시 정위는 그 감흥을 다음과 같이 「武屹看役時」라는 시로 남기기도 했다.

為築遺菴再入山 남긴 암자를 짓기 위해 다시 산에 들어왔다가,
浮生儘得片時閒 부평초 같은 인생살이 한가로운 시간을 조금 얻었네.
臥龍巖底雲猶在 와룡암 아래로 구름이 오히려 있고,
滿月潭前水自彎 만월담 앞 물은 스스로 굽이져 흐르네.
花似故人來有信 꽃은 옛친구같이 와서 소식을 전하고,
鳥如過客去無還 새는 과객처럼 가서 돌아오지를 않네.
後來百歲如今日 백세 뒤에 올 사람 오늘같이,
更有何人古蹟攀 다시 어떤 사람이 있어 옛 자취를 찾을까?[38]

37) 정구의 무흘정사 건립과 저술활동, 그리고 무흘정사의 연혁에 대해서는 鄭羽洛. 2009. 「寒岡 鄭逑의 武屹精舍 建立과 著述活動」. 『南冥學硏究』 28. 경상대학교 남명학연구소를 참조하기 바란다.

38) 鄭煒. 「武屹看役時」(『芝厓集』 卷1 張18).

정위는 1784년 무흘정사를 중건하면서 「무흘상량문」을 짓고, 감회를 위와 같은 시로 읊었다.[39] 수련에서 '遺菴'이라 한 것은 정구가 남긴 무흘동천의 捿雲菴을 의미한다. 정위가 무흘정사를 새로 짓기 위하여 산으로 들어온 것은 유업을 잇기 위한 것에 다름 아니었다. 위 시에서는 무흘정사의 위치도 말하고 있는데, 함련에서 '와룡암'과 '만월담'을 제시한 데서 이를 알 수 있다. 실제 무흘정사는 여러 번 그 자리가 바뀌기는 하지만 와룡암과 만월담 사이에 위치하면서도 만월담에 훨씬 밀착되어 있었다. 무흘정사에는 蓍杖과 深衣 등 정구의 유품뿐만 아니라 그가 수집한 수 천 권의 책이 보관되어 있었다.[40] 許穆(眉叟, 1595~1682) 등이 언급한 바 있는 '鄭氏藏書'가 바로 이것이다.[41] 이 때문에 영남의 많은 선비들은 무흘정사 장서각을 중심으로 일종의 '무흘 아카데미'를 형성하며 강학활동을 전개하였던 것이다.[42]

---

39) 당시 정위의 친족 鄭東璞(警軒, 1732~1792)은 화공 金尙眞(嶺齋, 1705~?)에게 의뢰하여 「武屹九曲圖」(24.1×39.7cm)를 그리기도 한다. 이보다 앞서 1776년 7월에는 정구 가문에서 선조의 주요 유적인 무흘구곡을 정비하며 9곡의 각 구비마다 그 명칭을 돌에 새겼고, 이어 1784년에는 무흘정사를 중건하였으며, 이를 인근의 선비들에게 널리 알려 武屹 役事를 기념하는 시를 짓도록 했다.

40) 정위는 「武屹上梁文」(『芝厓集』 卷4 張26)에서 '菴貯萬卷之書, 扶植一世之元氣, 櫃藏三尺之杖, 興起百代之風聲.'이라고 하였다.

41) 무흘정사 서운암에 보관되었던 이 鄭氏藏書는 흔히 해인사의 팔만대장경과 견주어 이야기 되었다. 허목이 '自德裕, 修道武屹, 有鄭氏藏書, 至伽倻海印新羅古寺, 有八萬大藏經.' (「伽倻山記」, 『記言』 28)이라 하거나, 김성탁이 '紅流洞裏匝千峯, 幾箇遊人到此中. 若使尋源看武屹, 藏書何啻梵王宮.' (「次紅流洞韻」, 『霽山集』 卷2)이라 한 것이 그것이다.

42) 무흘정사가 영남의 문인들에게 중요한 역할을 하였으나 공부하기가 편리하지는 않은 듯하다. 지네 등 독충들이 많이 나와 제대로 잠을 잘 수 없었기 때문이다. 정위가 張敬穆에게 보낸 「與張士悅」(『芝厓集』 卷3 張8)에서 '雲菴藏書之室, 蝎甚於蚤, 雖勇如趙雲, 不能著片時之睡, 兄亦斷念於武峽之遊.'라 한 데서 이 같은 사실을 알 수 있다.

앞에서 살핀대로 정위는 선조 정구가 남긴 유적을 중심으로 작품활동을 전개한다. 때로는 벗들과 창수하기도 하고, 때로는 서재 중건 과정에 느낀 흥감을 시로 표현하기도 했다. 백매원과 그 주변, 숙야재와 무흘정사 등은 주요 창작공간이었다. 이밖에도 정구가 태어났던 유촌이나 49세 때 지었던 사창서당, 무흘정사를 들어가는 곳에 위치한 성주군 가천면의 禿用山과 김천시 증산면의 雙溪寺도 중요한 창작무대였다. 우리는 여기서 정위의 문학 창작공간 모두가 가문의식에 의거한 것은 아니라하더라도, 이 의식이 그의 작품창작에 규모 있게 작용했음을 충분히 짐작하게 된다.

2) 가야산 유람과 선조 정구의 유산록

정위는 당대의 여느 문인들과 마찬가지로 자연을 사랑하는 마음을 지니고 산수를 유람한다. 물론 태어나고 자란 성주가 유람의 중심이 된다. 가야산은 그의 선조 정구가 드러나 있는 일각의 봉우리를 통해 天機를 인식하며 조물주의 뜻을 이해한 산이기도 하다. 여기서 범위를 더욱 확대하여 거창의 搜勝臺를 비롯한 安義三洞,[43] 진주의 촉석루와 노량진 충렬사 등을 거치며 찾은 南海 錦山 등도 정위의 주요 유람지였다. 가야산과 금산의 경우는 기행문을 남기기도 했다. 「遊伽倻山記」와 「遊錦山記」가 그것이다. 본 절에서는 가문의식이 특히 많

43) 안의삼동은 농월정이 있는 황석산 서쪽 계곡인 花林洞, 용추사가 있는 기백산 서남편 계곡인 尋眞洞, 수승대가 있는 금원산 동북편 계곡인 猿鶴洞이다. 역대로 많은 선비들이 이곳을 유람하며 기행문을 쓰거나 시문을 남겼다.

이 작용한 것으로 보이는 「유가야산기」를 중심으로 살펴보기로 한다.

이미 살폈듯이, 정위는 자신이 사는 지촌의 뒷산에 위치한 숙야재를 매우 중요하게 생각했다. 마을에서 가까워 선조를 위한 최적의 추모공간이라 생각했기 때문이다. 앞서 살핀 바대로 정위는 온릉참봉을 그만두고 고향으로 내려와 숙야재를 중건하고, 다시 재실을 한강대 쪽에서 선세의 묘소 쪽으로 옮기면서 이건 상량문을 짓는다. 여기서 그는 '어기영차! 들보를 서쪽으로 던지니, 비온 후 가야산이 지게문으로 나직이 들어오네. 예나 지금이나 바야흐로 조물주의 뜻을 알겠구나, 살짝 하나의 봉우리 드러내니 시야 속에 아득한 것을'[44]이라고 하면서 옛날 선조 시대의 가야산이 그의 시대에서도 일관된 의미로 다가오고 있음을 보였다.

숙야재에서 가야산을 통해 선조를 만났던 정위는 선조와 마찬가지로 가야산 유람을 구상했다. 정위의 「유가야산기」에 '우리들이 올 때 선조의 유산록을 가져와서 백여 년 전 암석의 옛날 면모를 살펴보지 못한 것이 한입니다. 이것이 흠이 됩니다.'[45]라고 하자 동행했던 여러 벗들이 수긍하였다는 대목이 나온다. 여기서 말하는 '선조의 유산록'은 바로 정구의 「遊伽倻山錄」이다. 이로 보아 정위와 그 일행은 정구가 가야산을 유람하고 쓴 이 작품을 평소에 자주 읽어왔다는 것을 알 수 있다.

---

44) 鄭煒. 「又 · 齋室上梁文」(『芝厓集』 卷4 張30). "兒郎偉抛梁西! 雨後倻山入戶低. 今古方知造化意, 微呈一角望中迷."

45) 鄭煒. 「遊伽倻山記」(『芝厓集』 卷4 張17). "吾輩來時, 恨未攜來先祖遊山錄, 以審百餘年巖石之舊面, 是可欠也."

정위는 1781년(정조 5) 음력 4월 21일에 회연서원을 출발하여 같은 달 25일에 돌아왔으니, 여행기간은 4일이었다. 동행인은 '河上의 族祖와 望星의 인척 李通彦, 茶山의 인척 李心如와 李聖民, 칠곡의 인척 李聖哉, 벗 李彦吉, 어른 李允執, 벗 李聖擧'[46] 등이었다. 이에 비해 정구는 1579년(선조 12) 음력 9월 10일에 沙村 溪塾에서 가야산 유람을 계획하고 11일에 출발하여 같은 달 24일에 돌아온다. 여행기간은 15일이었다. 동행한 사람은 李仁愷(梅堂, 1552~1593)와 李仁悌(恭叔, ?~1593), 그리고 郭赹(存齋, 1551~1597) 등이었다. 여행기간이나 규모면에서는 사뭇 다르지만, 이들은 모두 가야산에 대한 남다른 관심을 갖고 유람을 단행하였다. 이를 인식하면서 정위 유산록의 특징을 몇 가지로 나누어 관찰하기로 한다.

첫째, 정구의 유산록과 비교해 볼 때 유람 경로가 거의 일치한다는 점이다. 정위의 가야산 유람이 4일인데 비해 정구는 15일이다. 동행한 사람은 유람 도중 출입이 있기는 하나 출발 시점으로 보아 정위의 경우는 8인, 정구의 경우는 4인으로 정위의 경우가 더 많다. 유산에 대한 기록량은 정위의 유산록이 2,360여 자인데 비해 정구의 유산록은 6,420여 자로 훨씬 많다. 이로 보아 정구의 유산 날짜가 정위에 비해 길뿐만 아니라 내용도 훨씬 풍부하다는 것을 알 수 있다. 그러나 유람 경로가 거의 같다는 점은 특기할 만하다. 정위가 선조의 유람 경로 그대로를 따라 밟고 있기 때문이다. 다음은 정위와 정구의 대체적

46) 鄭煒. 「遊伽倻山記」(『芝厓集』 卷4 張13). "從食後, 與河上族祖, 望星李戚通彦, 茶山李戚心如甫 · 聖民甫, 柰谷李戚聖哉, 李友彦吉, 李丈允執氏, 李友聖擧, 聯轡作行."

인 유람 경로이다.

<정위의 가야산 유람 경로>
(1)檜淵→(2)楡峴→(3)栗峴→(4)紅流洞→(5)海印寺→(6)學士臺→(7)中蘇利菴址→(8)兜率菴址→(9)上蘇利菴址→(10)奉天臺→(11)第一峯→(12)中峰菴→(13)海印寺→(14)立巖→(15)百川橋·雙溪→(16)武屹→(17)臥龍巖·場巖→(18)青巖→(19)檜淵

<정구의 가야산 유람 경로>
(1)沙村 溪塾→(2)狐嶺→(3)寒岡→(4)栗峴→(5)深源寺→(6)紅流洞→(7)海印寺→(8)學士臺→(9)內院寺 →(10)淨覺菴→(11)圓明寺→(12)上蘇利菴→(13)奉天臺→(14)第一峯→(15)中蘇利菴→(16)海印寺→(17)深源寺→(18)李善述 溪亭→(19)舟巖→(20)立巖→(21)叩盤谷→(22)舍人巖→(23)甑山→(24)瀑布→(25)寒岡精舍→(26)赫臨齋→(27)沙村 溪塾

정구의 유람 경로에서 보듯이 그는 사촌의 계숙에서 출발하여 다시 계숙으로 돌아온다. 유람 당시 정구는 지금의 사월리에서 지촌으로 이주하지 않았을 때이므로 계숙으로 돌아간 것은 당연한 것이다. 이에 비해 정위는 정구가 지촌으로 이주한 후 거기서 태어난 8대손이니 자연히 회연으로 돌아갈 수 있었다. 그러나 그 주요 유람 경로는 선조와 일치한다. 즉, '율현(3, 4)[47]→홍류동(4, 6)→해인사(5, 7)→학사대(6, 8)→상소리암(9, 12)→봉천대(10, 13)→제1봉(11, 14)→해인사(13, 16)→입암(14, 20)→쌍계·증산(15, 23)→회연·한강정사

47) 앞의 것은 정위의 유람 경로 번호이며, 뒤의 것은 정구의 유람 경로 번호이다.

(19, 25)'가 그것이다. 홍류동을 거쳐 가야산 정상에 오르고, 다시 무흘로 들어갔다가 집으로 돌아오는 과정이 정확히 일치하고 있는 것이다. 우리는 여기서 정위가 그의 선조 유적을 그대로 따라 밟고 있다는 것을 확인할 수 있는데, 여기에 작용한 것이 바로 가문의식의 기반이 되는 숭조의식이라 하겠다.

둘째, 유람 과정에서 다수의 한시를 창작하고 있다는 점이다. 이는 정구와 다른 점이기는 하지만,[48] 선조의 유람 경로를 따라 가면서 만났던 경물에 촉발되어 여러 수의 시편을 남긴 점은 주목할 만 하다. 홍류동과 해인사 주변에 대하여 특별히 많은 관심을 보이는데, 「入海印寺」, 「海印寺」, 「遊三洞將入紅流洞與諸友拈韻共賦」, 「海印寺與李唱和」, 「歸宿海印寺値重陽」, 「學士臺」, 「崔孤雲畵像」, 「明月潭」, 「吟風瀨」 등의 작품들이 모두 이에 해당한다. 그 가운데 崔致遠(孤雲, 857~?)에 대하여 특별한 관심을 보이고 있어 주목할 필요가 있다. 정구 역시 유산과정에서 여기에 관심을 드러내고 있기 때문이다. 다음은 정위가 최치원의 영정을 보고 읊은 것이다.

名號編儒籍　이름은 儒籍에 기록되어 있고,
形容混法師　형용은 法師에 섞여 있었다네.
詩傳山外夢　시는 산 밖의 꿈에 전해지고,

48) 정구의 「유가야산록」 9월 14일조에 의하면 중이 시를 지어달라고 하자 '짓지 못한다'며 사양하고 있다. 그리고 지난날 李仁博, 金聃壽, 李廷友 등과 가야산에 올라왔을 때 다른 사람들은 순식간에 지었으나 자기 혼자 시를 짓지 못해 웃음을 샀던 일을 회고하기도 했다. 이로 보아 정구는 시를 즐기지 않은 듯하며 그의 「유가야산록」을 보아도 시가 나타나지 않는다. 그리고 당시에 지었을 법한 가야산 관련 시가 여타의 작품에도 보이지 않는다.

琴出曲中絲 거문고는 곡 중의 현에서 나온다네.
談釋心先悟 부처를 논하며 마음을 먼저 깨치고,
學仙道自知 신선을 배우며 도를 스스로 알았다네.
遺眞猶可敬 남긴 眞影이 오히려 공경스러워,
瞻想出門遲 우러러보고 생각하며 문을 더디 나오네.[49)]

정구는 홍류동에서 돌에 희미하게 남아 있는 최치원의 「제가야산독서당」을 발견하고 전문을 소개한 바 있으며,[50)] 정위 역시 홍류동의 계곡물이 다투듯 흐르는 소리에 감발하여 '돌 사이를 거칠게 내달리며 산을 울리니, 사람의 말을 지척 간에도 분간하기 어렵네.' 라고 하면서 최치원의 「제가야산독서당」의 기 · 승구를 소개한 바 있다.[51)] 위의 시는 최치원의 영정을 보고 읊은 「崔孤雲畵像」으로 그가 유불선 삼교를 회통한 것으로 간주하고 특별한 존경심을 보였다. 정위에게서 최치원은 詩와 琴을 즐기는 유자이지만, '談釋' 하고 '學仙' 하는 불가 혹은 도가이기도 했다. 이 때문에 그의 영정을 보고 존경심이 오히려 더욱 우러나 문을 쉽게 나설 수 없었다고 했다. 여기서 우리는 정위의 사상이 상당히 개방적이었다는 사실을 미루어 짐작하게 된다.

최치원은 정위가 해인사에 들어가며 가장 먼저 떠올린 인물이다. 「入海印寺」라는 작품에서 '학사대의 앞산은 고요하고, 홍류동 안의

49) 鄭煒. 「崔孤雲畵像」(『芝厓集』 卷1 張22).

50) 鄭逑. 「遊伽倻山錄」(『寒岡集』 卷9, 『韓國文集叢刊』 53, 273쪽). "又刻崔孤雲詩一絶於瀑傍石面, 而每年霖漲, 狂瀾盪磨, 今不復可認, 摩挲久之, 依俙僅辨得一兩字矣. 詩則狂奔疊石吼重巒, 人語難分咫尺間. 却恐是非聲到耳, 故敎流水盡籠山."

51) 鄭煒. 「遊伽倻山記」(『芝厓集』 卷4 張13). "萬壑爭流, 波聲渟滀, 咫尺之間, 人語不通, 崔學士詩, 所謂狂奔疊石吼重巒, 人語難分咫尺間者, 非耶?"

해는 어둑하네.'[52]라고 한데서 이를 알 수 있다. 학사대와 홍류동은 최치원의 중요한 유적이기 때문이다. 특히 학사대에서는 두 수의 시를 지어 최치원을 추모한다. 여기서 정위는 최치원이 당시까지 살아 있는 것으로 상상했다. '학사대 위의 맑은 바람은 완연히 옛날처럼 불고, 가야산 거문고 곡조는 달이 밝을 때 울려 퍼지네.'[53]라고 하거나, '홀로 텅 빈 학사대에 오르니 사람은 보이지 않고, 구름 속의 거문고 곡조만 완연히 소리를 전하네.'[54]라고 한 것이 모두 그것이다. 최치원에 대한 인식이 선조 정구와 다소 편차가 있을 수 있으나, 최치원에 대한 정구의 관심을 더욱 확장한 것에 다름이 아니었다.

셋째, 정구의 무흘 유적이 비교적 소상하게 소개되어 있다는 점이다. 정구의 유산록에는 武屹에 대한 기록이 구체적으로 나타나지 않는다. 그러나 현재 무학정으로 알려진 舟巖, 그리고 立巖과 舍人巖(捨身巖) 등이 자세히 묘사되어 있어 그 관심의 정도를 알 수 있다. 무흘에 대한 정구의 관심이 실천적 형태로 나타난 것은 1604년(갑진, 선조37)에 만월담 가까이에 棲雲菴을 지으면서부터다. 그는 여기서 避地意識을 갖고 讀書養性을 하면서 다양한 서적을 출간하였다.[55] 바로 이점에서 무흘은 정구의 가문에서 중요한 선조의 유적이 되었으며, 정구가 세상을 뜬 후 정위는 이곳을 틈틈이 찾았고 그의 가야산 유산

52) 鄭煒.「入海印寺」(『芝厓集』 卷1 張21). "學士臺前山寂寂, 紅流洞裏日冥冥."

53) 鄭煒.「學士臺」(『芝厓集』 卷1 張21). "臺上淸風宛舊吹, 伽倻琴曲月明時."

54) 鄭煒.「學士臺」(『芝厓集』 卷1 張21). "獨上空臺人不見, 雲間琴曲宛傳聲."

55) 이에 대해서는 鄭羽洛. 2009.「寒岡 鄭逑의 武屹精舍 建立과 著述活動」.『南冥學研究』 28. 경상대학교 남명학연구소를 참조할 수 있다.

록에서도 자연히 무흘에 대한 기록을 구체적으로 남길 수 있었다. 선조가 세상을 떠난 뒤 161년 후의 일이었다. 무흘에 대한 다음 기록을 보자.

> (가) 23일. 맑았다. … 장차 武屹을 향해 갈 때 心如 숙질은 立巖의 승경을 보고자 하여 다시 산을 나섰다. 대개 돌아갈 때는 布川의 길을 택하므로 입암을 지나가지 않기 때문이다. 우리 다섯 사람은 무흘로 향하였는데, 날이 이미 저물어 저녁이 되었다. 그들의 행차를 생각해보니 올 수 없을 듯 했다. 무흘에 도착하여 승려들로 하여금 기다리게 해 놓지도 않고 밤이 되어 잠자리에 들고 말았다. 아직 잠들지 않았는데 심여 일행이 밤을 이용하여 왔다. 한 사람도 나와 보는 이가 없었으니, 우리들이 응접을 제대로 하지 못한 것이 참으로 부끄러웠다.[56)]

> (나) 24일. 맑았다. 밥을 먹은 후에 모두 臥龍巖과 場巖으로 가서 두루 경치를 구경하고 왔다. 점심 때 개를 잡고 떡을 쪄서 산중의 별미로 삼았다. 오후에 하상 족조와 더불어 㳺谷의 분묘에 성묘하고 벗들과 함께 青巖으로 향하였다. 잠시 둘러 앉아 이야기하고 저녁에 무흘로 돌아왔다. 선조의 지팡이와 신, 시초를 봉심하고 유숙하였다.[57)]

정위 일행은 해인사와 가야산을 거쳐 1781년 4월 23일 무흘로 향

56) 鄭煒.「遊伽倻山記」(『芝厓集』卷4 張18~19). "二十三日, 晴 … 將向武屹之際, 心如氏叔姪, 欲見立巖之勝, 更爲出山, 蓋歸時, 欲就布川之路, 不可過立巖故也. 吾輩五人, 向武屹, 日已夕矣. 度其行不能來, 抵武屹, 未及使僧輩候待, 及夜就寢, 未及入睡, 心如氏一行, 乘夜而來, 無一人出見者, 吾輩之不善應接, 良可愧也."

57) 鄭煒.「遊伽倻山記」(『芝厓集』卷4 張19). "二十四日, 晴. 食後, 偕往臥龍巖 · 場巖, 遍觀泉石而來, 及午, 烹狗鬻餠, 以爲山中之別味. 午後, 與河上族祖, 省拜㳺谷墳墓, 仍與諸友共向青巖, 半餉團話, 乘夕而來武屹, 奉審杖屨蓍草, 仍爲留宿."

한다. 증산 앞을 흐르는 옥류동의 百川橋가 있어 정위는 그 주변을 '천석이 아름답고 산수가 맑아 도리어 홍류동보다 경치가 뛰어났다.'[58]고 평하였다. 증산 기슭에 있는 雙溪寺는 역대로 많은 문인들이 무흘을 탐방하면서 찾던 곳이었다. 정위 일행도 여기에 들러 요기를 하였다. 무흘은 선조 정구가 무흘정사를 지어놓고 독서양성하던 곳이고, 정구가 세상을 떠난 후에는 그가 수집한 서적 및 여타의 목판 등을 보관하던 무흘정사의 서운암이 있었으니 정위의 가문으로 보아 무흘은 특별한 곳이 아닐 수 없었다.

무흘정사는 평소 승려로 하여금 관리하도록 하였는데, (가)의 '승려'에 대한 언급은 바로 이 때문이다. 무흘정사 위쪽으로 물속에 누운 커다란 바위인 와룡암과 여러 사람이 앉을 수 있는 넓은 바위인 장암이 있었다. (나)에서는 이곳을 유람하는 광경이 묘사되어 있다. 같은 날에는 인근에 있는 청암사를 들렀는데, 옛날 정구가 머물며 무흘정사의 공사를 감독하던 곳이었다. 정위는 청암사를 들렀다가 다시 무흘정사로 돌아와 서운암에 보관되어 있는 정구의 지팡이와 신, 시초 등의 奉安상태를 살피기도 했다.

정위가 가야산에 대하여 관심을 갖고 유람을 단행한 것은 가야산이 자신이 사는 성주의 지경 안에 있었기 때문만은 아니다. 바로 정구가 天機로 인식했던 산이며, 유람을 통해 장문의 유산기를 남긴 산이었기 때문이다. 따라서 그는 정구의 「유가야산록」을 즐겨 읽으면서 선

---

58) 鄭煒. 「遊伽倻山記」(『芝厓集』 卷4 張18). "至百川橋, 泉石之窈窕, 山水之淸澹, 反勝於紅流洞."

조의 가야산 등정 경로를 그대로 따라 밟았던 것이다. 이 과정에서 사물을 만나면 다양한 시를 지었으며, 최치원에 대해서도 특별한 관심을 갖고 여러 수의 시편을 남겼다. 또한 무흘정사에 유숙하면서 서운암에 있는 선조의 유품을 奉審했을 뿐만 아니라 인근에 있는 유적들도 두루 탐방하였다. 우리는 여기서 정구에 대한 정위의 爲先意識을 강하게 느끼게 된다. 이 의식은 후손에 대한 생각으로 발전하기 때문에 가문의식과 직접적으로 밀착되어 있음은 물론이다.

3) 친족을 중심으로 한 작품활동

정위의 문학작품에는 다양한 인물이 등장한다. 특히 화차운시를 지으면서 인간관계에 따른 다양한 감흥을 시의 형식으로 담아낸다. 이는 정위가 향촌생활을 하면서 인간관계가 특히 중요하다는 것을 인식한 결과이다. 정위가 수창한 작품을 중심으로 보면, 李厦運(寒栖翁, 1734~1808), 李東沆(遲菴, 1736~1804), 張敬穆(可谷, 1742~1806) 등의 선배나 벗이 등장하기도 하지만, 친밀한 인간관계를 유지하면서 화차운시를 남긴 것은 주로 친족이었다. 三從祖 鄭東璞(警軒, 1732~1792)과 鄭東瑨(惕若齋, 1734~1801), 그리고 鄭東羽(澹翁, 1720~1808)를 비롯해서 族叔인 鄭焞(平窩, 1745~1803), 族弟인 鄭墣(蒿庵, 1752~1814) 등이 대체로 그들이다. 이들과 밀접한 관계를 유지하며 위선사업을 하게 되는데, 여기에 작용한 중요한 의식이 바로 가문의식이다.

먼저 鄭東璞의 경우부터 보자. 그는 호가 警軒으로, 정구의 둘째 손자 鄭惟熟(景精, 1605~1646)의 玄孫으로 가난한 사람을 구제하는데 힘써 세상에서 積善積德으로 칭송하였다고 한다. 정위와 더불어 무흘정사를 복원하는 사업에 적극 동참하였는데, 특히 1784년 화공 金尙眞(嶺齋, 1705~?)에게 의뢰하여 「武屹九曲圖」를 그리게 하여 당시의 사업을 알게 하는데 커다란 공적을 남겼다. 李奎壽(散翁, ?~?)는 「書鄭警軒武屹九曲帖後」에서, '선조를 높이고 현인을 공경하는 정성과 산수로 仁智를 즐기는 이 두 가지의 아름다움을 다하였다.'[59]고 하여 정동박의 사업을 잘 알 수 있게 했다. 정위는 삼종조인 정동박과 관련하여 「次警軒翁韻」 등 8제 35수[60]와 제문 1편을 짓게 되는데, 다음은 그 가운데 하나이다.

子美渾漫興 杜子美는 많은 시흥이 있었으나,
堯夫不愛詩 邵堯夫는 시를 사랑하지 않았네.
興生靑山口 흥은 청산의 입구에서 생기고,
詩在綠柳枝 시는 푸른 버드나무 가지에 있다네.
翁來山入座 옹께서 오니 산도 자리로 들어오고,
翁去花覆巵 옹께서 가니 꽃도 술잔을 엎어버리네.
嶺雲離還合 고개의 구름은 흩어졌다 다시 모이고,
林鳥去相隨 숲 속의 새는 날아갔다 서로 따르네.
岸空水潺潺 텅 빈 언덕엔 물소리 졸졸거리고,
樓深日遲遲 깊은 누대엔 해가 뉘엿뉘엿 넘어가네.

---

59) 李奎壽.「書鄭警軒武屹九曲帖後」(『全城世稿』卷1). "噫! 光遠氏尊祖敬賢之誠, 山水仁智之樂, 可謂兩盡其美矣."

60) 「次警軒翁韻」 1수, 「白雲歌七章奉別警軒」 7수, 「與警軒翁唱酬」 19수, 「贈別警軒」 2수, 「與警軒李聖哉李玄用會百梅院唱酬」 2수, 「待警軒」 1수, 「次警軒韻」 2수, 「次警軒韻-二十韻排律」 1수가 그것이다.

新詩復珍重 새로 쓴 시 다시 진중하니,
來自古溪湄 옛 시내의 가에서 온다네.
天長月虛明 긴 하늘엔 달이 하염없이 밝고,
巷深路逶迤 깊은 골목에는 길이 꾸불꾸불하구나.
嗟我同衰暮 아, 나도 함께 쇠하여 저물어 가리니,
難堪別離時 이별할 때는 견디기 어렵네.
千秋隱侯詞 천추에 전하는 沈隱侯의 시,[61]
此懷先我知 이 마음을 나보다 먼저 알았다네.[62]

위의 작품은 「次警軒翁韻」의 전문이다. 정위는 이 작품에서 정동박을 자연과 문학의 유기성 속에서 잘 묘사하고 있다. 청산을 통해 흥이 생기고 버드나무를 통해 시를 짓게 된다고 하면서 정동박이 오고 감에 따라 산이 들어오고 꽃이 술잔을 엎어버린다고 한 것이 모두 그것이다. 그러나 '이별할 때는 견디기 어렵네.'라고 하면서 삼종조 정동박과 자신의 정서적 긴밀성을 토로하고 있다. 이러한 정서적 긴밀성은 가문의식으로 이어져, 이 둘이 함께 위선사업을 적극적으로 펼쳐나갈 수 있었던 것이다. 정위는 이러한 사정을 생각하면서, 정동박의 제문에서 '공을 봉비암과 한강대의 수석 사이에서 찾고자 하나 풀과 구름만 무성하고 아득할 뿐, 공이 앉았던 자리는 텅 비었다.'[63]라며

61) 隱侯는 남조 齊의 문인 沈約의 謚號다. 그가 東陽太守로 가서 元暢樓를 짓고 八詠詩를 읊었는데, 뒤에 그 누대 이름을 팔영루로 바꿔 부르게 되었다고 하며, 詩才가 뛰어난 인물로 널리 칭송되었다.

62) 鄭煒. 「次警軒翁三從祖東璞韻」(『芝厓集』 卷1 張1).

63) 鄭煒. 「祭警軒文」(『芝厓集』 卷5 張18). "更尋公於鳳巖岡臺水石之間, 草芊芊雲杳杳, 公之座席空."

탄식하였다. 선조의 유적 사이를 거닐던 옛날이 떠올랐기 때문이다.

다음은 鄭東羽의 경우를 보자. 그는 호가 澹翁으로 정구의 셋째 손자 鄭惟熹(景覆, 1611~1661)의 玄孫인데 시를 잘 지었다고 한다. 정위가 그의 시를 들어 '공은 어릴 때부터 시를 즐겼는데, 7언 5언 율시 고시의 체제와 격률이 맑으면서도 강건하였고 풍부하면서도 아름다웠다.'[64]고 한 것은 모두 이 때문이었다. 정동우와 관련하여 정위는 「奉次澹翁韻」 등 6제 10수[65]와 만사 6수, 그리고 제문 1편을 짓는다. 정동우는 매화를 특히 사랑하여 매화시를 다수 남기는데, 정위는 여기에 촉발되어 정동우의 시에 화답한다. 그리고 백매원이나 무흘의 와룡암 등 선조의 유적을 심방하며 선조 정구를 떠올리기도 한다. 사정의 이러함이 다음 시편에 고스란히 담겨 있다.

(가) 樹樹韶光散作葩	나무마다 아름다운 빛 흩어져 꽃잎이 되고,
粉腮紅暈爾全奢	흰 뺨에 붉은 기운 너는 참으로 사치스럽구나.
微風在樹淸香動	미풍이 나무에 부니 맑은 향기 진동하고,
孤客登樓淡影斜	외로운 나그네 누대에 오르니 맑은 그림자 비껴있네.
春色偏多林子宅	춘색은 매화를 아내로 삼은 임포의 집에 특히 짙고,
詩情誰和浩然家	시정은 누가 있어 맹호연의 집에 화답하리?

64) 鄭煒. 「祭澹翁文」(『芝厓集』 卷5 張33). "公早嗜詩, 七言五言律詩古詩之體製格律, 淸而健, 富而麗."

65) 「奉次澹翁韻」 3수, 「奉和澹翁韻」 2수, 「奉和澹翁梅花詩韻」 2수, 「澹翁獨往臥龍巖未及」後來坐潭邊得一律」 1수, 「遊淨趣菴聞澹翁先我遊此而歸次澹翁韻」 1수, 「澹翁惕若齋李聖哉來會見盆梅黃菊木假山拈韻共賦」 1수가 그것이다.

繁華盛處還衰謝　번화하고 왕성한 곳이 도리어 쇠하여 물러나니,
落去前宵幾箇花　떨어져 날리던 꽃잎 어젯밤에는 또 몇이던가![66]

(나) 性癖耽幽賞　그윽한 경치를 탐하는 천성,
雲間細徑賖　구름 사이로 난 좁은 길은 아득하구나.
晴川一道水　맑은 시내는 한 줄기 냇물,
遺宅百梅花　남기신 집에는 백매가 꽃을 피웠네.
門靜眠山鹿　문이 조용하여 산 사슴은 졸고,
林深聚夕鴉　숲이 깊어 저녁 까마귀 모인다네.
相逢成夜宿　서로 만나 밤에 자노라니,
明月滿庭柯　명월이 정원의 매화가지에 가득하네.[67]

(가)와 (나)는 모두 매화를 읊은 것이지만, (가)가 정동우의 매화시에 차운한 것이라면 (나)는 선조 정구의 유적인 백매원에서 회합을 가지며 지은 것이라는 측면에서 다르다. (가)에서는 梅妻鶴子로 널리 알려진 북송의 林逋(967~1028)를 떠올리면서, 흩날리며 떨어지는 매화의 화려한 소멸을 아름답게 묘사했다. 그리고 (나)에서는 봄밤에 여러 사람들이 백매원에서 留宿하며 느낀 점을 읊었다. 함련의 '一道水'라 한 것은 회연서원 옆을 흐르는 대가천을 말하고 '遺宅'은 그 곁에 있는 백매원의 회연초당이다. 정구가 매화 100그루를 심은 정원이 있는 곳으로, 여기에 매화마저 제철에 활짝 피었으니 후손 정동우와 정위의 감흥은 남다른 것이었음에 틀림이 없다.

---

66) 鄭煒.「奉和澹翁梅花詩韻」(『芝厓集』卷1 張17).
67) 鄭煒.「奉和澹翁韻」(『芝厓集』卷1 張6).

족숙 鄭焞 역시 정위의 주요 창수 대상이었다. 그는 호가 平窩로 鄭惟熹의 5대손이며 앞에서 살핀 정동우의 조카다. 정후는 성품이 돈독하고 바른 도리를 강직하게 지켜나갔던 인물로 알려져 있었다. 그는 정위와 나이가 비슷하였기 때문에 서로 믿고 의지하였다. 이 때문에 정위는 '공은 나와 나이가 서로 비슷하고 뜻을 서로 믿었으며 근심은 나누고 기쁨은 같이 하였으며 출입할 때는 서로 따르고 언론은 서로 합치되었다.'[68]면서 회고할 수 있었다. 그와 관련하여 「贈族叔」 등 3제 4수[69]와 만사 5수, 그리고 제문 1편을 남긴다. 다음 작품을 보자.

睡後看山山欲暮 잠에서 깨어 산을 보니 산은 저물려 하고,
桃花時雨覺微寒 도화우 때 맞춰 내리니 약간의 한기 느끼겠네.
援琴未響還呼酒 당긴 거문고 울림이 없어 도리어 술을 부르고,
待客不來更倚欄 기다리는 손은 오지 않아 다시 난간에 기대었네.
黃卷對賢如舊識 책에서 현인을 대하니 예부터 알던 사람 같고,
遺墟立舍是新安 남은 터에 정사를 세우니 곧 新安이라네.
今春賴子經營力 금년 봄에 당신에게 힘입어 경영한 노력,
芳躅他時歷歷看 꽃다운 자취 다른 날 밝게 보게 되리.[70]

위의 시는 족숙 정후에게 준 「贈族叔」이다. 이 시는 유허에 정사를 짓고 이를 기념하며 족숙에게 준 것으로 보인다. 이 때문에 경련과 미

68) 鄭煒. 「祭族叔焞文」(『芝厓集』 卷5 張27). "公與我, 齒相近, 意相孚, 憂而分, 喜而同, 出入相隨, 言論相合."

69) 「贈族叔」 1수, 「復用前韻」 2수, 「與李聖哉兄弟李向之張士悅盧子能及族叔焞期會於布川入山蹤迹杳然蹤吟一絶」 1수가 그것이다.

70) 鄭蹤. 「贈族叔」(『芝厓集』 卷2 張2).

련은 주목을 요한다. 경련에서는 남은 터에 정사를 세웠는데 이곳이 신안이라 하였다. 신안은 성주의 옛이름이면서, 朱熹(晦庵, 1130~1200)의 관향지이자 머물러 살던 곳이다. 이 때문에 신안을 중심으로 정구와 주자를 동일시하려는 경향이 있어왔던 것이다.[71] 이를 인식하면서 유허에 정사를 세운 것을 강조하고 있으니 그것이 무흘정사라는 것을 알 수 있다. 무흘은 바로 주희의 武夷를 연상시킬 수 있기 때문이다. 그리고 미련은 그 정사를 짓는데 기울인 노력에 대한 찬사이다. 위선사업의 일환으로 무흘정사가 중건되기는 하였으나 이 일을 주도한 종손 정위로서는 고마운 일이 아닐 수 없었다.

삼종조 鄭東瞻과 관련한 정위의 시는 「題惕若齋盆梅」 한 수이다. 그러나 만사 3수와 제문 2편을 남기고 있어 특별하다. 정동첨의 호는 休庵 혹은 惕若齋로, 정구의 둘째 손자 鄭惟熟의 玄孫으로 앞서 살핀 정동박의 동생인데 숙부 鄭寬濟(達彦, 1703~1744)에게 양자를 든 인물이다. 정위는 만사에서 '희미한 丹塾의 길, 쓸쓸한 봉비암의 봄'[72]이라고 하면서 유촌의 단숙과 회연서원 가의 봉비암이 '희미'하고 '쓸쓸'하다고 했다. 이는 선조 정구의 옛터에서 정동첨과 함께 했던 지난날이 생각났기 때문이다. 제문에서도 '한강대와 숙야재의 煙月은 아득하고 봉비암과 단숙의 綠草는 무성한데, 어느 것 하나 공의 유적이 아니겠는가? 고인의 이른 바 차마 홀로 누대에 오르지 못한다고

---

71) 李萬運이 「社倉書堂記」를 쓰면서 구체화시켰다. 이에 대해서는 鄭羽洛. 2009. 「寒岡 鄭逑의 武屹精舍 建立과 著述活動」. 『南冥學硏究』 28. 경상대학교 남명학연구소. 276쪽에 자세하다.

72) 鄭煒. 「挽惕若齋」(『芝厓集』 卷2 張25). "依微丹塾路, 蕭索鳳巖春."

한 것이 바로 오늘을 말함이로다.'[73]라면서 깊이 탄식한 것도 같은 이치이다. 이제 정위가 정동첨에게 준 다음 작품을 감상해 보자.

> 盆上梅花別作春 분에 심은 매화 특별한 봄을 만들어,
> 幽姿淡影雪中新 그윽한 자태 담박한 그림자는 눈 속에서 새롭네.
> 緣何淸絶偏爲爾 어찌하여 너는 그토록 맑고 깨끗한고?
> 認是孤根託主人 알겠도다, 외로운 뿌리 주인에게 맡겨둔 것을.[74]

이 작품은 「題愓若齋盆梅」이다. 일찍이 정구가 백매원을 조성하면서 지극한 매화 사랑을 세상에 보였다. 이로 말미암아 정구의 가문에서는 매화를 읊은 시가 특별히 많았던 것으로 보인다. 매화에 대한 시는 앞에서 이미 살핀 바 있거니와 이 작품 역시 화분에 매화를 심어 놓고 즐겼던 정동첨의 성정을 분매와 동일시하며 읊은 것이다. 정위는 매화를 더할 수 없는 깨끗함을 의미하는 '淸絶'로 형상화하면서, 이것을 주인과 결합시켜 이해하고자 했다. 전구와 결구가 바로 그것이다. 우리는 여기서 매화를 통해 문중의 祖孫이 서로 교감하고 있음을 알게 된다. 매화를 선조 정구가 혹애했다는 것을 염두에 둔다면 이들에게 매화는 바로 가문의 정서를 결합하는 중요한 도구였다는 것을 짐작할 수 있다.

정위의 문학에서처럼 친족이 자주 등장하는 것은 흔한 일이 아니

---

73) 鄭煒.「祭愓若齋文」(『芝厓集』卷5 張22). "岡臺夙夜, 煙月茫茫, 鳳巖丹塾, 綠草芊芊, 孰非公遺迹. 古人, 所謂不忍獨登樓者, 正爲今日道也."

74) 鄭煒.「題愓若齋分梅」(『芝厓集』卷1 張20).

다. 여기에는 族祖 정동박이나 정동후, 族叔 정후 등과 같이 구체적으로 등장하기도 하고, 「憶陽亭諸叔」[75]처럼 부정칭으로 등장하기도 한다. 그리고 화차운시는 물론이고 書, 挽, 祭文 등 다양한 양식의 글을 통해 친족들과 소통하며 그 情誼를 돈독히 하였다. 이는 정구의 8대 종손으로 가지는 정위의 가문 내적 敦睦意識에 기인한 것이라 하지 않을 수 없다. 일찍이 그는 아이들에게 편지를 써서 '宗族至親間에는 힘써 화목의 도리를 다해야 한다. 비록 조그마한 일로 친족끼리 다투는 일이 있더라도 마음속에 담아 두지 말고 나의 성심을 다하면 자연히 화락하게 될 것이다.'[76] 라고 언명하기도 했다. 정위는 이를 문학적으로 실천하였다 하겠는데, 그 이면에 작용했던 것이 바로 가문의식이었다.

4. 정위 문학의 의미

정위는 가묘에 선조 정구를 불천위로 모신 종손이다. 그는 정구의 학문적 요체가 심학과 예학에 있다고 보고 이를 가문학으로 생각하였다. 「心經發揮考異」나 『家禮彙通』은 바로 이러한 인식에 바탕하여 제출된 글과 저서이다. 이 뿐만 아니라 정구와 관련된 유적지를 정비하고 숙야재를 비롯한 정구의 서재를 복원하는 등 위선사업에 온 힘을

75) 鄭煒. 「憶陽亭諸叔」(『芝厓集』 卷1 張17).

76) 鄭煒. 「寄諸兒」(『芝厓集』 卷3 張28~29). "宗族至親之間, 務盡和睦之道, 雖有鬩牆纖芥之故, 勿置胸中, 盡我誠心, 則自然和樂."

기울였다. 「夙夜齋銘」을 비롯해서, 「武屹上梁文」, 2편의 「齋室上梁文」, 「武屹藏書閣上梁文」, 「社倉書堂上梁文」 등은 모두 이 과정에서 작성된 것이다. 그의 시문학 역시 이미 살펴 본대로 그 이면에 가문의식이 깊이 작용한 것으로 보인다. 이제 정위 문학에 바탕이 되었던 가문의식이 어떤 의미를 지니는가 하는 문제를 몇 가지로 나누어 생각해보기로 한다.

첫째, 가문 내적 측면에서 정위 문학은 종손으로서의 의무감과 깊은 관련이 있다. 정위 문학을 자세히 보면 종손의식의 일단을 살펴볼 수 있는 길이 열린다. 이에 따라 종손들의 문학이 지니는 주제의 방향을 설정할 수도 있다. 특히 정위 가문의 경우, 선조 정구 이래 鄭樟(晚悟, 1569~1614)이 증광문과에 급제하고, 그의 손자 鄭惟熙(休巖,1575~1620)가 小寒岡으로 일컬어지며 명망이 높았으나, 그 이후 후손들은 通德郎, 察訪, 縣監 등을 역임하며 대체로 한미한 지방 선비에 그쳤다. 이 같은 분위기 속에서 정위는 가문에 대한 위기의식을 느끼며 자가문을 다시 일으켜야 한다는 생각을 했던 것으로 보인다. 더욱이 정위 당대는 族祖 鄭東璞(警軒, 1732~1792) · 鄭東璮(惕若齋, 1734~1801) · 鄭東翼(聽齋, 1737~1802) · 鄭東羽(澹翁, 1720~1808), 族叔 鄭熀(慕庵, 1760~1808) · 鄭焞(平窩 1745~1803), 族弟 鄭墣 · (蒿庵, 1752~1814) · 鄭墧(進庵, 1799~1879) · 鄭垸(拙叟, 1785~1858) 등이 등장하여 영남학파의 주요 일원으로서 문필활동을 활발하게 하였으므로, 정위는 이들과 함께 선조 정구를 위한 사업을 전개할 수 있었다. 여기에는 그의 종손으로서의 의무감이 강하게 작용하였을 것이다. 다음 자료를 보자.

> 선군께서 돌아가신 후 중부께서는 종가의 형세가 기울어질까를 염려하고 소자가 어린 것을 불쌍히 여겨 모든 宗祠奉先의 절차에서 田圃臧獲의 일에 이르기까지 한결같이 몸소 감당하여 자신의 소임으로 여지기 않음이 없으셨습니다. 밤낮으로 마음에 새겨 경영한 것은 다만 우리 종중을 보호해야 한다는 일념이었을 따름이었습니다. 무릇 크고 작은 일이 있으면 반드시 '우리 문중에 이롭겠는가, 그렇지 않겠는가?', '우리 조카가 편안하겠는가, 그렇지 않겠는가?' 라고 말씀하시면서 이롭고 편안하면 종중으로 돌리고, 그렇지 않으면 스스로에게 나누어 혹시라도 종가가 기울어지고 무너질까를 염려하셨습니다.[77]

위의 글은 중부 鄭之益(叔謙, 1727~1765)의 하세에 따른 제문의 일부이다. 이를 통해 우리는 아버지 鄭之復(希元, 1722~1755)이 일찍 돌아가신 후 중부의 극진한 보살핌을 받으며 자란 사정과 함께 정위의 가문의식이 일정 부분 중부의 가르침에 의한 것이라는 사실을 알게 된다. 중부 정지익은 조카인 그에게 항상 '너는 세상의 이러저러한 일을 제쳐두고 가문의 世業을 보호하여 先人께서 종사를 받들던 일을 바꾸지 말고 여러 세대로 내려오던 선조의 故居를 지킨다면, 내가 죽어도 편히 눈을 감고 돌아가 선인께 보답하는 낯이 있을 것이다.'[78]라고 하였다 한다. 이로 보아 정위는 어릴 때부터 중부의 훈도를 받으며 종손으로서 종사를 지켜야 한다는 의무감이 남달랐다는 것을 알 수

---

77) 鄭煒.「祭仲父文」(『芝厓集』卷5 張15). "自先君歿後, 仲父憫宗家之傾敗, 矜小子之穉弱, 凡諸宗祠奉先之節, 以至田圃臧獲之事, 一無不親當而己任之, 日復夜銘心而經營者, 只是保吾宗一念而已. 凡有大故小節, 必曰於吾宗利乎否乎? 於吾姪安乎否乎? 利且安則歸之於宗, 否則分之於己, 或恐宗家之傾敗者, 漸至於蕩殘."

78) 鄭煒.「祭仲父文」(『芝厓集』卷5 張16). "仲父, 常戒予小子曰, 汝能解世故保世業, 不替其先人祀事, 能守其累世菟裘, 則吾死而瞑目, 歸報先人, 亦有顔矣."

있다. 그의 가문의식에 바탕한 문학활동은 바로 이 같은 정구 가문의 특수성과 깊이 연관되어 있었다. 이것은 여타 종손들의 작품에도 보이는 중요한 일경향이라 하겠다.

둘째, 영남적 차원에서 정위 문학은 조선 후기 영남 사인들의 정치적 소외와 관련이 있다. 조선 후기의 영남 선비들은 정치적으로 소외되어 있었다. 영조 4년(1728)에 일어난 戊申亂은 그 중요한 계기가 되었다. 소론의 과격파들이 영조와 노론을 제거하고자 난을 일으켰으며 여기에 남인들도 일부 가담하였다. 이 난이 진압된 후 특히 경상우도는 停擧를 당하면서 반역향으로 매도되었고, 노론 집권층과 유연한 관계를 유지했던 일부 집단을 제외하면 조선조 말기까지 영남은 거의 정치적으로 소외되었던 것이다. 이에 따라 영남 유생들은 정권 견제의 수단으로 公論을 중시했으며, 효종 원년(1650) 경상도 유생 9백여 명은 李珥(栗谷, 1536~1584)와 成渾(牛溪, 1535~1598)의 문묘종사에 반대하는 상소문을 올리기도 했다.

영남 선비의 정치적 소외가 대외적으로 자기결속력을 견고히 하는 계기가 되었으나, 대내적으로는 다양한 분쟁에 몰두하는 현상으로 나타나기도 했다. 17세기 후반 이후 자녀균분상속제의 해소에 따라 同姓村이 발달하고, 이에 따른 심각한 山訟을 비롯한 재산분쟁과 鄕戰을 유발하게 된 것이 그 대표적인 사례이다.[79] 영남의 선비가에서는 자신의 집안을 보존하고 스승의 학문을 계승하려는 노력이 더욱 강해

79) 이에 대해서는, 이수건. 1995.『영남학파의 형성과 전개』. 일조각. 435~460쪽을 참조할 수 있다.

졌으며, 이것이 시비로 비약한 경우도 허다하였다. 柳成龍(西厓, 1542~1607)과 金誠一(鶴峯, 1538~1593)의 위차문제를 두고 발생한 屛虎是非나 鄭逑(寒岡, 1543~1620)와 張顯光(旅軒, 1554~1637)의 사승관계를 두고 발생한 寒旅是非 등 허다한 시비가 모두 그러한 것이다.

가문과 학파간의 다양한 갈등이 노정되기도 하였지만, 가문 내적으로는 수많은 서당이나 서원 건립운동이 일어났다. 정위가 시도한 선조 유적의 정비나 서재의 건립도 마찬가지다. 숙야재와 재실, 무흘정사와 사창서당의 중건과 이건은 모두 이러한 맥락 속에서 이해할 수 있다. 한 가문에서 당우를 건립하는 것은 조상을 중심으로 친족간의 친목을 도모하기 위함인데, 여기에는 타 가문과 변별되는 자가문의 자긍심을 고양하자는 의도가 깊이 잠복해 있었다. 이 같은 경향은 16세기 후반부터 꾸준히 진행되고 있었는데, 자제들에 대한 교육문화에도 많은 영향을 끼친다. 가문의식과 관련한 문학은 바로 이 과정에서 창작된 것이라 하겠다.

셋째, 문학사적 측면에서 정위 문학은 18세기 이후 성행한 가문소설의 형성배경과 일정한 관련이 있다. 두루 알고 있듯이 임진왜란과 병자호란을 겪으면서 조선조 양반사회의 기강은 급격히 무너지기 시작했다. 이에 따라 사대부의 권위는 약화일로에 있었다. 여기에 대한 문제를 심각하게 인식하면서 사회사에서 실제로 가문이 중시되었던 점을 고려하여 사대부 일각에서는 가문소설을 창작하였다. 이 때문에 가문을 강조하는 일련의 문학은 전대사회의 재건과 주자학적 세계관을 강조하는 것으로 나타나는 바, 당연히 보수적 경향이 내포되지 않을 수 없었다.

가문소설에 내함되어 있는 가문의식과 정위 문학에 작용한 가문의식이 문학사적으로 형성배경이 일치하고 있기는 하지만 문학 내적으로는 상당한 편차를 보인다. 장르면에서 가문소설이 서사장르에 속한다면 정위의 가문의식이 내포된 문학은 서정이나 교술장르를 통해 표출되기 때문이다. 그리고 작품의 배경면에서 가문소설이 중국을 중심으로 처리되어 있다면 정위의 문학은 선조의 유적을 중심으로 한 향촌에 국한되어 있기 때문이다. 문자면에서도 다르다. 즉 가문소설이 한글의 형식을 취하고 있다면 정위의 문학은 한자로 구성되어 있다. 이로써 우리는 18세기 문학사에 등장하는 가문의식이 다양한 문학경로를 통해 작동하고 있었다는 사실을 알게 된다.

정위가 온릉참봉이 되면서 근기지역에 잠시 머물지만, 그의 행동반경은 영남을 벗어나지 않았다. 사정이 이러함에도 불구하고 그의 가문의식과 이것이 반영된 문학세계는 문학사적 흐름과 일치하면서 조선조 사대부들의 중심 장르인 한시나 한문산문을 통해 적극적으로 나타나고 있었던 것이다. 안으로는 아들에게 편지하여 가문의식을 고취시켰고, 밖으로는 친족을 중심으로 작품을 주고받으면서 정서적 친밀도를 더했다. 이것은 임병양란 이후 성리학적 질서가 사회적 차원에서 붕괴되어 가고 있다는 위기의식에 입각한 나름의 조처였다. 그리고 이 같은 문학은 판소리계 소설 등 평민문학과 대극점에 위치하면서도, 국문으로 창작된 가문소설과는 전혀 다른 측면에서 유사성을 확보하고 있어 문학적 의미가 크다고 하겠다.

이상에서 보듯이 정위 문학의 주된 정조는 가문의식과 깊이 연관되어 있다. 심학과 예학으로 대표되는 정구의 학문을 정위는 가문학으로 인식하였고, 그의 가문의식은 한시나 산문에서도 다량 내포되어 있었다. 이 가문의식은 가정 내적 측면에서는 선조 정구의 8대 종손이라는 자부심과 의무감이 동시에 작용한 결과로 보이며, 영남이라는 지역적 측면에서는 영남 사인들의 정치적 소외와 이로 말미암은 자가문의 부흥운동과 밀착되어 있는 것으로 보인다. 그리고 문학사적 측면에서는 18세기부터 성행한 가문소설의 발생과정과 그 맥락을 같이 한다. 사대부들은 임병양란 후에 주자학적 질서가 급격히 약화되어 이에 대한 재건이 시급하다고 보고 가문의식을 바탕으로 작품을 창작하였기 때문이다. 정위 문학이 지닌 이 같은 몇 가지 의미는 그의 문학적 성취가 가문 내로 국한되어 있지 않다는 것을 의미한다.

5. 남은 과제들

본 논의는 18세기 후반 영남문단의 일경향을 鄭煒(芝厓, 1740~1811)의 문학을 중심으로 고찰한 것이다. 영남의 정치적 소외라는 당대의 정치사적 배경을 염두에 두면서 본 연구는 진행되었고 이 과정에서 정위 문학 전반에 가문의식이 중요한 내적 원리로 작용하고 있음을 발견할 수 있었다. 가문의식은 居家 혹은 宗中的 측면에서 奉先을 통해 가문의 敦睦을 도모하고, 사회적 측면에서 그 가문의 주요 선조가 이룩한 偉業을 계승하고 현창하고자 하는 의식을 의미한다. 이 의식의 구심에는 顯祖의 혈손이라는 자부심과 함께 崇祖 · 奉先이라는 의무감이 동시에 자리하고 있다. 정위 역시 鄭逑의 8대 종손으로서 가문의식을 강하게 지니고 있었던 것으로 보인다.

정위는 정구 학문의 핵심을 심학과 예학으로 파악하고 이를 가문학으로 인식하면서 학문적 천착을 깊이 있게 했다. 심학은 정구의 『심경발휘』를 중심으로 이 책에 대한 '考異'를 쓰면서 구체화되었고, 예학은 『가례휘통』의 편찬을 통해 분명히 나타났다. 이 같은 입장에서 그의 가문의식은 문학과 관련하여 주로 세 방향에서 찾을 수 있었다. 첫째는 백매원 · 숙야재 · 무흘정사 등 선조 정구가 남긴 유적을 중심으로 작품활동을 전개하고 있었다는 점, 둘째는 정구가 天機로 인식한 가야산을 그의 「유가야산록」에 의거하여 따라 밟고 있었다는 점, 셋째는 鄭東璞이나 鄭東羽 등 친족을 중심으로 시를 창수하고 있었다는 점이 대체로 그것이다. 이 과정에서 주로 작동한 내적 원리가 바로 가문의식이었다.

정위의 문학에 작용한 가문의식에는 몇 가지 중요한 의미가 내포되어 있다. 가정 내적으로는 무엇보다 정위가 정구의 8대 종손이라는 점을 먼저 상기할 필요가 있다. 여기에 그의 자긍심과 함께 선조의 위업을 계승하고 발전시켜야 한다는 의무감이 생래적으로 존재할 수 있기 때문이다. 그는 父祖로부터 이것을 꾸준히 교육받아 왔을 뿐만 아니라 가문 내의 여러 종친들과 실천하고자 했다. 가정 외적으로는 18세기 이후의 사정을 고려하면서 영남이라는 지역적 측면과 문학사적 측면으로 나누어 이해할 수 있다. 영남적 측면에서는 영남 사인들의 정치적 소외와 이로 말미암은 가문의 부흥운동과 깊이 관련되어 있으며, 문학사적 측면에서는 18세기부터 성행한 가문소설의 발생과정과 그 맥락을 같이 한다. 임병양란 후에 주자학적 질서가 급격히 약화되어 이에 대한 재건이 시급하다는 사회적 위기의식이 적용된 까닭이다.

이상의 논의에도 불구하고 아직 여러 문제들이 남아 있다. 이를 몇 가지로 나누어 제시하면 다음과 같다. 첫째, 정위 문학의 다양성을 고려하면서 종합적으로 검토하는 일이다. 우선 정위 문학을 소재론적 측면에서 접근할 필요가 있다. 예컨대, 그의 문학에는 '매화'가 유독 많이 등장한다. 사대부의 시문에 으레 매화가 자주 등장하는 것이 사실이지만, 정위에게는 특별하다. 정구가 매화를 酷愛하여 백 그루의 매화를 심고 '백매원'을 조성하였기 때문이다. 이를 의식한다면 정위의 매화시류는 가문의식과 불가분의 관계를 가진 주요 작품군이 된다. 이밖에도 정위 문학에는 순수 서정시편들이 여전히 존재한다. 이것은 성리학적 관념 및 가문의식과도 일정한 거리가 있다. 이들이 가문의식과 어떤 유기성을 지니면서 정위 문학의 전체를 구성하는가 하는 것은 차후의 중요한 논의거리가 아닐 수 없다.

둘째, 18세기 후반의 영남문단을 염두에 두면서 정위 문학을 여타 작가들의 문학과 비교해 보는 일이다. 임병양란을 겪고 난 18세기 이후의 조선은 유교적 이상사회를 회복해야 한다는 노선과, 변화되는 사회적 상황에 민감하게 반응하면서 새로운 질서를 모색해 나가야 한다는 노선이 서로 충돌하고 화합하면서 전체를 이루어갔다. 영남문단의 경우 1728년에 일어난 戊申亂 이후 정치적으로 소외되면서, 이 지역의 재지사족들은 향촌사회에서의 주도권을 장악하기 위하여 가문 혹은 학파간 경쟁이 치열하였다. 이 같은 사정을 고려한다면, 18세기 후반의 영남문단은 이와 관련된 다양한 생각들이 문학으로 표출되었을 것임에 틀림이 없다. 따라서 영남문학에 내재한 가문의식이 어떤 층위를 이루며, 정위의 문학은 그 가운데 어떤 위치에 놓이는가 하는 것은 중요한 논의거리가 된다.

셋째, 한국의 가족주의적 전통 속에서 정위의 가문의식은 어떤 의의를 확보하고 있는지를 검토하는 일이다. 가족주의는 일체의 가치가 가족집단의 유지 · 지속 · 기능과 관련하여 결정되는, 가족집단의 단결 · 영속화 · 공동의 이익을 추구하려는 가족 구성원의 꾸준한 집단적 노력을 지칭할 때 사용하는 용어이다.[80] 가족주의의 주요 목표가 가통의 계승과 발전에 있다고 볼 때, 정위의 문학에 작용한 가문의식은 부계혈연 집단을 중심으로 하는 선조 정구에 대한 尊祖精神에 기반한다. 그러나 가족주의가 가정의 질서와 사회나 국가의 질서를 규정하는 원리로 작동하면서 가문 이기주의와 사회 연고주의를 조장하는 부정적 결과를 초래하기도 한다. 이는 정위 문학의 가문의식을 보편적 가치개념으로 볼 때 명암이 있을 수 있다는 것을 의미한다. 이 명암에 대한 심도 있는 논의 역시 마땅히 수행되어야 한다.

조선후기의 한국문단은 실로 다양한 층위를 이루며 전체를 구성하고 있었다. 주자주의에 입각한 성리학적 문학관을 지속적으로 유지하면서 작품활동을 전개한 문인이 있었는가 하면, 혁신적인 측면에서 원시유교의 복고론을 강조한 문인도 있었다. 그리고 당대의 시대인식에 민감하게 반응하면서 새로운 사상과 안목으로 창작활동을 수행한

80) 신수진. 1998. 「한국의 가족주의 전통」. 『한국가족관계학회지』 3~1. 한국가족관계학회. 129쪽 참조.

문인들도 있었다. 본고에서 살핀 정위는 영남지역에서 이들과는 또 다른 가문의식에 입각하여 문학활동을 수행했다. 본 논의가 18세기 후반이라는 시대성과 영남이라는 지역성을 통합하며 그 일단의 의미를 모색한 것이지만, 이것은 지역문학사 이해를 위한 출발에 불과하다. 따라서 조선후기 영남문학의 경향을 체계적으로 이해하는 일이 이 분야의 연구자들 앞에 놓은 커다란 과제가 아닐 수 없다.

참고문헌

金聖鐸. 1998.『霽山集』.『韓國文集叢刊』206. 民族文化追進會.

김수업. 2009.『우리말은 서럽다』. 나라말.

신수진. 1998.「한국의 가족주의 전통」.『한국가족관계학회지』3~1. 한국가족관계학회.

柳致明. 1996.『定齋集』.『韓國文集叢刊』297. 民族文化推進會.

李奎壽 외.『全城世稿』

李萬運. 1998.『默軒集』.『韓國文集叢刊』251. 民族文化推進會.

이수건. 1995.『영남학파의 형성과 전개』. 일조각.

李震相. 1980.『寒洲全書』. 亞細亞文化社刊.

鄭 逑. 1991.『寒岡集』.『韓國文集叢刊』53. 民族文化推進會.

정 구 저 · 송기채 역. 2001. 국역『한강집』1~5. 민족문화추진회.

鄭　煒.『芝厓集』
정우락. 2009.「한강 정구의 무흘정사 건립과 저술활동」.『남명학연구』28. 경상대학교 남명학연구소.
許　穆. 1992.『記言』,『韓國文集叢刊』98. 民族文化追進會.